中世纪的衰落

对十四和十五世纪
法兰西、尼德兰的生活方式、思想
及艺术的研究

*The Waning of
the Middle Ages*

〔荷〕约翰·赫伊津哈 著
刘军 舒炜 等译

北京大学出版社
PEKING UNIVERSITY PRESS

图书在版编目(CIP)数据

中世纪的衰落/(荷)赫伊津哈著;刘军等译. —北京:北京大学出版社,2014.10
ISBN 978-7-301-24908-6

Ⅰ.①中… Ⅱ.①赫…②刘… Ⅲ.①文化史－研究－西欧－中世纪 Ⅳ.①K561.3

中国版本图书馆 CIP 数据核字(2014)第 229220 号

The Waning of the Middle Ages: a study of the forms of life, thought, and art in France and the Netherlands in the XIVth and XVth centuries. Translation of *Herfsttij der Middeleeuwen*. Johan Huizinga. Trans. by F. Hopman. Doubleday, 1924.

书　　　名	中世纪的衰落
著作责任者	〔荷〕约翰·赫伊津哈　著　刘军　舒炜　等译
责 任 编 辑	刘军
标 准 书 号	ISBN 978-7-301-24908-6/K·1065
出 版 发 行	北京大学出版社
地　　　址	北京市海淀区成府路 205 号　100871
网　　　址	http://www.jycb.org　http://www.pup.cn
电 子 信 箱	zyl@pup.pku.edu.cn
电　　　话	邮购部 62752015　发行部 62750672　编辑部 62767346　出版部 62754962
印 刷 者	三河市北燕印装有限公司
经 销 者	新华书店
	650 毫米×980 毫米　16 开本　20 印张　250 千字
	2014 年 10 月第 1 版　2015 年 12 月第 2 次印刷
定　　　价	46.00 元

未经许可,不得以任何方式复制或抄袭本书之部分或全部内容。
版权所有,侵权必究
举报电话:010-62752024　电子信箱:fd@pup.pku.edu.cn

英文版第一版前言

历史学家总是关注起源问题甚于关注没落与衰亡。不管研究哪个时期,他们总是在探求接下来会发生什么。自希罗多德以来,甚至更早,他们关心的是家庭、民族、国家、社会方式和意识的产生。同样,在研究中世纪时,人们努力寻找现代文明的源泉,中世纪看来只不过是文艺复兴的前奏。

历史,就同自然界一样,诞生与衰落并存。一种过分成熟的文明的衰落是新文明诞生的标志。同样,在某些时期内,对新文明的追求也意味着该时期文明的衰落。

本书研究的是十四、十五世纪的历史,研究的是中世纪文明的结束阶段。作者正是本着上述观点,试图真正理解凡·艾克兄弟及其所处的时代,亦即试图从它与当时时代生活的联系中来理解。而现在已经证实,那个时代文明的种种形式中所共有的一点,就是它们均与过去有着千丝万缕的联系。这种联系更甚于它们与正孕育的未来的联系。因此,那个时代所取得的辉煌成就,不单对艺术家如此,对神学家、诗人、史学家、君王和政治家也是如此,都应被当做是对过去的完善与终结,而非新文化的前奏。

本英文版并不只是原著荷兰语版(第一版1919年,第二版1921年)的简单翻译,它是根据作者的思路,加以修正、删改及提炼后的精华。参考书目均可在原版中找到，本书从略。

  书中引文均采用法语。为避免过多篇幅，一些文章段落的引用均只给出译文。在最后几章中，由于要讨论原文的表述方式，其原文就显得重要了，也就给出了古法语诗文原文。[①]

  在此，作者谨向 J. R. 罗德爵士（Sir J. Rennell Rodd）致意，他好心促成了本版的印行；并向莱顿的 F. 霍普曼（F. Hopman）先生致谢，他将此书译成英文，耐心且细致，我们友好的合作主要有赖于他的努力。

赫伊津哈 1924 年 4 月于莱顿

[①] 古法语诗文原文在中译本中从略。——译者注。

目　录

英文版第一版前言　　1

第一章　暴烈的生活方式　　1
第二章　悲观主义与崇高的生活理想　　19
第三章　社会的等级观念　　42
第四章　骑士制度的观念　　52
第五章　英勇与爱情的梦想　　61
第六章　骑士团与誓约　　68
第七章　骑士观念的政治价值和军事价值　　76
第八章　形式化的爱情　　88
第九章　恋爱的惯常程式　　99
第十章　田园生活的梦想　　108
第十一章　死亡的幻象　　117
第十二章　宗教思想的形象化　　129
第十三章　宗教生活的种种类型　　153
第十四章　宗教感受和宗教想象　　164
第十五章　衰解中的象征主义　　172
第十六章　现实主义的效用　　184

第十七章　逾越想象力之局限的宗教思想　190

第十八章　思想形态与实际生活　195

第十九章　艺术和生活　209

第二十章　美感　228

第二十一章　言辞表达和造型表达的比较之一　236

第二十二章　言辞表达和造型表达的比较之二　261

第二十三章　新形式的进展　279

索引　291

译后记　314

第一章

暴烈的生活方式

对生活在五百年前的人们来说,他们对一切事物的看法比我们要泾渭分明得多。痛苦与欢乐、患难与幸福的差别是十分明显的。一切经历过的事情在他们心目中只意味着直接、绝对的快乐与痛苦。每一件事情、每一个活动都通过庄严堂皇的形式来表达,并形成严肃的仪式。这些仪式并不局限在生死婚嫁这些已经神化的人生大事,其他诸如旅行、任务、拜访等小事亦同样有着一整套完整的礼仪:祝福仪式、庆祝仪式及其他必需程序。

与现今相比,当时的灾难祸害招致着更大的痛苦。人们无法躲避灾难,寻得一片净土。疾病与健康的意义要深刻得多,人们往往经受不住冬天的严寒与漫漫长夜。荣誉与富贵同随处可见的悲惨景象构成强烈的对比,人们以极大的热情追逐着荣华富贵。现代的我们,几乎很难想象当时一件皮衣、一张好床、一杯酒都会令他们兴奋不已的情景。

那时,生命中的一切都是自豪炫耀或残酷的象征,麻风病人喋喋不休地走在仪式行进队伍前后,乞丐可怜地缩在教堂的角落里。每一级别、每一职衔、每一职业,均以服装加以区别。大领主们总是悬剑腰间,华服上挂满贵重饰品,令人一望油然而生敬畏与羡慕之感。处决犯人、沿街叫卖、婚嫁、葬礼,一切活动均伴随着喧嚣声、音乐声及隆重的仪式。小伙子穿着与情人同样颜色的衣服,好友们装饰着伙伴的标记,参加仪式者和仆佣都戴有主人的徽号。在过去,城镇与农村两者差别十分明显。城镇周围以城墙环绕,并间夹以无数的角楼,形成一个独立的整体,不与农村相混杂。不过,无论贵族与商人的宅邸多么高大,多么气派,那些巍巍矗立的教堂,却总是主宰着当时的景观。

当时,安静与吵闹、明与暗的差别就像夏天与冬天一样,要比现在显著得多。现代的城市几乎不知道寂静与黑暗是何物,更不用说一盏孤灯及远处一声呼叫。

如前面所说,一切事物在他们看来是如此泾渭分明,并都被赋予隆重礼仪,这给他们每天的生活带来热情与兴奋,也带来了失望与欢乐、残酷与善意间的矛盾,这就是典型的中世纪生活的特点。

在繁忙生活的嘈杂声之上,有一个声音始终不绝于耳,将万物提升到秩序与宁静的境界,这就是钟声。这为人们所熟悉的钟声,像友好的精灵,每天伴着人们哀伤,伴着人们高兴,提醒人们注意危险,催促人们虔诚。人们仍能记住这些钟的名字:大陶壶、罗兰钟。每个人均熟识每种敲法的含义。无论敲得如何频繁,人们依然能直觉地理解钟声的意义。

在 1455 年瓦朗西安(Valenciennes)城内市民的一场著名的决斗中,钟声——夏特兰(Chastellain)说"这太难听了"——始终不绝于耳。当和平到来或选举新主教时,巴黎教堂及修道院的钟声更是从早到晚,敲个不停,真难想象这钟声对人们意味着什么。

频繁的游行,亦使虔诚的人们总感到兴奋。尤其在天时险恶的时候,游行可持续几星期不止。1412 年,为替国王祈求胜利,巴黎的人们天天游行,从五月一直游到七月,每天的仪式、团体均有所变化,每次走的是不同的路线,并捧着不同的圣物。巴黎市民称之为"历史上最隆重的游行"。人们或观或随,"虔诚地哭泣流泪",上至议会要员,下至平民百姓,一律赤足游行。有些还带着火炬和小蜡烛。孩子们亦夹杂其中。乡下的穷人们及巴黎郊区的人们亦不辞遥远赶来,赤足游行,尽管每天都下着倾盆大雨。

　　此外,还有王公的各种名目的什物,是为属于那个时代的艺术与奢华之资源而安排的。最后,可以说,最频繁且从未间断过的是行刑仪式。由行刑产生的残酷的兴奋及粗野的同情心构成人们精神生活中很重要的一部分。仪式很壮观,很有感情色彩。根据法律,人们采取极其残酷的刑罚来惩罚那些犯下重罪的人。在布鲁塞尔,曾有一个年轻的纵火杀人犯被绑在桩上,用链条紧紧地捆住,周围点上火把。临行刑前,犯人声泪俱下,感动得围观者悲恸不已。在1411年巴黎的勃艮第派的恐怖事件中,有一个名叫马塞尔·曼沙尔·杜·波伊的罪犯,人们要求行刑者根据习俗原谅他,他不但非常愿意接受,还要求行刑者拥抱他一下,"在场的人们无不被感动得热泪盈眶"。

　　当犯人是大领主时,平民百姓们更乐于围观行刑仪式,因为他们从中可以获得一种正义的安慰,并领会到命运并不是一成不变的,而这些是在其他仪式(如布道)中所看不到的。地方官必须负责行刑仪式的每一道程序:将犯人带至绞刑架下,令犯人穿戴起表明其高贵身份的服装。国王的膳食总管让·德·蒙太古(Jean de Montaigu),这个让·桑斯·保尔(Jean sans Peur)的牺牲品,被置于马车上,前面由两个鼓手开道。他身上穿戴着礼袍、头巾、斗篷、半红半白的紧身衣裤,还有金马刺,它们被扔在砍头之后吊起的尸体脚下。路易十一曾下令把拒绝议会席位的奥达尔·德·布西(Oudart de Bussy)的头挖出来用猩红头巾盖着,在赫定(Hesdin)集市示众,头巾上写着:"依照议会人士的方式",还写有解释性的韵文。

　　除了游行、行刑之外,还有一些巡回传教士的布道仪式,他们的雄辩之辞震撼人心。现代人很难理解当时语言对那些无知之辈的巨大影响。1429年有一位方济各会修士理查在巴黎连续布道十天,每天从五点开始,一直持续到十点或十一点,大多是在圣童罹难教堂的墓园举行。在第十天,当他宣布由于未获准继续布道,所以这次是他最后一次布道时,"听众中响起一阵又一阵的抽泣声,仿佛正在看着他们最好的朋友下葬一样,而他亦如此"。人们认为他可能星期天会在圣德尼教堂(Saint Denis)再讲一次,于是星期六晚上纷纷赶来,露宿街头,为的是占个好位置。

还有一位方济各会修士安托万·弗拉丁(Antoine Fradin),巴黎的行政官禁止他布道,因为他猛烈抨击当时的弊政。每日每夜均有一大群妇女带着土灰、石头,围在他歇宿的考得里尔(Cordeliers)修道院四周保护他。在著名的多明我会传教士樊尚·费尔(Vincent Ferrer)所经之处,平民、地方官、低级教士,甚至高级教士和主教们都高唱着歌欢迎他,并不断有人加入到随行队伍中。这些随行者一到晚上便围城游行,载歌载舞,狂欢不停。每个地方都专门派官员负责解决这些人的食宿。大群不同修会的教徒跟随着他,帮他做弥撒,接待忏悔的人。关于这位牧师的布道还有不少轶事。他布道的讲坛每次都要用围栏围起,以防那些想冲过来吻他的手与法衣的人压得太近。每次布道他总是站着,而听众每次也都被感动得热泪盈眶,泣不成声。当他讲到"最后的审判"、"地狱"、"耶稣受难"时,他和听众们挥泪如雨,只得暂停布道。那些做错事的人,当众匍匐在他脚下忏悔。有一天他布道时,看见两个被判死刑的犯人正要被带去行刑,他便要求推迟一下刑期,把这一男一女带到讲坛前,继续讲道,宣讲他们的罪行。布道结束后,发现两人站立的地方只剩下两具皮囊了,听众们更坚信是这位圣者的言辞毁灭了他们,同时又拯救了他们。

牧师奥利弗·麦拉尔(Olivier Maillard)有一次在奥尔良作了四旬斋布道后,收到一张索赔单,原因是他布道时有许多人爬到那间房子的屋顶上,房子被破坏得一塌糊涂,整整修了六十四天。

第一章 暴烈的生活方式

牧师们批评世人的奢侈放浪,认为它激起人们的盲目行动。早在萨沃那罗拉(Savonarola)开始焚烧佛罗伦萨的圣品而造成艺术品大量损坏之前,法国、意大利就已盛行破坏奢华娱乐物品之风。在一个著名的牧师号召下,人们纷纷拿出纸牌、骰子、饰品等,疯狂地烧毁。对罪恶的理解已变成这样一种形式,并成为一种固定的严肃的群体活动,不过这是与时代的发展趋势相一致的。

要想完全理解那个时期人们生活的话,就必须牢记这些极富感情色彩的公众活动。

集体哀悼仍是一种表达灾难的方法。在查理七世(Charles Ⅶ)的葬礼上,人们惊讶地看着那些达官显贵们,"身穿深色的丧服,令人不禁为之落泪。仪式笼罩着一种极度悲痛的气氛,人们泣不成声,到处都是一阵阵的悲恸"。尤其令人感动的是披着黑色毡毯骑着马的六个见习骑士(pages),其中有一个据说已连续四天滴水未进,粒米未沾。"哦上帝,他们是多么伤心啊!只因为他们失去了国王。"

政治的严肃性有时也会导致伤心大恸。一次,法国大使在向好人菲利普(Philip the Good)发表长篇演说时,中间哭了好几次。还有如英法两国国王在阿德雷(Ardres)会晤时,在布鲁塞尔迎接皇太子时,在科英布拉的约翰(John of Coimbre)离开勃艮第时,围观者皆泪流满面。夏特兰曾描述过皇太子即后来的路易六世在布拉班特(Brabant)流亡时亦哭过好多次。

毫无疑问,这些描述都有些夸张。如1435年在阿拉斯(Arras)的一次各国使节参加的和平大会上,夏隆(Chalons)的主教让·热尔曼(Jean Germain)竟能让听众们哭得搥天摇地,倒地抽泣不止。很明显,听众是不会哭到这种程度的,不过这种夸张是可以理解的,并且用得恰到好处。对十八世纪的感伤主义者(Sentimentalist)来说,眼泪是神圣、美好的。即使是现代人,一个漠不关心的观众在看公众游行时有时也会莫名其妙地感动得想哭。而在一个充满宗教色彩的时代,这种场面就是很自然的了。

只要一个简单的例子就足以说明中世纪的人们是多么易受刺激。这一点跟现代人完全不同。比如下象棋,这本是一个默不出声的游戏。但正如几个世纪前的《武功歌》中奥利弗·德·拉马歇(Olivier de la Marche)提及的,棋桌上常发生争吵:"总是失去耐心。"

研究中世纪的科学史家们总是首先寻找官方资料,那些资料除暴力与贪婪以外,很少涉及激情。他们还经常忽略了中世纪人与现代人生活情调的不同。官方资料有时并未描述这种特征,而当时的史学家们,虽然有时篡改事实,却总表现出这种中世纪特有的疯狂激情。

从某种意义上说,当时的生活依然有一种神话色彩。那些御用史学家都是一些文化水准较高的人,他们观察并详尽记录着王侯们的行为,虽然有时会显得迂腐古板一些。夏特兰写过这么一段故事,在此引以为证。夏罗莱(Charolais)——年轻的伯爵,即后来的大胆查理(Charles the Bold),离开斯鲁伊斯(Sluys)抵达荷兰的戈库姆(Gorcum)时,得知他父亲老公爵停止提供他一切费用。于是他把手下召在一起,涕泪横飞地把自己的不幸遭遇讲给他们听,并说他依然爱戴一时心迷的父亲,现在他担心的是随从的未来。他让那些能自食其力的人跟他待在一起,等待好运的到来。那些无法自食其力的可以暂时离开他,等他好运来时再回来。他们依然能得到原有的一切,并会得到他的奖赏。话刚落定,"下面响起一阵抽泣声,众人齐声高喊:'会的,我的主人。我们会与你同生死,共患难。'"。查理深深为此情景所感动,接受了他们的宣誓效忠,并说道:"那好吧,让我们一起渡过难关,迎接好运。"于是,很多贵族都奉献出他们所拥有的一切,并说道:

第一章　暴烈的生活方式

"有人说我有一千,又有人说我有一万。没错,我有这么多,现在我拿出与你共享。"结果,查理他们就这样度过了困境。

很明显,这则故事有些夸张,有趣的是夏特兰是用史诗式的语言来描述这则传说。假如这是个受过教育的人的想象的话,那时皇族的生活对那些目不识丁的人来说是多么绚烂多彩,富有神秘气氛啊!

虽然当时政府的组织机构实际上采取了相当复杂的形式,但老百姓却把它想象成简单不变的样子。当时的政治观点来自《旧约全书》及谣曲传奇。国王们分属于各个类型,每个人对应着一个文学形象,要么是聪明智慧的王侯被奸臣蛊惑,要么是为家族复仇,或者是人们忠实于不走运的王侯。在人们看来政治问题只不过是冒险经历。好人菲利普深知如何运用人们能理解的政治语言。为了让荷兰人和佛莱芒人相信他能征服乌德勒支(Utrecht)主教,他在1456年海牙(Hague)的一次典礼上展示了价值三万银币的餐具。人们蜂拥而至,争相观看。他还展示了从里尔(Lille)带来的装在两个箱子里的二十万只金狮子。瞧,这是多么的巧妙,借集会娱乐来证明一个国家的财力。

我们经常可以从王侯的生活中找出些怪异荒诞的因素,这些都令我们不禁想起阿拉伯的神话《一千零一夜》。查理六世乔装打扮,与一位朋友同骑一匹马,看到他所钟爱的女人被追求者围困。好人菲利普,医生让他把胡子刮掉,他因而发一道命令,要求贵族们效仿,并授权彼埃尔·德·哈根巴哈(Pierre de Hagenbach)剃掉那些抗命者的胡须。皇族们在处理需要谨慎从事的事务时有时会莽撞,做些会危及性命的举动。爱德华三世处处炫耀他和威尔士王子的阔绰,为的是使西班牙商人感到自卑,以报复他们的海盗行为。好人菲利普仅为一时兴起,便中断一次重大政治活动,从鹿特丹涉险穿到斯鲁伊斯。又有一次,在与儿子争吵后,他大发雷霆,深夜一人离开布鲁塞尔,在森林里迷了路。骑士菲利普·波特(Philippe Pot)受命负责在他回来后设法平息他的怒气,说了一句很有名的俏皮话:"你好,你好,我的国王,你在演亚瑟王呢,还是兰瑟洛特爵士?"

在十五世纪,王侯们经常就一些政治问题向那些狂热的布道者和大幻想家们咨询,他们在处理国家事务时往往带有宗教色彩,并随时可能做出一些出乎意料的决定。

十四世纪末十五世纪初,西欧各国冲突重重,国内政治不稳定。人们只好从有关皇家之事中寻找快乐和浪漫。英王理查德二世(Richard Ⅱ)被废黜后,又被暗杀;几乎与此同时,他的表兄,罗马国王,基督教国家的最高统帅温泽尔(Wenzel),也遭废黜。在法国,国王盛怒,党派纷争。1407年,奥尔良的路易(Louis of Orleans)遭到骇人听闻的刺杀。随后是1419年的报复,让·桑斯·保尔在蒙特罗(Montereau)被刺杀。在无穷无尽的敌意和报复下,这两次刺杀给法国历史上留下整整一个世纪的黑暗。对当代人来说,人们根本无法理解为何不平息奥尔良与勃艮第之间的纠纷,无法理解仅由王侯间的仇恨便引起整个国家的不幸。这些历史事件是无法找到解释的,只能从个人争吵与感情因素来理解。

除了这些,他们还不断经受土耳其侵扰的危险。1396年,在尼克波利斯(Nicopolis),法国骑兵部队想经此一役拯救基督教国家,却全军覆没。另外,西部的大分裂已持续了二十五年之久,大大破坏了宗教的稳定,分裂了每块土地、每个社区。不久,就有人出来呼吁重建教会制度,其中一个是顽固的阿拉贡人(Aragonese)卢纳的彼得(Peter of Luna),即本尼迪克十三世(Benedict ⅩⅢ),法语俗称"le Pappe de La Lune"(卢纳主教)。当一个无知之徒听到这名字时会怎么想呢?

有很多被逐的国王,如亚美尼亚(Armenia)国王、塞浦路斯(Cyprus)国王、君士坦丁堡(Constantinople)皇帝,丢掉了王冠和权杖,到处游荡,但仍抱负远大,仍过着在东部时令人炫目的生活。毫不奇怪,

第一章 暴烈的生活方式

1427年巴黎的人们会相信吉普赛人讲的故事。故事讲的是,"一个公爵和一个伯爵,带着十个人,均骑着马",而剩余的约一百二十人只好待在城外。他们说他们来自埃及,教皇命令他们流浪七年,不准在床上睡觉,以赎叛教之罪;他们有一千二百人,但他们的国王、王后及其他人均死于路上。为了安慰他们,教皇让每位主教和修道院长给他们十镑图尔币(tournois)。巴黎城中有很多人出城观望,并让他们看手相,测命运,而他们则以此骗钱谋生。

王侯命运的动荡在勒内王(King Renê)身上表现最为彻底。勒内王渴望成为匈牙利王、西西里王、耶路撒冷王,但他却厄运连连,经历了不断失败、监禁和逃亡的生涯。有一个热爱艺术的皇族诗人,对自己在安茹(Anjou)和普罗旺斯(Provence)庄园的失意作了自我安慰,但残酷的命运并没有改变他对田园乐趣的钟爱。他的几个儿子全死了,只留个女儿,过着比他更悲惨的生活。安茹的玛格丽特聪明、漂亮、热情,在十六岁时嫁给了愚蠢的亨利六世,却多年生活在仇恨和迫害中,在最终导致了国内战争的约克家族与兰开斯特家族的冲突中丢了王位。她只好到处流浪,忍受各种威胁和苦难,最后在勃艮第找到避难所。她向夏特兰诉说不幸的遭遇,她和她的儿子怎么受一个强盗的欺凌,她怎么在做弥撒时向一个苏格兰主教讨一个便士,而这主教怎么"不情愿地嘟哝着掏出钱给她"。夏特兰听后,深受感动,写了"一篇有关命运的短文,诉说命运的坎坷",并题为《薄伽丘的安慰》。他无法想象还有比她更不幸的了。1471年,图克斯伯里(Tewkesbury)战役爆发,兰开斯特一方自此一蹶不振,王后唯一的儿子病死在那儿,也可能是在战争中被杀。她的丈夫被杀,她自己被关在伦敦塔里整整五年,最后爱德华四世将她引渡给路易十一,路易十一要求她放弃继承权以换取自由。

王侯生活就是这样充满激情和冒险,并不是因为人们的喜好才富于这种色调的。

现在的读者在研究那些基于官方资料的中世纪历史时,永远无法充分认识到那时人们的情绪是多么易于激动。虽然官方的资料可能是最可靠的来源,但这些资料缺少一点,无法充分地表达出王侯和老百姓皆有的炽热的激情。说实话,现代政治也有感情因素在内,只是这种因素大部分已被社会生活的复杂结构所限制与异化。在五百年前,这种感情因素强烈左右着政治问题,使其非理性化。尤其对于皇族,这些暴烈的情感被尊严与权势意识所强化,从而以双倍的冲动作用于政治。因此,夏特兰说,毫不奇怪,王侯们相互敌视,"因为王侯是人,他们的工作高贵而危险,而他们无法不受多种情感的支配,如愤恨与嫉妒,他们的心因为统治而变得高傲"。

在写勃艮第家族史时,我们应时刻记住复仇精神这一主题。当然没有人会试图寻找整个权力和利益之争的原因,如法国与奥地利间的世俗纷争,或奥尔良和勃艮第之间的世代纠纷。种种因素——政治的、经济的、种族的等等——都对这些冲突有所促成。但我们不要忘记,一个明显的或主要的因素是十五世纪以至后来的人们对复仇的渴望。对他们来说,好人菲利普首先是个复仇者。"他为报复约翰公爵的不敬,发动了战争,并使其持续了十六年。"他将此作为一种神圣的职责,"他会以最激烈的方式,怀着刻骨仇恨,不顾一切以求报复,只要上帝允许,他也会将自己的身体、灵魂、土地等等一切交给天命,把它视为更为神圣的职责,然后义无反顾地去复仇"。

读一读1435年的《阿拉斯和约》中列出的长长的赎罪义务的清单——修建礼拜堂、修道院、教堂、教士集会场所,设立十字架,举办弥撒,你就会意识到人们珍视尊严的程度以及复仇的迫切需要。勃艮第人并不是唯一这么想的人,那个时代最有智慧的人埃涅阿斯·西尔维斯(Aeneas Sylvius)在一封写给菲利普国王的信中,盛赞他为父报仇

第一章　暴烈的生活方式

的复仇心胜于当时所有的王公贵族。

据拉马歇所说，维护尊严与复仇也是国家的主要任务。他说，被公爵征服的人们，在吵嚷着要向他复仇。我们可能难以相信这些事实。因为我们记得，佛兰德斯与英格兰的经济关系要比公爵家族的尊严重要得多。为理解当时的感情作用，让我们看看当时的政治观点吧。毫无疑问，没有哪个政治因素能比仇恨与复仇的原始动机更易于为人们所理解。王公的随从也有情感个性，他们天生就有忠诚的情感，虽然说到底只是一种封建意识，这是一种党派意识而非政治意识。中世纪最后的三个世纪正是党派纷争的时代，从十三世纪开始，几乎在所有国家都不断有党派之间的钩心斗角：首先是意大利，还有法国、荷兰、德国、英国。虽然党派之争中包含着经济利益，但任何想平息纷争的企图均落空。热心于寻求经济原因有时反而让我们忘了解释这些冲突的简单的情感原因。

在封建时代，家族间争斗无非是为了争夺地位与财产。种族的优越感、复仇的渴望、忠诚，都是主要的直接的动机。除了对邻居垂涎这一原因外，没有其他的经济原因了。因此，随着中央政权的巩固与拓展，这些斗争便变成集团的争斗，从而产生党派之争，而其所有的成员都深知没有和好的余地，他们的经济差别往往只是他们同统治者关系深浅的结果。

中世纪历史的每一页都证实人们对王侯自发而强烈的忠心和崇拜。1462年在阿伯威尔（Abbeville），有一信使连夜赶来报告勃艮第公爵病危的消息。公爵的儿子要求全城的人为公爵祈祷，圣弗尔弗兰（Saint Vulfran）教堂的钟立刻敲响。全城的人从睡梦中醒来，跑到教堂，彻夜为公爵祈祷。有的跪拜，有的匍匐在地上，真是"烟火盛大，不可思议"，钟也整夜不休地敲着。

人们可能认为，无关教理的分裂不会唤起远离阿维尼翁和罗马的国家中的人民的宗教热情,在那些国家,人们只知两个教皇的名字。但事实上,分裂立即引起了狂热的仇恨,如忠诚者与背叛者之间的仇恨。当布吕赫城归顺阿维尼翁时,很多人离开家园、丢下生意、抛下牧师俸禄,并随他们的派别居住在乌尔班拥护者(Urbanist)的教区,如列日(Liège)、乌德勒支等。1382 年,只能在神圣重大场合才能展开的方形王旗(oriflamme),被人们用来反对佛兰德斯人(Flemings),因为他们是乌尔班拥护者,即不忠者。彼埃尔·萨尔蒙(Pierre Salmon),一个法国政治代表,在复活节前后到达乌德勒支,却找不到一个牧师愿意让他做演讲,"因为他们说我是个分裂主义者,相信反教皇的本尼迪克"。

23　　党派的情感因素与忠诚进一步被一些外在的符号特征所强化,如服饰颜色、标志、口号等。在阿曼涅克人(Armagnacs)与勃艮第人之战的头一年里,巴黎的每一个人都有各自的党派标记,如画有圣安德鲁十字的紫色或白色的头巾等。连教士、妇女和儿童也都戴有各自的标志,他们用圣徒的图像来装饰。据说有一些牧师在做弥撒和布道时,拒绝按传统的方式划十字,而是按圣安德鲁十字的形状来划。

　　在这盲目的狂热中,人们跟随各自的党派和主人,到处表现自己不可动摇的正义之情,而这正是中世纪的一大特征。那时人们深信正义是根深蒂固的、不可动摇的,法官必须消除不正义的现象。赔偿和报复必须达到极限,进而采取了复仇的形式。在这有点夸大的对正义的需求中,原始的野蛮,说到底是异教,混杂在基督徒对社会的理解中。一方面,教堂代表仁慈与温柔,并以此尽力慰藉人们的精神。另一方面,除了对罪恶的原始复仇的心理外,教堂还在一定程度上激发人们的正义感。罪恶对那些比较偏激的人来说常常仅是敌人所为的代名词。野蛮的复仇意识又被狂热所强化。长期形成的不安全感使人们采取严厉的惩罚措施,使政府当局称心如意。犯罪被认为是对社会和秩序的威胁,也是对神的侮辱。因此中世纪晚期很自然地会成为司法酷刑的时期。人们深信罪恶理应受到惩罚。人们对正义的理解往往促成了最残酷的刑罚,法官不时地发动一些严打严惩的运动,一会儿对土匪,一会儿对抢劫或性罪恶。

在这些司法酷刑和人们从中获得的快乐中,最令人瞠目的是其残酷性,而不是人们的意气用事。人们像观看游戏一样从行刑和惩罚中获得快乐。有一次,蒙斯(Mons)的市民以极高的价格买下一个土匪,为的是将他五马分尸。人们比看圣灵从死者中出现还高兴。1488年布吕赫的人捉住罗马王马克西米利安(Maximilian),便将其绑在市场中的平台上,看着他受刑,看完后还不过瘾,居然怀疑法官通敌。人们拒绝犯人要求速死的请求,因为他们想慢慢享受犯人受惩罚的情景。

在法国和英国,有一种风俗,人们拒绝对那些被判死刑的罪犯举行忏悔和涂油仪式,对那些罪恶深重的犯人折磨更甚。1311年维也纳会议也无力答应犯人忏悔赎罪的请求,直至十四世纪末,这种风气仍然存在。查理五世虽然性格很温和,也宣称他在位期间这一切不会改变。菲利普·德·梅茨勒(Philippe de Mézières)说彼埃尔·德·奥尔热蒙(Pierre d'Orgemont)法官对他的人道请求从来不听,他的"顽固的头脑"真是比磨石还难转。直至热尔松(Gerson)与他一起再次请愿时,王室才于1397年2月12日签发了一道命令,要求犯人受惩罚之前必须忏悔。彼埃尔·德·克拉翁(Pierre de Craon)听到这消息后,高兴地立了个石制十字架,以让米诺里派(Minorite)的牧师帮忙做忏悔。但是风俗并未就此消失,巴黎主教艾蒂安·庞歇尔(Etienne Ponchier)只好在1500年重新签发1311年的命令。

1427年一个摄政者在巴黎被执行绞刑。正当他准备受刑时,这位摄政者的财政大臣跑来向他发泄愤怒。他打断这位摄政者的忏悔,无

中世纪的衰落

视他的祈祷;他爬上后面的梯子,破口大骂,用棍棒打他,并打了行刑者一下,以告诫犯人想到他的超度。行刑者变得紧张万分,笨拙地开始行刑。绳索突然断了,可怜的犯人从上面直摔下来,摔断了腿和肋骨,只得再爬上去受刑。

中世纪根本无法理解现代人对正义的概念,如对犯人的责任感,或社会在一定程度上也是同谋者与促成者,或改造犯人而不是让他们饱受惩罚和对司法的恐惧。至少这些观点无意识地隐藏在同情心和宽恕的情感之中。而在中世纪,人们根本不知道酷刑的无用和同情心。他们不会采取轻微的惩罚。当犯人被原谅时,人们就无法回答他该不该受罚这一问题,人们深信同情只能由上帝赋予。事实上,同情并不可以原谅罪恶。十五世纪的王侯们都很宽容。他们可以原谅各种错事,人们认为这很正常,因为他们是高贵的人。大部分的这类官方资料涉及的都是穷人。

在中世纪,酷刑和同情心交替出现。一方面,人们深深同情病人、穷人与神志不清的人,这一点有些类似现代俄国文学中描写的那样,另一方面,这些人往往受到难以置信的酷刑折磨。史学家彼埃尔·德·弗宁(Pierre de Fenin)曾这样描述过一伙土匪的死亡:"人们大笑不止,因为他们都是穷人。"1425年,巴黎发生一起闹剧,四个盲眼乞丐,被驱使着拿着棍子去杀一头猪,杀死的猪作为胜利品。在他们被带进城的第一天夜里,人们个个带着武器,前面有一面画着猪的旗,并由一鼓手带路。

在十五世纪,女侏儒是人们取乐的对象。在西班牙,委拉斯贵支(Velazquez)曾画下她们可怜的形象。好人菲利普有一个著名的棕色女侏儒奥尔夫人,在一次宫廷宴会上,她受命与一杂技演员汉斯角斗。1468年在大胆查理的婚礼宴会上,勃艮第王后的一个著名的侏儒比尤格兰夫人,穿戴得像个牧羊女,坐在一只比马还大的金狮子上,被放在桌上供人取乐。有关这些小侏儒的命运在很多书上均有提及,如有些书讲到,一个公爵夫人抓到一个女侏儒,带回宫廷。侏儒的父母亲不时地去看她以讨点赏钱,然后高高兴兴地回家去吹嘘他们的女儿。同年布卢瓦(Blois)有个锁匠,做了两个锁领子,一个用来拴住傻子"贝隆",另一个用来拴住公爵夫人的猴子的脖子。

在这些残酷的日子里,也有些真诚的事发生。1418年在对阿曼涅克人大屠杀时,巴黎的人们在圣奥斯塔赫(Saint Eustache)教堂设立了圣安德鲁兄弟会。每个人,包括牧师和俗人,皆头戴玫瑰花环,整个教堂非常香,好像玫瑰水洗过一样。阿拉斯人庆贺取消了对巫师惩罚的决定。1461年全城的人们沉浸在"疯狂的道德家"竞赛的欢乐中,获胜者的奖赏是一个金百合花或一对鸡等等,没有人再去想那些受刑罚受折磨的犯人了。

生活是如此复杂,混合着血腥与玫瑰。人们徘徊于地狱的恐惧与纯真的欢乐之间,徘徊于残酷与温柔之间,徘徊于苦行与享乐之间,徘徊于仇恨与善良之间——而这一切都走向极端。

中世纪结束之后,傲慢、仇恨与贪婪等罪过便不再如前几世纪那样横行,整个勃艮第家族史就是自负与英武或傲慢组合起来的篇章,如菲利普·勒·哈尔蒂(Philippe le Hardi)的勇猛与野心,让·桑斯·保尔的仇恨和嫉妒,好人菲利普的复仇与奢侈,或大胆查理的愚勇与顽固。

这些均植根于傲慢与贪婪两种罪恶中,可从《圣经》中找到:"傲慢导致种种僭妄可耻之事——贪婪是万恶之根。"但是从十二世纪开始,人们更清楚地发现贪婪的罪恶甚于傲慢的罪恶,要求惩罚贪婪的呼声——但丁所说的"la cieca cupidigia"——越来越高。傲慢只能被称为封建时代的罪恶。少量的财产微不足道,政权并未与金钱紧密联系。政权还是个继承的问题,只依赖于某种宗教的敬畏。它通过奢华

中世纪的衰落

来表现,或通过一大群忠实跟随者来体现。封建时代通过明显的符号表达奢侈,如跪拜式的崇敬、礼节性的敬拜,因此,傲慢只是象征性的罪恶,它是从万恶之首路西法(Lucifer)的傲慢中派生出来,具有形而上学的特征。

而贪婪则不同,它没有象征特征,也没有与神学的联系。它只是世俗之罪,是天性使然。在中世纪后期,由于钱币的广泛流通,政权相应有所改变,每个人都想积累财富,并以此为满足。这时,贪婪便成为最主要的罪恶。当时财富并未解决灵魂的不可知性——这在资本主义社会得到了解决,但黄金仍是人们梦寐以求的东西,对财富的梦想是直接的、原始的,并不因投资积累而渐弱,人们在奢侈和浪费中体会到财富的满足。

直至中世纪末期,封建式的傲慢并未有所逊色,对自负和奢华的迷恋依旧。这种原始的傲慢渐渐地与贪婪相融合。正是这两者的融合使得行将消亡的中世纪依旧保有一种奢侈的特性。

当时有很多文章批判这种贪婪习性。布道者、道德家、批评家、诗人都用同一种调子一致地批判贪婪。人们有一种对富人尤其是暴发户的仇恨,当时的官方记录证实了史学家们所写的那些不可思议的毫无抑制的贪婪的例子。1436年,两个乞丐发生争斗,流了几滴血,弄脏了巴黎的圣童罹难教堂。大主教雅克·杜·夏特利尔(Jacques du Châtelier),一个贪婪无耻的小人,具有他的职位所不允许的世俗气,拒绝在这个教堂里布道,除非这两个一无所有的乞丐给他一定数目的钱。因此,仪式中断了整整二十二天。他的继任者德尼·德·莫林(Denys de Moulins)更等而下之,1441年的四个月里,他不允许人们在圣童罹难教堂墓园葬人或游行,因为教堂付不起他所要的税。人们称德尼·德·莫林是"没有同情心的人"。在议会里至少有五十桩控诉在等着他,因为不上告便无法从他那儿得到任何东西。

第一章　暴烈的生活方式

　　每个人都感到大祸即将临头,到处都有危险。无论贵贱,人们都生活于不安和动荡之中。要认识这一点,我们只要读一下彼埃尔·尚皮翁先生在评论维庸(Villon)《遗言集》中所涉人物时提及的细节或图埃特先生就某巴黎市民的日记所做的注释就足够了。呈现在我们面前的是无穷无尽的诉讼、案件、殴斗和迫害。像雅克·德·克拉克(Jucques du Clercq)这样的编年史家,或像梅茨(Metz)市民菲利普·德·菲纽勒(Philippe de Vigneulles)的日记那样的资料,或许过于注重当时生活的阴暗面,但每一次细加钩沉,都会发现那的确是生活动荡的艰难时世。

　　在读马修·德·埃斯库希(Mathieu d'Escouchy)简洁、精确、公正的文章时,你可能认为作者是个学究式的、安静、诚实的人,但当德·贝库尔先生从档案中翻出他的历史时,他的性格真相暴露无遗。这个著名的"好怒的庇卡底人"度过了怎样的一生啊! 他先是做了佩罗那(Péronne)的长老议员,1445年成为该市市长;而他从一开始就与让·弗罗蒙(Jean Froment)发生家族纠纷。他们互相控告对方伪造与谋杀等罪名。为得到因巫术而遭罚的敌人的妻子,他耗资不菲。他曾被传唤至巴黎市议会,接着下狱。后来他又因其他五件事被投入监狱,罪名不轻,且不止一次带上重枷。弗罗蒙的儿子有一次与他相遇,并刺伤了他。双方均聘请土匪来帮忙攻打另一方。当资料不再提及这场纷争时,另外的类似情况又发生了。但所有这些并未阻止马修·德·埃斯库希的事业。他成为一名律师,成为里贝蒙(Ribement)的市长,成为圣昆丁(Saint Quentin)的"国王诉讼代理人"。他在蒙莱里(Montlhery)又进了监狱,然后又出狱。后来他结了婚,但并不想安定下来过安稳的生活。他再一次被控告伪造图章,被押解到巴黎,强行忏悔,不让上诉,然后受感化,并接受惩罚,直至记录中有关的仇恨与迫害的痕迹消失殆尽。

中世纪的衰落

人们只能从无穷尽的罪恶中看到他们的命运,这难道不奇怪吗?昏君、迫害、贪婪、野蛮、战争、土匪、抢劫、同情、告解等等,都是人们眼中看到的历史。人们害怕战争爆发,害怕正义沉沦,时刻有一种不安全感,并且因害怕地狱、魔鬼及世界末日的来临而加剧。所有的生活都是黑色的。每个地方都有仇恨与不义,撒旦用他的双翼遮蔽了整个地球。教堂在无力地战斗,牧师们在无力地布道,但情况并未有所改观。人们大都认为,从西方大分裂开始直到十四纪末,没有一个人有幸升入天堂。

第二章

悲观主义与崇高的生活理想

中世纪的末期,忧郁笼罩着人们的心灵。我们阅读这一时期的编年史、诗歌、布道文甚至法律文件,总是感受到有一种阴郁的分量压在心头。这个时期看来似乎尤为不幸,似乎记忆中留下的只是暴力、贪婪和仇恨,而所知道的欢乐只是放纵、傲慢和残虐。

历史对于不幸的记录总是多于欢乐,邪恶构成了历史的根基。我们或许会想当然地认为,尽管有着无尽的灾难,但幸福并不会因不同的历史时期而有所损益。然而,对于十五世纪的人们来说,公开赞誉世界和生命都是不妥的,就像浪漫主义时代的心理一样,时尚所见只是受难与痛苦,只是寻觅衰颓之迹与末世之象,概而言之,即是谴责时代,藐视时代。

在十五世纪之始的法国文学中,我们找不到在后来的文艺复兴时期涌现出的那种生气勃勃的乐观主义——顺便提一下,文艺复兴时期的这种乐观主义倾向有时是被夸大了。乌尔里希·冯·胡滕(Ulrich von Hutten)曾欣悦地感叹道:"呵,世界,呵,文学!这是生命之欢乐!"这一感慨尽管因后人的屡屡引用而变得陈旧,但它所表达的与其说是一个普通人的惊叹,毋宁说是一个学者的热情。乐观主义还常为人文主义者思想中所含有的基督徒和斯多葛主义者的鄙弃现世的古老观念冲淡。伊拉斯谟(Erasmus)写于1518年的一封信或许较胡滕的感叹更能体现人文主义者对生命的看法。"对生命我并无太多眷爱;进入生命中第五十一个年头,我想我活得已经够长了;在这一生中我并未发现有什么美好卓然的事物,值得虔信的基督徒穷心向往,对于此等信徒,基督教义早已许以更为良善的生活。然而现在我却希望能重新拥有几年青春的时光,仅仅因为我相信在不远的将来即有黄金时代降临。"他描述了基督教国家诸王的和谐统治及和平意愿,这对于他来说极为重要。他接下去写道:"我确信,道德风范与对基督的虔敬会复兴,真正的学识亦会光大。"因为有了王侯的提倡,这是可以想见的。"处处都预示着卓越的精神萌醒、汇聚,以期恢复博识宏学,这使我们对于他们的虔敬之心满怀感激。"

大体看来,伊拉斯谟流露出的对生命的礼赞之情是平淡的。他很快就失去了这种满怀希望的心境,且再也未能回复。但是,与整个十五世纪比较,除意大利之外,伊拉斯谟的感情或许还是热烈的。查理七世和好人菲利普宫廷中的文人从未停止过对生活及时代的责难。绝望与悲哀之声并非发自苦修的僧侣教士,而是发自宫廷诗人和编年史家这些生活在贵族圈子及其思想氛围中的世俗人。这些人的知识道德修养匮乏,大多数人对于精深学问一无所知,宗教情感贫弱无力;在这个痛苦颓败的世界上他们找不到慰藉和希望,只能徒生哀叹,悲恸着正义与平静的消亡。

这种抱怨由艾斯塔什·德尚(Eustache Deschamps)写来是最为浓墨重彩的:

> 这悲哀、蛊惑的时代,
> 这哭泣、嫉妒、痛楚的时代,
> 这沉闷的,遭天谴的时代,
> 这濒临衰亡的末世,
> 这混乱、恐怖的时代,
> 这谎言的时代,这傲慢与羡嫉的时代,

第二章 悲观主义与崇高的生活理想

> 这时代没有荣誉,没有公正,
> 这悲哀的时代摧折生命。

德尚所写的这种诗歌可以按打计数,同一个忧郁的主题衍生出诸多千篇一律的灰暗的篇章。在贵族阶层中肯定流行着普遍的抑郁倾向。否则我们难以解释这些诗篇的普遍。

> 欢乐已经消逝,
> 心灵已被风暴卷走,
> 已被悲伤和忧郁带走。

直到十五世纪末,这种声调并未改变。让·米什诺(Jean Meschinot)像德尚一样叹惋着:

> 呵,这痛苦、悲哀的生活! ……
> 我们遭受战争、死亡和饥荒;
> 严寒酷暑,昼昼夜夜,耗尽我们的生命,
> 跳蚤、疥虫之类的奸邪,黩武不宁。
> 主呵,请您垂怜于我们,
> 这生命短暂的邪类。

他同样认为世界一片混乱,没有正义,恃强凌弱,彼此盘剥。他说忧郁症曾经使他几乎自杀。他在下面这首诗中这样描写自己:

> 而我,可怜的诗人,
> 看到人们如此悲伤,

中世纪的衰落

> 我的心中满是悲哀和无望，
> 而痛苦又紧紧抓住了我，
> 我眼中总是满含泪水，
> 唯一企盼的只是死亡。

我们对于当时贵族的道德状态的认识集中于一点，即他们总是敏感地用痛苦包裹起自己的心灵，几乎没有人不认为生命所有的只是痛苦，而未来前景晦暗。乔治·夏特兰，这位勃艮第公爵的史官、勃艮第文法学校的校长，在他的编年史的序言中这样谈到自己："我，一个满怀忧伤的人，生于晦暗之世，身处苦痛的雾障。"他的继任者拉马歇则将一句悲悼之语镌于他的饰物之上："拉马歇苦痛深重。"从相面学的角度研究这一时期的肖像画应当是相当有趣的，这些画中绝大多数人的悲哀表情总是深深地打动着我们。

我们很有必要了解一下"忧郁"（melancholy）这个词在十四世纪时的不同意义。这个词包括悲哀、沉思、幻想等涵义。比如弗罗亚沙（Froissart）谈及因接到一个消息而陷入沉思的菲利普·凡·阿特维尔德（Philip van Artevelde）时说："他沉思了一会儿，决定答复法国国王的使者。"德尚在谈到某种难以想象的丑陋之物时说：没有一个艺术家有足够的"幻想"（merencolieux）能描绘它。这种词义的变迁明确显示出将所有严肃的思想活动等同于悲哀这样一种倾向。

艾斯塔什·德尚的诗中满是生活中各种琐碎而又无可回避的弊病难题。没有孩子是快乐的。孩子带来的只是哭闹和臭气、麻烦和焦虑；他们得吃饭穿衣；他们总是磕磕碰碰；他们会染病、早夭；长大成人后，他们可能会走上邪路，锒铛入狱。只有操心和担忧，而焦急、烦恼及教育费用，这一切并没有幸福来补偿。还有什么比生下一个畸形儿

第二章 悲观主义与崇高的生活理想

更为可恶？诗人对他们的不幸毫不怜悯。他写道：

> 肢体畸形之人亦是思想残疾，
> ——充满罪孽，充满邪恶。

单身汉是幸福的。有一个可恶的妻子就会因此而受苦；有一个可爱的妻子则总是担心失去她。也就是说，幸福受到不幸的威胁。至于老年，诗人只看到其中的罪恶与嫌恶，只看到身心的衰颓，看到嘲弄与乏味。这一切到来得很快，女人三十岁，男人五十岁；而当时的绝大多数人难逾花甲之年。与但丁在《宴会》(*Convivio*)中所表现的理想中的宁静而辉煌的老年生活相比，这是一幅相去甚远的图景。

德尚把世界看做一个已堕入耄耋之年的老者。最初的时候他天真无邪；继而他思虑清明公正，品德高尚，强健有力：

> 现在世界变得怯懦衰颓，
> 贪婪而又昏愦：
> 我只看到那些雌雄的愚类……
> 其实，末日正在来临……
> 纲纪早已折摧。

在另一首诗中他悲叹道：

> 时世为何如此黑暗，
> 人们竟形同陌路，
> 而清明政统却日渐凋散？

中世纪的衰落

> 往昔之世是多么美好。
> 谁在统治?痛苦与愤怒。
> 再也没有公正和法纪,
> 我不知我身处何世。

还有:

> 若时代了无变化,我宁可去做隐士,
> 因我触目所及,只是痛苦悲伤。

这种悲观主义与宗教几乎无关。德尚的沉思中所蕴含的虔敬意义是很淡漠的,其基调是抑郁消沉而不是虔敬。对生老病死、倦怠悲伤的恐惧所导致的对世界的鄙弃,源于与厌世的苦修者同样的清醒与厌倦。但除了术语之外,它与宗教无共同之处。

即便是在更为纯洁和高尚的苦行者的言辞中,这种面对生活的恐惧、面对痛苦的畏缩亦非少见。让·热尔松在他的《论贞洁之完美》中为说服他的姐妹不要结婚而提出了一系列论据。这些论据与德尚那悲伤的叹惋并无二致。所有与婚姻有关的罪恶均可在此找到。丈夫可能是个酒鬼、挥霍者或守财奴,即便他诚实正直,但庄稼歉收、牲畜死亡、船只遇难,这些又会夺走他的财产。怀孕多么痛苦!多少女人死于产床!哺乳的女人毫无闲暇欢趣。孩子可能残疾,可能顽劣无教;丈夫可能早早去世,留给妻子的只是操劳和穷困。

总之,在这个时期的文学中我们随处可见这种忏悔着的悲观主义。人类的精神一旦由孩童式的莫名的欢欣转为沉思,所有尘世的痛苦忧戚便涌上心头,而触目所及只是生活的悲哀。正是这种悲观主义促生了对美好、安宁的生活的渴望。崇高的生活这一梦想始终

第二章　悲观主义与崇高的生活理想

萦绕人们的心头。现实愈是悲苦,则这种渴望就愈是强烈。

在任何时代,有三条不同的路径通向理想的生活。第一条道路是摒弃世界,生活的完美只有在摆脱束缚、超越尘世的劳作与快乐之后才能达到。第二条道路是改变世界,有意识地改善其政治境况、社会习俗及道德风尚。但在中世纪,基督教信仰深植世人的内心,克己自制的理想成为个人与社会完善的基础,这条物质发展与政治进步的道路就难以走通。目的明确、持之以恒地革新社会,这一观念在中世纪并不存在。大体上看来,社会可以是尽善尽美,也可以是一无是处。因其由上帝创造,就其本质是尽善的,只是人类的罪恶使其败坏。因此,真正需要疗救的是人的心灵。中世纪的立法从不有意识地创立新法,表面上看来,它总是权宜的,只是恢复完备的旧制(或至少认为它未改变什么),或是改良特别的陋习。它面向的是一个理想的往昔,而不是一个现实的未来。因为真正的未来是"最后的审判",而它就要到来。

自不待言,这种精神气质很大程度上促成了当时普遍的悲观主义。如果这个世界毫无改良与进步的希望,那些挚爱这个世界、不愿放弃生活欢乐的人,那些憧憬着美好的未来的人,眼前所见的只能是无底的深渊。我们要等到十八世纪——即便是文艺复兴也未带来"进步"的意识——人们才拥有了坚定的对社会进步的乐观主义。只有到了这时,人类及社会的完善才上升到中心的地位。十九世纪所失去的只是这一信仰的天真,而不是这一信仰所激发出的勇气与乐观主义。

中世纪人缺乏进步与革新的观念,但若由此认为他们只禀有宗教形式的对理想生活的向往,则是不实之词。还有第三条道路可以达于美好的世界,这条道路贯穿于所有的时代与文明,它最为简单又最为荒谬,这就是梦想之路。人们由此得以逃离阴郁的现实,只需用梦幻来粉饰生活,只需在理想、和谐的幻觉中寻求遗忘。在宗教的、社会的解决方案之外,我们又有了诗的道路。

一支简单的曲子足以发展为繁复的令人欣悦的赋格曲。我们所需要了解的主题只是英勇、美德及理想的往昔的幸福,这些主题不多,而且自古就少有变化。我们可以称之为英雄主题和田园主题,后世的文学几乎全部建于这些主题之上。

但是,这条通往崇高生活的第三条路径,这种由残酷的现实向虚假的幻象的逃遁,难道仅只是一个文学上的问题吗?毫无疑问并非如此。历史总是忽视这种对崇高生活的梦想对于文明及社会生活形式的影响。理想意味着渴望回归想象中的昔日的完美。无论是在诗歌中还是在现实中,对生活完美的向往都是一种"仿效"。骑士制度的本质是仿效理想的英雄,人文主义的本质是仿效古代贤哲。幻想着回归自然的怀抱,憧憬着牧羊人式的纯真生活,这一梦想最为强烈也最为持久。自狄奥克里塔(Theocritus)以来,这一梦想从未丧失对文明社会的影响。

社会愈是原始,使现实生活符合某种理想的准则这一希求就愈会越出文学的范围而影响到现实生活。现代的人类是劳作的工人,工作是他们的理想。自十八世纪末以来,现代男性基本上是工人这一角色。由于政治进步与社会完善已成为公认的首要之务,理想自身亦可通过最高的产量和平等的物质分配来实现,所以扮演英雄或贤哲已不再有任何必要。此时的理想已成为民主的理想。而在贵族政治时期,代表当时的文化就意味着要践行英雄式的生活方式,这一生活方式通过品行、风俗、习惯、服饰、举止等得以形成,充满尊严、荣誉、智慧以及无论如何不可缺少的礼貌。这一切都通过上述对理想的往昔的仿效而成为可能。对往昔的完美的梦想使得生活及生活形式变得高贵,使其满蕴美好,使得生活具有了艺术的形式。生活似乎成为高贵的游

第二章 悲观主义与崇高的生活理想

戏。但只有少数贵族能够参与这一艺术性的游戏,而不是每个人都能去模仿英雄或哲人。没有闲暇和财富,一个人不可能给自己的生活涂抹上英雄或田园的色彩。在社会生活中实现美好的梦幻这一向往就像原罪(vitium originis)一样从一开始就带有贵族式的孤高。

由此,我们得以认识衰落的中世纪的世俗文化。这是由理想的形式与骑士的浪漫主义所装饰着的贵族生活,是一个隐藏在圆桌骑士的怪诞外衣下的世界。

追求美好的生活这一理想比意大利的十五世纪(quattrocento)要古远得多。在这里,如同在其他地方一样,中世纪与文艺复兴的分界被过分强调了。佛罗伦萨只是采用和发展了中世纪的主题。美第奇宫的《吉奥斯特》与勃艮第公爵的粗俗不文的排场之间尽管在审美价值上高下辨然,但其中的灵感则是一致的,意大利确实发现了美好的新世界,使生活奏出了新的乐音。但那种被认为是文艺复兴的特征的艺术冲动,则并非它的发明。

在中世纪,面对来自人类灵魂深处的危险,面对尘世生活的美与魅力的诱惑,世人的选择大体上只是在上帝与现世之间进行,只能是藐视尘世或认同尘世。现世的美好产生污浊的邪恶。即使艺术与虔敬都奉献于宗教而变得神圣起来,艺术家与钟爱艺术的人也必须小心不使自己受到富于魅力的色彩与线条的蛊惑。而贵族的生活基本上已充斥着为罪恶玷污的美。骑士的品行与谦虚的风尚掺杂着对体力的崇拜;荣誉与尊严混杂着虚夸与铺排;尤其是爱情——除了宗教所谴责的傲慢、嫉妒、贪婪和淫欲,还有什么呢?所有这一切若想成为更高的文化要素,就必须提升自身,进于高贵和美德之列。

正是在这种意义上,梦幻之路显示了它的教化价值。中世纪后期的贵族生活是一种依藉幻想的生活。这种生活掩蔽在往昔岁月的辉煌中,幻想着远古的英勇神武和刚直真诚,通过这种方式变得崇高圣洁。正是在这一点上文艺复兴与封建制度联系了起来。

对更高的文化的追求在仪式和礼节中得到非常直接的表现。王公贵族的行动,即便是日常举动,也体现着一种类似象征的形式,以便显得神秘莫测。出生、婚姻、死亡,这一切都以崇高庄严的仪式装饰起来。而生死、嫁娶的情感则是被渲染和铺排的。拜占庭风格表现的只是同样的倾向,要理解它怎样经中世纪而幸存下来,我们想一想太阳王路易十四就够了。

宫廷是最宜于这种唯美主义兴盛的地方。这种唯美主义在勃艮第公爵的宫廷中得到了最充分的发展。这个宫廷比法兰西国王的宫廷修缮更为考究,华贵绚丽。众所周知,公爵相当注重其家庭的辉煌威仪。一个富丽堂皇的宫廷最能使公爵的那些显赫对手们相信,公爵所宣称的他在欧洲诸王中鳌头独占此语不虚。"在以辉煌战绩和赫赫武功赢得光荣之外",夏特兰说,"家庭是触人眼目的首要之物,亦是亟须修治和经营之物。"勃艮第宫廷自称是最富有、最为管理有方的宫廷,大胆查理尤其热衷于庄严堂皇的排场。在古时由君王亲自行使的简单的司法之责,此时由公爵主持,即便对最卑贱的臣民亦是如此。公爵总是每周两到三次坐在听众之中,面带威严,这时人们可以提出自己的诉状。他总是在家族中的所有贵族都到场时做出判决。他坐在覆有金布的"高背椅"(hautdos)上,由跪在他面前的两个"审查官"(maîtres des requêtes)——即保证官和书记官——侍候着。夏特兰说,贵族们厌烦不已,但无计可施。夏特兰对这些听众的作用提出了疑问,"不管有什么结果,这似乎都是一种堂皇的、值得赞赏的东西。但在我那时候,我从未听说或看到过一个诸侯或国王做过这种事"。

为了娱乐消遣,查理亦觉得需要庄重显赫的形式。"他习惯于花一部分时间去从事相当严肃的事情,怀着一种游戏与逗笑掺杂的心态,像一个演说家那样操着华词丽句,劝诫他的贵族们要厉行美德,以

第二章 悲观主义与崇高的生活理想

此自得其乐。关于这一点,经常有人看到他坐在华贵的椅子上,贵族们侍立在他面前,他则因时因地地训诫着他们——作为诸侯和领地之主,他衣着富丽华美,炫于众人。"

这种"于卓异不凡之事物中见高贵庄重之心灵",尽管表面上看来天真且略为呆板,但与文艺复兴的精神不是完全一致吗?

公爵的用餐有一套近乎礼拜仪式般的尊贵的礼仪。礼仪大师拉马歇的描述颇值一读。他应英王爱德华四世之请写了论文《勃艮第查理公爵之家事录》,供其作典范学习。此文详细说明了面包师、司肉者、司酒者及厨子的复杂服务,以及正式宴会的规定程序。此种宴会还要求贵族们成单行走过公爵"以示礼敬",公爵则始终安坐桌旁。

厨房的规模是真正的"庞大固埃式"的,我们可以在一个较真实的更大的厨房中想象这些操作规范。这个厨房有七个庞大的烟囱,今天仍可以在第戎的公爵宫殿中看到这些庞然大物。主厨坐在加高的椅子上,俯瞰着整个厨房,"而且他必须手持一柄木制长柄勺,此勺有两个用途:一个是品尝汤汁,另一个是驱使佣人各司其职,需要的话,就用来揍他们"。

拉马歇谈到他所描述的仪式时带着尊崇和准学者式的语调,好像他谈及的是郑重的神秘之事。他严肃地提出关于居先权(precedence)及服侍的问题,接着又非常机智地予以回答。为什么在主人就餐的时候是主厨在场而不是"厨房侍官"?怎样提出主厨的候选人?对此他颇带智慧地回答:当王侯宫廷中的主厨一职空缺时,膳食总管会把侍官和厨房的仆佣一个个唤来,每个人立誓为证,庄严地投出自己的一票,就这样选出主厨。万一主厨不在时谁代他的职?是烤肉者还是司汤者?回答是:都不是。代职者仍由选举产生。为什么面包总管和司酒者构成第一和第二级,凌驾于司肉者和厨子之上?因为他们负责酒和面包,这二者因为用于庄严的圣礼而变得

中世纪的衰落

神圣。

凡在传统势力极其强大、原始精神盛行的地方,这种对居先权与礼节的极端注重就只能用宗教意义来解释。即是说,这其中包含着仪式的成分。人们精心规定礼节的形式,以此构成高贵的游戏。这个游戏尽管是人为的,但尚未完全堕落为徒劳的炫耀。有时候人们对这种温文优雅的形式过分注重,以至于对身边之事的严肃性竟视而不见。

弗罗亚沙讲了这样一个故事。克雷西战役之前,四名法国骑士侦察了英军战线之后返回。国王急于听到他们的消息,骑马出去迎接他们。他一看到他们就停了下来。四名骑士冲过武装士兵的队列,到了国王面前。"什么消息,大人们?"国王问道,四人互相看看,没有说话,因为谁也不愿在同伴之前开口。其中一个对另一个说:"大人,你要说,就告诉国王。我不会抢在你面前开口。"于是他们讨论了一会,因为谁也不愿先开口说"以荣誉担保"(par honneur)。最后国王只得命令蒙内·德·巴赛勒(Monne de Basele)爵士说出侦得的情报。

高尔特埃·雷拉尔老爷(Messive Gaultier Rallart),这位巴黎的"夜间巡逻骑士"(chevalier du guet),1418年践履此职时,出外巡视总是"以三四个乐人演奏铜管乐为前导,这在时人看来非常奇怪,他们说他这好像是在对罪犯们说:'快走开,我来了。'"。巴黎市民所说的这个巡官警告罪犯说他就要到来的例子并非绝无仅有。让·德·鲁耶(Jean de Roye)讲了一个同样的故事。让·巴罗(Jean Balue)1465年是埃夫勒(Evreux)的主教。他在夜晚出巡时,"锐响、鸣叫及其他乐器的声音响彻街巷。这对于守夜人来说是全不合时宜的事情"。

等级的荣誉即使在绞刑架上依然被严格遵循。圣保罗的总管(Constable of Saint Pol)临刑的绞架满覆着装饰了百合花徽(fleurs-delis)的黑天鹅绒。他的遮眼布,他膝下的软垫,则是深红色的天鹅绒。刽子手还是一个此前从未处决过一个罪犯的新手——这是贵族受刑者享有的相当可怀疑的特权。

人们尽力追求优雅有礼,这在大约四十年前还是中下阶层礼节的一个特点,在十五世纪的宫廷生活中则得到了超乎寻常的发展。一个合乎时尚的人如果有与自己所属地位不相符的举动就会自认为是耻辱。勃艮第公爵审慎有加地尊重他们的法国王室和亲戚。让·桑斯·保尔总是对他的儿媳、年青的公主、法兰西的米切尔(Michelle of France)表现出过分的尊敬。他称她"夫人",他在她面前单膝跪地行礼,吃饭时他总是尽力帮助她,尽管公主并不愿劳他动手。当好人菲利普得知他的堂兄、太子殿下与父亲发生争吵,迁往布拉班特时,他立即撤除了德文特(Deventer)之围,尽管这是他征服弗里兹兰的重大计划中的第一步。他匆匆忙忙赶往布鲁塞尔,以便在那儿迎接他的王室贵宾。在两人即将会面时,一场两人争先向对方表示敬意的比赛就真正开始了。一听到太子殿下要前往迎接他的消息,老公爵立即给殿下发出"三四道消息,一道接一道,告诉殿下如果殿下前来迎接他,他发誓会马上从哪儿来就回哪儿去,他会走得又迅速又遥远;无论殿下做什么,在一年中都不可能找到他,也不会见到他。因为,他说,这对他来说是一种嘲弄与羞耻。这种耻辱会被世人永无休止地归咎于他,永远成为一件耸人听闻的蠢行。这正是他急于避免的"。为了表示对法兰西血统的尊敬,公爵一进入布鲁塞尔就不再随身携剑,尽管此时他仍在他的封土之内。抵达宫殿前,他急忙下马,步入宫廷,一看到太子他便疾步前行,"太子已从他的房间出来,手挽着公爵夫人,在内廷中张开双臂向他快步走来"。老公爵立即脱帽,跪下片刻,复又快步前趋。公爵夫人挽着太子,不让他再前行一步,太子徒劳地想抓住公爵,没能阻止他下跪,也没能扶他起身。两人颇动感情地痛哭——夏特兰说——所有的旁观者亦唏嘘不已。

无疑今天我们仍能在王族宴会上看到这些近乎可笑的礼仪,但我们找不到那种对仪式的强烈的关注。这表明,直到中世纪末期,仪式仍然带有道德意义。

年青的夏罗莱伯爵出于谦逊,曾在用餐前拒绝与英格兰王后同时使用洗手盆,宫廷就此事谈论了一整天。公爵得知此事后,让两名贵族从两方面讨论了这件事。人们谦逊地拒绝优先于他人,这种举动往往持续超过一刻钟。谁坚持得愈久,谁就愈受赞誉。人们藏起手,以免受到吻手礼的礼遇荣耀。西班牙王后在会见年轻的菲利普·勒博乌(Philippe le Beau)大公时就是这样做的。后者耐心地等待,趁王后一个疏忽时,抓住王后的手吻了它。只此一次西班牙的庄重威严出了差错,整个宫廷笑了。

社会交际的琐细枝节都被详尽地规定。礼仪不仅规定宫廷女士们可以手挽着手,还规定女士们可以通过向他人招手以鼓励他人达到这种亲近程度。这种招手的权利,"呼唤"(hucher),在年迈的宫廷女士阿莉娜·德·波蒂埃(Aliénor de Poitiers)看来是一个技术性的问题。她描述了勃艮第宫廷的礼仪,客人若要离去,就会被令人心烦的留请之语拒绝。菲利普不让法兰西王后在国王指定的日子告辞,全然不顾可怜的王后及其扈从对路易十一(Louis XI)的惧怕。

歌德说过,若无深厚的道德基础,优雅有礼就不会有外在的表现。爱默生(Emerson)把优雅有礼称作"花谢结实的美德",所表达的是同一种思想。若说在中世纪的末期,世人仍然意识到优雅礼貌的伦理意义,这或许是夸大之辞,但人们确实仍体会到它的审美价值。这体现了一种变迁,即礼仪的形式从仁爱的真诚表白转变为礼貌的枯燥仪式。

显而易见,这种生活的华贵装饰在君王公侯的宫廷中最为盛行。

第二章 悲观主义与崇高的生活理想

因为宫廷中人有时间亦有场地来实行。然而,崇礼之风在上层圈子中已显得过时之后,又从贵族阶层传至中间阶层,在这个阶层中风行良久。诸如敦请客人用餐,挽留客人的拜访,或拒绝僭先,这样的习俗今天已不时兴,在十五世纪则是流行的时尚,尽管细究之下,它同时亦是讽刺的对象。

教堂礼拜仪式尤其提供了冗长地展示礼貌的大量机会。首先是"献祭仪式"(offrande),谁也不愿第一个将其祭品放上神坛:

请吧,——我不愿——上前吧!
当然您先请,堂兄,
——我不愿——请旁边的那位吧。
她应先于你献上,
——你不必费心
旁边的人说:"不应是我;献上吧
牧师只是在等着您。"

最后,地位最高的人领头献祭之后,关于"圣号"(pax)又会重复同样的争执推让。圣号是一种木质、银质或象牙质的扁平圆盘,人们在"天主羔羊"起首的弥撒祷告(Agnus Dei)之后亲吻此物。人们纷纷拒绝首先亲吻,"圣号"在贵族们的手中传来传去,结果导致礼拜仪式的长时间中断。

年青的女士会回答说:
拿着,我不,夫人
——请一定拿着,亲爱的朋友
——我绝不,人们会当我是不懂事,

——传过去,马洛特小姐,
——我不,耶稣基督不允许!
请给艾玛嘉夫人,
——夫人,拿着。
——圣母玛利亚,请把圣号给
郡尉的夫人。
——不,请给总督夫人。

即使像波拉的圣弗兰西斯(St. Francis of Paula)这样圣洁的人也认为参与这种孩子气的宗教仪式是他的责任。他赞同这种仪式是因为他认为这体现出一种非凡的谦让和懿行,这表明讽刺诗并没有夸张之处,这些仪式的伦理意义也并未完全消失。

参加宗教礼拜由于这些礼让致意而形同跳小步舞。在离开教堂时,谁走在右边以示尊贵,谁先踏上木桥或走进窄巷,诸如此类的情形都有所规定。经过家门时,主人要请这群客人入室饮酒(就像西班牙礼节要求的那样),客人们会彬彬有礼地婉辞;于是主人就有必要陪同客人再走上一程,尽管客人反复地请他们留步。

一旦我们记起这些礼仪的形式出自一个野蛮种族的易于冲动的内心,努力驯服着其自身的傲慢与暴怒,这种种无用的形式也就变得令人同情,其道德与教化的价值也更易于理解。狂暴的争吵冲突与好礼的内敛不矜总是同时存在,尽管这二者相距殊然,高贵的家族为着教堂中的居先权激烈地争执不休,而同时他们又谦恭地装作对此毫不在乎。

天性中的粗野狂暴常常刺破礼貌的虚弱外表。巴伐利亚的约翰公爵(Duke John of Bavaria),这个列日的著名人物曾作客巴黎。在巴黎显贵迎接他的典礼上,他在游戏中赢了他们的钱财。一位亲王终于

第二章　悲观主义与崇高的生活理想

按捺不住,叫道:"我们碰到的竟是这样一个神父!"[列日的编年史家让·德·施塔费罗(Jean de Stavelot)记述了此事]"天啊,他要把我们的钱全赢去吗？这时我们的列日之主从桌边站起来,愤怒地说:我不是神父,我也不要你们的钱。他抓起钱扔得满屋都是,许多人对他的这种慷慨惊讶不已。"

克里斯丁·德·比桑(Christine de Pisan)、夏特兰和波希米亚贵族罗兹米塔的莱昂(Leon of Rozmital)都对勃艮第宫廷的秩序井然赞叹不已。这种井然有序只是在与法兰西宫廷的混乱无致相比时才更显出其充分的意义。法国宫廷曾是勃艮第宫廷的古老而不凡的典范。艾斯塔什·德尚在他的许多诗篇中诉说过宫廷生活的苦难。这些责难并非仅是那种贬抑宫廷生活的主题的简单重复。食无味,居无所;喧哗与混乱;咒骂与争吵;嫉妒与戕害。简单地说,宫廷是罪孽之渊,地狱之门。

无论是对王族的尊崇,还是仪式所具有的神圣的意义,这些都难以避免礼仪偶尔在最庄重的场合被不光彩地弃置不顾。1380年,在查理六世的加冕庆宴上,勃艮第公爵为获得充当国王与安茹公爵之间的贵族代表的位置而动了武力。当时公爵的扈从已经推开了他们的对手,有人发出威胁的叫喊,当国王公允地承认勃艮第公爵的这一权利时,一场混战爆发了。

在庄重仪式中的悖礼之行甚至渐趋成为仪式本身的一部分。法国国王的葬礼被争夺葬仪用具的所有权而发生的争执打断,这多多少少已成为葬礼中的习惯。1422年,巴黎的送尸者(henouars),或称作"负盐者"(salt-weigher),即负责将国王的尸体送到圣德尼教堂的一群人,与修道院的修士发生了一场殴斗,因为双方都声称他们拥有覆盖查理六世棺架的柩衣。

与此类似的另一件事发生在1461年,在查理七世的葬礼上,送尸者与修士们又发生了争吵,结果送尸者在半路上放下棺木拒绝前行,除非付给他们十巴黎镑(ponuds Paris)。司马大总管老爷(Lord Grand Master of the Horse)安抚他们,答应自己出钱付给他们。但耽搁得太久,结果送葬的队伍直到晚上八点才到达圣德尼。葬礼之后,为了金布柩衣又爆发了新的冲突,这次争执的双方则是修道士和司马大总管本人。

对国王一生中的重大事件大肆宣扬,这已成为惯例,一直延续到路易十四时代。这种张扬有时在最为严肃的场合引发让人哭笑不得的风纪废弛。1380年,在国王的加冕庆宴上,观者、宾客和仆从,人数如此之多,以致皇室总管和桑塞尔保安官(marshal of Sancerre)只得在马背上用餐。1431年,英格兰国王亨利六世在巴黎加冕时,人们在黎明时分就冲进即将举行典礼的大厅,"一些人四处张望,一些人享用着美味,另一些人则偷拿食物或其他什么东西"。当议会和大学的显贵、富商和长老议员等人费尽千辛万苦进入大厅后,发现写有他们名字的桌子已被各色匠人挤占。于是只得去赶走他们,"但当他们赶走一两个后,七八个又坐到了另一边"。1461年,路易十一将行就位典礼时,不得不早早关上兰斯主教堂(Cathedral of Reims)的门,设置卫兵作为预防,以免进入教堂的人太多,教堂唱诗班的席位难以容纳。否则,围在国王行涂膏礼的神坛旁的观众会挤得侍助大主教的高级教士们动弹不得,坐在席位上的王室贵胄也会被挤得难以生还。

中世纪人那满蕴激情又狂暴不羁的心灵,总是摇摆于涕泗纵横的虔诚与冷漠无情的残酷之间,跌宕于尊崇与侮慢、沮丧与嬉戏的矛盾之中。他们不能离开最严厉的规则与最严格的形式主义。情感需要稳定不变的传统形式。离开了这种形式的规范,激情和残暴就会损害生活。借助于升华的功能,生活中的每一件事对于他人都成为一种公

第二章　悲观主义与崇高的生活理想

开的展示,痛苦与悲哀则显得虚幻和充满戏剧色彩。为了找到一种平易而自然的表达情感的途径,人们必须求助于审美地表现悲哀或欢乐。

诸如出生、婚嫁或去世这样的仪式充分体现了这种展示的特点。审美价值取代了古老的宗教(大部分是异教)或巫术的意义。

悼念仪式最能够体现这种情感的形式化所具有的潜在意义。原初时代有一种夸大悲伤或欢乐的情感的倾向。夸大的悲恸与无节制的狂欢及疯狂的奢侈是相应的。让·桑斯·保尔去世时,悼念活动空前壮观,这之中无疑有着政治目的。勃艮第的菲利普前往迎接法国国王和英国国王时,他的随从打着两千面黑色旗帜,更不用说那些长达七码的黑色大旗了。公爵的马车和宝座都为了悼念涂成了黑色。在特鲁瓦(Troyes)会见时,菲利普身披黑天鹅绒的大氅,大氅从马上直垂及地。这之后很长一段时间,他和宫廷中人都只着黑衣。

在宫廷悼念仪式的一片黑色中只有法国国王身穿红衣(即使王后也不能如此),以便有醒目的对比。1393 年,巴黎人惊讶地看到了一个白色的非凡葬仪:这是亚美尼亚国王莱昂·德·路西南(Léon de Lusignan)的葬礼,他死于流亡中。

面对君王去世所表现出的悲恸,如果说有时是一种另有他意的夸饰,但经常也含有深沉真切的忧伤。感慨于魂命无常,畏惧于身死湮灭,系牵于家族深情与王族烜赫,这一切都使国王或诸侯之死成为一桩恸事。当让·桑斯·保尔被谋害的消息传至根特时,巨恸迅速弥漫开来。所有的编年史家都证实过这一点,夏特兰冗笔长卷记述过这件事。他那种沉滞、拖沓的文风,用来记叙图尔内(Tournai)主教预先安慰年青的公爵直面噩耗时所做的长篇讲演,以及菲利普和他的夫人法兰西的米切尔的庄重哀悼,是最为适宜的。半个世纪后,我们看到大胆查理在他父亲临终的床前,啜泣着,哭号着,绞着手指,倒在地上,

中世纪的衰落

"以致每个人都惊异于他的无比哀恸"。

无论在这种叙述中有多大成分并非真实,它所表明的事实与当时的那种过度的敏感性非常一致,同时亦与那种以喧哗热闹的悼念作为升华之途的渴望非常一致。原始的习俗规定死者应当受到公开和高声的悼念,这一习俗在十五世纪仍相当有力。喧闹不堪地表达悲哀被认为是完全适宜的,而与死者有关的一切都必须是无比的悲恸的一种明证。

人们还极端忌讳宣布死讯,这同样导致一种原始的仪式与多情的情感主义(emotionalism)掺杂起来的现象。夏罗莱公爵夫人在怀孕期间,她父亲的死讯因此对她保密。好人菲利普生病期间,宫廷几乎不敢告诉他任何与他有关的人的死讯。克雷夫的阿道尔夫(Adolphus of Cleves)在病中时,人们考虑公爵的身体,不许他去悼念亡妻。大臣尼科莱·罗兰(Nicolas Rolin)去世了,公爵完全不知他的死讯。但他逐渐产生了疑虑,当图尔内主教前来拜访时,他向主教打听真相。"陛下,主教说——事实上,他已去世了,真的,因为他老了,精力衰颓,难以长寿。——呵!公爵说,我不是问这个,我是问他是否真的死了,一去不返了。——呵!陛下——主教否认道,他并未去世,只是半身瘫痪,垂危而已。——公爵勃然大怒。荒谬!明白地告诉我,他是不是死了。直到这时主教才说:是的,真的,陛下,他真的去世了。"

这种宣布死亡的奇特方式不是暗示着某些古代迷信的痕迹,强烈得甚至超出了怜宥一个病人的愿望?人们急切地摒弃死亡的阴影,那种远离死亡的焦虑感正体现着一种与路易十一相似的思想状态。路易十一不再穿他知悉噩耗时所穿的衣服,亦不再骑他听到死讯时所骑的马。他甚至下令砍掉了卢克斯(Loches)地区的一片树林,因为他在那儿得知了他的一个新生儿的死讯。"首相先生,"国王在1483年5月25日写道,"谢谢您的来信及其他,但我请您不要将那个送信人再

第二章　悲观主义与崇高的生活理想

派遣过来,因为上一次见到他时,我就感到他的脸有了可怕的变化,而且我得告诉你他让我感到害怕,再见吧。"

悼念的文化价值在于它赋予悲哀以形式和韵律。它使实际生活转变为戏剧。它为自己穿上了古代悲剧的厚底靴(cothurnus)。悼念在法国或勃艮第宫廷,在我们所关注的那个时代,被认为是一出表演着的挽歌。葬礼仪式与葬礼诗歌,这二者在原始文明中并未区别开来(比如在爱尔兰),此时也尚未完全脱离。悼念仍继续着它那残存的诗的功能。它使悲哀的效果变得富于戏剧性。

逝者与幸存者愈为高贵,则悼念愈为堂皇。法国王后整整一年不能离开她知悉夫君死讯的那个房间。对于王妃们来说离人隐居的时间要长达六周。德·夏罗莱夫人(Madame de Charolais)在悼念她父亲的全部时间里待在床上,倚着软垫,身着各种各样的饰带、紧帽和外套。房间装设成黑色,地板上覆盖着黑布。阿莉娜·德·波蒂埃为我们描绘了各种等级的仪式,随着其等级的不同而变化。

这种过分虚夸的外在表现常使其所体现的深义趋于消失。悲凉的心境被掩蔽在盛景之后,隆重的礼仪与真实的生活被简单而明确地区分开来。阿莉娜在描写了夏罗莱伯爵夫人参与悼念的盛况之后,又写道:"当夫人单独一人时,她并非总是躺在床上,也不把自己禁锢在一个房间里。"

仅次于哀悼仪式,分娩的卧室也充满了依据等级而表现的精细而有差异的礼仪。房间的颜色、覆盖物及服装都别有深意。绿色是王后及嫔妃专有的色彩,在以前则是白色。绿色的房间即便是伯爵夫人们亦不能进入。当勃艮第的玛丽(Mary of Burgundy)的母亲伊莎贝拉·德·波旁(Isabelle de Bourbon)生产时,这位母亲倚靠在炉边的矮榻上,五张硕大的礼床(state bed)则空着,床上遮盖着巧手织造的绿色帘幕,犹如葬仪上所用的礼车(state coach),只用于洗礼仪式。窗帘始终紧闭着,室内则用蜡烛照明。

在社会的各个阶层中,质料与色彩所体现出的严格的等级制度区分开不同的阶级,赋予每一阶级或阶层外在的差异,这种差异维持着尊严,彰显着尊严。

除了出生、婚姻和死亡,强烈的唯美追求亦使生活中无论大事小事都具有了庄重和高雅的形式。自贬自责的罪人,忏悔的戴罪囚徒,牺牲自身的圣徒,这些都提供了一种公开展示的景观。这种形式的公众生活差不多成为了一种永久的"行动的道德"(morale en action)。

中世纪社会中,即使亲密关系也是倾向于夸耀而非保密。不仅是爱情,友谊也同样,都具有炫人耳目的形式。两个朋友穿着相同,使用同一个房间或同一张床,称呼对方时总是使用昵称。君王及其宠仆的关系很好地体现了这一点。我们不能因法王亨利三世那众所周知的例子而怀疑"mignon"(宠儿)一词在十五世纪时被普遍接受和认可。中世纪也有因其不正当的关系而受到抨击的君王及其宠信之人——比如英王理查德二世和罗伯特·德·维尔(Robert de Vere)——但是如果我们认为这种风习并非意指多情的友谊的话,当时的人们就不会这样坦率地谈及宠仆。朋友们公开炫耀这种关系在当时是一种荣耀之事,诸侯在重大的宴会上倚靠在其宠仆的肩头,就像查理五世在他的加冕礼上倚着奥兰治的威廉(William of Orange)一样。要理解《第十二夜》中公爵与赛萨里奥(Cesalio)之间的微妙关系,我们必须考虑到这种多情的友谊形式。直到詹姆斯一世(James I)和乔治·维利尔(Ceorge Villiers)的时代,它一直是合乎礼俗的风尚。

所有这些精致的形式繁复地结合起来,将严酷的现实掩蔽在表面的和谐之后,使生活成为艺术。这一艺术未留踪迹,正因为这个原因,它的文化上的重要性几乎未被察觉。彬彬有礼的敬意、温文礼貌,利他主义的迷人梦幻,庄重的等级森严的仪式,婚嫁的隆重庆典,所有这一切都瞬息即逝,可以看做是文化中没有果实的风尚。赋予这些风尚以风格和表现的是时尚,而非艺术,而时尚并未留下任何纪念物。

然而,在中世纪结束时,艺术与时尚之间的联系较现在要密切。艺术尚未达至晦涩难懂的高度。它构成了社会中必需的一个部分。艺术与时尚在风俗中仍然难分难解地融合着,衣着的风格较后世更接近艺术风尚;而风俗在社会生活中的作用,即加强社会中的严格秩序,差不多分担着礼拜仪式的功能。中世纪最后几个世纪中令人惊讶的奢华穿着,所表现的正是一种仅靠艺术已无法满足的极度唯美的强烈需求。

所有的关系,所有的尊严,所有的行动,所有的情感,都找到了自身的风格。一种社会功能的道德价值愈高,其表现的形式就愈接近纯粹的艺术。仪式与礼貌只能通过谈话与奢华来体现,又消逝得无影无踪;悼念仪式则并非结束于庄严的葬礼与梦幻般的仪式,而是在墓冢中的纪念物中留下永久的艺术的体现,如同在婚姻和洗礼中那样,带有宗教意义的悼念提高了其自身的文化价值。

一如既往,这些优美形式的最鲜艳的花朵是为生活中的其他三个要素而存在的——它们是勇气、荣誉和爱情。

第三章

社会的等级观念

一百多年前,当中世纪史日渐引起人们的兴趣时,首先引起人们的普遍关注、激发起人们的热情和灵感的是中世纪的骑士制度。到浪漫主义时代,"中世纪"与"骑士制度"这两个词几乎是同义的。历史的玄想总是停驻于十字军东征、骑士比武大会和游侠骑士上。从那以后,历史就成为平民化的了。人们现在只是把骑士制度看做是人类文明的一个极其特别的兴盛期,它并不支配中世纪历史的进程,在时代的政治进步与社会发展方面它只是次要的因素。对我们来说,中世纪的问题首先在于其社区组织、经济状况、君主权威、行政及司法体制等的发展;其次则在于其宗教、经院哲学和艺术。在这个时期的末期,我们关注的差不多全是政治生活和经济生活的新形式的产生(专制主义、资本主义),关注的是新的表达方式(文艺复兴)。由此看来,封建制度和骑士制度无非是一种无关紧要的老迈秩序的琐屑残余,对于理解这个时代几乎是无关宏旨的。

但是,一个勤勉专注的读者在阅读十五世纪的编年史和文学文献时,几乎难以摒弃这样一种印象,即贵族和骑士制度在中世纪所占据的地位,远比我们对这个时代的观念所认识到的要重要得多。这种悬殊差异的原因在于,在贵族和封建制度已不再是国家和社会中的必要因素之后的很长时期里,它们作为占支配地位的生活形式仍影响着世人的思想。十五世纪的人们认为推动政治与社会进步的真正动力只可能存在于尚武、谦恭的贵族身上。他们坚持认为贵族是社会的首要

第三章 社会的等级观念

力量,赋予其极其夸大的重要性,而低估其他较低阶层的社会价值。

有人或许会争辩说,错误在他们,而我们对于中世纪的认识则是正确的。如果中世纪人在理解时代精神时能够认识到那真实的隐藏着的社会力量,而不是各种各样的幻觉、梦想和谬误,倒也确实如此。但对于文明史来说,时代的妄念或幻想自有其重要的价值。在十五世纪,骑士制度在宗教之后,仍是支配人们思想和心灵的强大伦理观念。人们将其看做是整个社会体系中的王冠。人们认为社会结构建于森严分明的等级之上,这种意识在中世纪的政治思想中根深蒂固。"阶层"(order)这个概念自身是不固定的。"等级"(estate)与"阶层"(order)这两个近乎同义的词表明了复杂多样的社会现实。"等级"的概念并非仅限于阶级——它扩大到每一种社会典仪、每一种职业和每一种团体中。据波拉特教授称,法国的那种王国三等级制,在英国只是依照法国模式从理论上接受下来,并置于附属地位。而我们则发现,与此同时还存在着十二等级制。在中世纪,"等级"或"阶层"所表示的职能或分类具有迥异的性质。首先,有王国的等级,但也有商业的等级,婚姻与贞洁的等级,以及罪孽的等级。宫廷中有"身与口的四等级"(four estates of body and mouth),即面包总管、司酒者、司肉者和厨子。最后,还有骑士制度的不同等级。在中世纪,使这个词的不同意义统一起来的是人们确信这些分类中的每一种都代表着神的创造,都是上帝意志所创造的有机世界的一分子,它们构成了一个实在的统一体,而且从根本上说,与神圣的等级制度一样令人崇敬不已。

如果我们将社会殿堂中的各个等级设想为通往永恒王座(throne of the Eternal)的低级阶梯,那么每个等级的价值并非体现在其业绩上,而是体现在其尊贵上——即是说,体现在其与最高位置的接近程度上。即使中世纪人认识到贵族作为一支社会力量正日渐丧失其重要性,这也不会改变他们对贵族的尊贵价值的看法,就如同一个粗暴

中世纪的衰落

放荡的贵族的行为举止并不会影响人们对整个贵族阶层的尊奉一样。在宽容的人看来,个人的德行与地位不配并不损害这种制度本身的神圣品质。人们可能会歪曲教士的道德信条或骑士美德的衰落,但这均是在不脱离对教会或贵族的尊崇的前提下。社会的各个等级不会长久地受人仰慕,因为它们皆由上帝创设。中世纪的社会观念是静态的,而不是动态的。

受到这种普遍意识的影响,中世纪的社会与政治面貌必然是奇特的。十五世纪的编年史家几乎全都怀有对其身处时代的憎恶,而对其中真正动人的力量则未曾觉察。夏特兰,这位勃艮第宫廷的史官或许就是一个例子。作为佛兰德斯人,他在尼德兰面对的是平民所拥有的权势和财富。没有哪儿比这儿更为强大,更为自觉,瓦卢瓦王朝(Valois)的勃艮第分支转移到佛兰德斯的巨额财富实际上是建立在佛兰德斯和布拉班特诸城镇的财富之上的。但是,夏特兰被宫廷的金碧辉煌、奢华无度所惑,认为勃艮第家族的权威应归功于骑士的英勇和奉献。

他说,上帝创造了世人以耕种田地,通过贸易获得生活所需;上帝创造教士以奉神职,创造贵族以培养德行,维护正义,以使这些显要人物的品行成为世人的典范。夏特兰赋予贵族所有的显任重责,尤其是保护教会、改良信仰、反对压迫、维护繁荣、对抗暴力及专制、维持和平。公正、勇敢、正直、慷慨,这些品质全部属于贵族阶级,而法国贵族,据这位自大的颂扬者说,则达到了这一理想形象的境界。尽管怀有那种普遍性的悲观主义,夏特兰还是透过他的贵族观念的有色眼镜尽力探究了他的时代。

无视普遍民众的社会价值,这在十五世纪的几乎所有作者看来都是正当的。这一现象或许可以看做是一种精神惯性,在历史上屡有发生,并自有其重要性。人们对第三等级的观念并未随变化的现实而改变、修正。这一观念简单而又概括,就像每日祈祷书上的小画像或大教堂中的浮雕一样,表现了当年辛苦的劳工、勤勉的工匠或忙碌的商人的劳作。在这样的古代样板中既没有正日渐侵夺贵族权力的富有新贵的位置,也没有革命的同业行会(craft-guild)的好战代表的位置。出于平民的血统和财富,没有人意识到贵族维护的只是自身。原则上说,第三等级内部并无差别,无论是贫富之间,还是城镇居民和乡村居民之间,都是如此。贫困的农民与富有的市民的形象不加选择地交替出现,但这些不同阶层的确切的经济及政治职能尚未确定。1412 年,一名奥古斯丁派(Augustinian)托钵僧在改革计划中郑重其事地要求法国所有的非贵族都须从事手工艺或充当劳工,否则就将其逐出王国。这项计划显然认为商业与法律是无用的职业。

夏特兰在政治事务上相当天真,对伦理幻想又相当敏感。他将崇高的美德只归于贵族,而将低劣的品德加在普通民众身上。"谈到第三等级,就整个王国来看,这是一个拥有大量城镇的等级,是商人和劳作者的等级,是一个并不适于用与论述其他人时相同的篇幅来谈论的等级,因为这个等级由于卑微而几乎没有任何非凡的品质。谦恭、勤劳,听命于国王,温驯地鞠躬以取悦主人",这些就是将为"这个法国人的低等等级"带来荣耀的品质。

这种奇特的迷恋不正会促使夏特兰这种人产生悲观主义吗?他们受这种迷恋的蒙蔽而预见不到未来的经济扩张,只能从贵族的美德中企盼人类的美好。

夏特兰仍将富有的市民简单地称为隶农(villein)。他完全意识不到中间阶级的荣誉。好人菲利普公爵往往滥用他的权力,为他的弓箭手或其他缺乏修养的仆从迎娶富有的城镇孀妇或女继承人。为逃避这种联姻,市民阶层的父母在女儿一到结婚年龄就把女儿择人而嫁。雅克·杜·克拉克提到过一个寡妇的例子,她在其丈夫葬礼后两天就再嫁了。

有一次,公爵在处理这种婚姻爽约案时,遭到了里尔的一个富有的酿酒商的顽强反对。这个酿酒商感到女儿的这种联姻是对他的侮辱。公爵不判还那个年青姑娘,于是这位父亲带着他的全部财产迁到了图尔内,摆脱了公爵的司法管辖,以期能将此事进呈巴黎议会。但这带来的只是烦恼,不久他忧郁成疾。最后他让妻子到里尔去"以求得公爵垂怜,将女儿交还给他"。但女儿在纪念耶稣受难日(Good Friday)时,却背对着母亲,满口不敬之词。夏特兰的同情全在其主人一边,尽管在其他时候他并不惮于表达对公爵的所作所为的不满。对那个受害的父亲他所说的只是"这个作乱土气的酒商"、"这个不安分的隶农"。

中世纪贵族对民众的情感有两种并行的趋向。我们既可以发现那种已耳熟能详的对小人物的傲慢和鄙薄,也可以感觉到贵族们所怀有的同情,这种心态看来与前者大相径庭。封建时代的讽刺作品不断表达着那种掺杂着蔑视——有时是恐惧——的憎恨之情,正是贵族伦理之一斑,比如《乡巴佬笑话集》和佛兰德斯民歌《凯洛施里德》。另一方面,贵族的伦理道德却又要求对饱受欺凌、孤苦无依的民众怀有同情之心。这些人劫于兵祸,苦于贪吏,生活于痛苦的深渊。

> 无辜者忍饥挨饿
> 豺狼却竟日将他们吞噬,
> 这些豺狼的不义之财成百上千
> 这是谷子,这是小麦,
> 穷苦人的血肉却埋入土地。
> 因此他们才呼唤上帝,
> 惩罚领主,降灾于领主。

人民默默地忍受着,"诸侯对此一无所知"。如果君王们能不时咕啕一下"可怜的羔羊,可怜的民氓"这样的词句,便能够安抚一下人民。百年战争所导致的荒芜毁坏、动荡不安最终蔓延了几乎整个法国,使这些哀歌成为可悲的现实。自 1400 年以后,有关农民的厄运的抱怨就始终没有间断,农民被抢掠,被压榨,被敌我双方虐待,牲畜被抢走,家园被霸占。宣讲这一切的是热衷革新的尊贵教士们,比如尼科莱·德·克莱芒(Nicolas de Clemanges)在他的《论苦难之解救与正义之恢复》中所论,或是热尔松在他的政治布道文《欢呼君王》中所述。1405 年 11 月 7 日,热尔松在巴黎的后妃殿(the queen's palace),面对摄政王和宫廷中人作了这篇讲道。"穷苦的人们,"这位无畏的大臣说道,"除了一捧麦子,已无可食的面包;他的妻子待产在床,而炉边还有五六个幼小的孩童,在那儿他们或许会暖和一些;他们要面包,他们哭叫着,饿得几乎发疯。而穷苦的母亲能喂哺他们的只是一小块带盐的面包。这样的痛苦已经足够了,但是不——强盗还会来,他们还要拿走一切……家中被洗劫一空,而我们不必劳神去问谁为此付款。"

政治家也充当了痛苦的民众的代言人,发出了自己的申诉。1433 年让·约维奈(Jean Jouvenel)在布卢瓦公国政府(States of Blois)中提出了申诉。1439 年,这一切又摆在了奥尔良公国政府面前。1484 年,在图尔公国政府会议(Meeting of the States of Tours)上进呈国王的一份奏状中,这些申诉直接采用了政治"劝谏"(remonstrance)的形式。

编年史家总是忍不住一再回到这个题目上来——这与他们的主题关系密切。

接着诗人把握住了这个主题,阿兰·夏蒂埃(Alain Chartier)在他的《四重诅咒》中涉及过这一主题。罗伯特·加圭(Robert Gaguin)受夏蒂埃的启发,在他的《农夫、教士和兵卒的争论》中也述及此旨。1400 年前后出现了《法兰西贫困农人及穷困阶层之申诉》。一百年后,让·莫林奈(Jean Molinet)创作了《下层人之来源》。让·米什诺

中世纪的衰落

一直不断地提醒统治阶级注意一个事实,即普通民众受到了漠视。

> 呵,上帝,看看这些贫困的百姓,
> 请赐给他们兴旺和繁荣,
> 呵!他们在饥饿、寒冷、恐惧和痛苦中颤抖,
> 如果他们因漠视了您而获罪,
> 他们乞您宽赦,
> 这不是太可怜了吗,他们失去了收成?
> 他们再也没有谷物拿到磨坊,
> 羊毛和亚麻也被夺走,
> 只有水还留下给他们饮用。

然而这种怜悯是有花无实的。它没有带来变革的行动,甚至没有带来变革的设想。严肃的变革需求在这种怜悯中并不存在,而要到很久以后才会出现。在拉布鲁埃尔(La Bruyère)、费内隆(Fénelon)或是在更早的米拉波(Mirabeau)那儿,这种主题都是如此,即便是他们也没有越出理论上的、因循不变的怜悯的范围。

对于姗姗来迟的十五世纪的骑士精神来说,加入这种同情百姓的合唱是再自然不过的。骑士的责任不正是保护弱者吗?骑士的理想中毕竟有两个观念,看来都会摒弃那种对小人物的傲慢鄙弃。这两个观念,一个即贵族立于美德,一个即众生平等。

我们应当注意不要高估这两个观念的重要性。这二者同样地因循不变,同样是理论上的观念。承认真正的骑士制度含有这两种观念并非是说它们是对封建精神的胜利,或是文艺复兴的成就。中世纪的平等概念丝毫不具有革命的意义。它并非源自激进的改革者。人们在引述掀起1381年叛乱的约翰·鲍尔(John Ball)所说的"在亚当掘

地、夏娃架桥的时候,谁是上等人"时,总是认为贵族听到这些话时会颤抖不已。但事实上,正是贵族自己长期以来重复着这个古老的主题。

众生平等与真正的贵族品德这两个观念在宫廷文学中是老生常谈,就像在"旧制度"时的沙龙中一样,这二者都源自古代。行吟诗人的作品对此反复吟唱,使其普遍开来,每一个人都对之称赞不已。

> 安邦治国的贵族从何而来?
> 来自高尚的心灵,高贵的德行……
> 没有人会是隶农,除非他自认如此。

平等的概念是教会的神父们从西塞罗和塞涅卡那儿借用的。伟大的中世纪的开创者格里戈利(Gregory the Great)在他的《论人人生而平等》中论及过即将到来的时代。平等为各种重要著作述及,但其实并未发掘出其真实的社会意义。它事实上只是一种道德宣言——对于中世纪的人来说它只意味着正在接近的死亡的平等,而并非提供一种虚幻的平等的未来作为这个邪恶尘世的慰藉。中世纪的平等观念与《死的诫言》(*memento mori*)倒极为相似。我们可以在艾斯塔什·德尚的一首歌谣中发现这一点。在这首诗中亚当对他的后代宣讲道:

> 孩子们,我的后裔们,亚当,
> 我,是第一个父亲,在上帝之后,
> 由他创造,你们都自然生自
> 我的肋骨和夏娃;
> 她是你们的母亲,

中世纪的衰落

为什么你是隶农

而他却优雅高贵,
你们本是兄弟?
贵族从何而来?
我不知道,除非它源自美德,
而隶农源自罪孽,这多痛苦:
你们拥有同样的皮肤。

当上帝抟土创造了我,
一个注定要死的人,蒙昧,沉重,卑微,
由我创造了夏娃,我们都是裸身,
但一种念头诱惑了我们,
自那以后我们就永远蒙受饥渴,
我们劳作,受苦,孩子们在痛楚中出生;
因了罪孽,女人们在痛楚中生产,
你们在耻辱中受孕,
隶农这个名字从何而来,刺痛人心?
你们拥有同样的皮肤。

高贵的国王,公侯,
安邦治国的统治者,
他们出生的时候,又穿着什么?
只是一张肮脏的皮。……
王侯们,记着,别再鄙视
穷苦的百姓,握着缰绳的只有死亡。

让·勒梅尔·德·贝尔热(Jean le Maire de Belges)在他的《那慕尔歌谣集》中曾有意识地提到民间英雄的功业,以使贵族们认识到那些被他们视为隶农的人有时也会爆发出无畏和果敢。这些关于真正的贵族与众生平等的诗歌劝诫,其目的是激励贵族们尽力达于骑士的理想,以便支撑社会,纯洁世界。夏特兰说,贵族的美德能够匡扶时弊,王国的福祉、教会的和平、正义的维护,一切均系于此。《马歇尔·布西科著作集》中写道:"上帝在世上奠定了两样事物,如同支撑上帝与人间法则的两根柱子……失去他们,这个世界将混乱不堪,了无秩序……这两根完美无瑕的柱子就是骑士制度和学术,二者完美地结合起来。""学术、信仰、骑士精神"就是菲利普·德·维特里(Philippe de Vitri)的《百合花铁盔》中所说的三朵鲜花,骑士的职责就是保护另外二者。

中世纪以后很久,骑士头衔和博士学位被广泛地认为是等值的。这种平行性表明骑士制度被赋予了高度的伦理价值。高贵的骑士和庄严的博士均被看做是尊贵的高等职责的承担者。一个人获得了骑士头衔,他的行为就达到了理想的标准;一个人获得了博士学位,他的学识就达到了优越的境地。此二者一个是英雄,一个是贤哲。为之奉献毕生的事业得到了仪式性的体现和肯定。如果说作为一个社会要素,骑士制度具有更大的重要性的话,那是因为,除了其伦理价值之外,它还包含着丰富的富于启示性的艺术价值。

第四章

骑士制度的观念

总体看来,中世纪人的思想处处渗透着基督教信仰。与此相似,只是范围较小一些,生活在宫廷和城堡中的中世纪人思想中也渗透着骑士制度的意识。认为骑士制度统治世界这一幻想浸润在他们的思想体系中。这一观念甚至进入了超验的领域。让·莫林奈就把大天使米歇尔最初的赫赫武功赞誉为"骑士最初的伟业,武士前所未有的英勇"。"尘世的骑士和人间的骑士制度"即源自这位大天使,在某种程度上只是对上帝王座之侧的那群天使的仿效。

这种将骑士制度视为社会基础的幻念与社会现实有着强烈的冲突。编年史家在撰写自己时代的历史时,述及时代的贪婪、残暴、冷酷的谋略运思、众所周知的自私自利以及外交策略要远远多于述及骑士制度。但所有人仍然照例声称其编纂是为了纪念骑士制度这一世界的根基。弗罗亚沙、蒙斯特莱(Monstrelet)、埃斯库希、夏特兰、拉马歇、莫林奈,所有这些人——只有菲利普·德·科米内(Philippe de Commines)和托马·巴赞(Thomas Basin)是例外——都在开始写作时高声宣称其目的是赞誉骑士的勇敢和嘉德,是录下"高贵的谋划,攻城略地,英勇的伟绩和赫然武功","大战所带来的丰功伟绩"。对他们来说,历史正是因为骑士理想而更为辉煌。然后,在写作中,他们或多或少地忘却了这一点。弗罗亚沙,他自己是一部极其浪漫的骑士长诗《梅拉多》的作者,但在著作中却无休止地叙述叛乱和暴政,丝毫意识不到他记述的内容与他所持有的观念之间的矛盾。莫林奈在他的编

第四章 骑士制度的观念

年史中,不时地忆起他的纪念骑士制度的意图,于是就打断正在阐述的史实,吐露一番不着边际的心曲。

骑士制度的观念为这些史学家提供了一把神奇的钥匙,借助这把钥匙他们得以解释历史与政治的契机。这个时期的混乱的历史现象对他们来说过于扑朔迷离,他们便将骑士制度视为背后的动力(当然,并非有意识如此),从而将历史简化。毫无疑问,这是一个虚幻而肤浅的观点。历史画卷何等浩大,其中包含着多么丰富的经济力量和社会动因呵。但这种视骑士制度为社会基础的观点,无论多么肤浅和荒谬,却仍是他们在普遍的政治思想方面最好的一种观点,这成为他们以其窘困的方式理解复杂的世界的一个法则。他们所见的最初只是暴力和混乱。十五世纪的战争是一个漫长的过程,其中包括无数的奔袭与入侵;外交则大多是郑重其事又冗长乏味的过程,其间的大量司法细节问题与通行的传统规范和荣誉完全相左。能帮助史学家分析社会进步的概念极为匮乏。然而,他们需要某种形式的政治观念,于是骑士制度的观念就应运而生了。借助这个传统的幻觉,他们得以尽其所能地解释历史的动机与进程。于是历史被缩减为君主的荣誉与骑士的美德的展示,成为在高尚、壮观的规则下进行的一场高贵的游戏。

这种观点作为史家原则是很不高明的。它所书写的历史成为赫然武功与巍然典仪的缩影。杰出的历史学家则成为预言者和司玺者(King-at-arms)——弗罗亚沙就这样认为——因为他们是这些伟业丰功的目击者。他们熟悉荣耀英名,而记述历史就是要铭记这些荣耀英名。金羊毛勋位法令(statutes of Golden Fleece)规定骑士的武功战绩必须记录下来。这种预言家与史官结合的类型就是金羊毛骑士团的勋位总管——勒费弗尔·德·圣雷米(Lefèvre de Saint Remy)及吉尔·勒·布费尔(Gilles le Bouvier),人称"贝里的纹章官"。

中世纪的衰落

骑士制度作为一种崇高的尘世生活的形式可以视为一种带有伦理理想外表的美学理想。英雄的梦想和浪漫的情感是其基础。但中世纪并不允许高贵的生活形式脱离宗教而存在。因此,虔敬和美德应当是骑士生活的本质。但是,骑士精神始终缺少宗教的伦理功能。它的尘世的起源摒弃了这一点。骑士精神来源于追求美的自豪,这种自豪感又促生了荣誉感,荣誉感则是贵族生活的支柱。布克哈特(Burckhardt)说,荣誉感这种良心与自我中心的奇特混合物,"与许多恶行相符,又极易受妄想幻念的影响。然而,人心中所有纯净与高贵的事物又能从中获得支撑,从中汲取力量"。当夏特兰这样倾诉时,他表达的不正是这种情感吗?

> 荣誉敦促每一种高贵的品质
> 去爱人心中所有高贵的事物。
> 贵族在其上又加上公正。

他又说:"君王的光荣即在其荣誉,在其自承苦难;所有重要的力量汇于一点,此即荣誉。"

据那位名闻遐迩的瑞士历史学家(布克哈特)说,追求个人荣誉是文艺复兴时期人的特点。据他说,中世纪时人只知道荣誉存在于群体中,只归于团体及等级,有阶层的荣誉、阶级的荣誉或职业的荣誉。他认为,是在意大利首先产生了受到古风影响的对个人荣誉的追求。布克哈特在这儿像在其他地方一样,夸大了意大利和其他西方诸国之间、文艺复兴与中世纪之间的距离。

文艺复兴时期人对荣誉的渴求基本上与此前时期人的雄心相同,与其法国源头的骑士的追求也是一致的。只是它甩掉了封建的形式,披上了古代的外衣,渴望自己能饮誉天下,声显后世。这一向往同时是十二世纪文雅的骑士与十四世纪粗鲁的统帅的美德的源泉,同十五

第四章 骑士制度的观念

世纪的"才子们"(beaux-esprits)是一样的。当博马努尔(Beaumanoir)和巴勃罗(Bamborough)在备战著名的"三十人之战"(Combat of Thirty)时,那位英格兰名将——据弗罗亚沙说——自抒心怀道:"让我们就在那儿倾力战斗,让后世之人在厅堂、在宫殿、在全世界谈论我们的美名吧。"这种说法可能并非确实,但却让我们了解弗罗亚沙的想法。

追求荣誉同时伴随着英雄崇拜,这种英雄崇拜或许也可以看做是文艺复兴的先声。1300年以后的欧洲宫廷中充满了辉煌的骑士制度复兴的征兆,这种复兴已和文艺复兴有了真实的联系。它是文艺复兴的天真的序幕。诗人和君王通过复兴的骑士制度感到他们回到了古代。在十四世纪人的意识中,"古代"的概念尚未摆脱圆桌骑士的神话世界,古代的英雄身上仍普遍披着浪漫色彩。一方面,亚历山大的形象很早以前就进入了骑士制度;另一方面,骑士制度被认为源自古罗马。"他完好地维持着骑士制度的原则,如同罗马人以前做的那样。"一位勃艮第编年史家这样称誉英格兰的亨利五世。在关于勒内王的传奇中,恺撒、赫克勒斯(Hercules)和特洛伊罗斯(Troilus)的盾形纹徽与亚瑟和兰瑟洛特的纹徽放在一起。某种术语上的巧合也部分地导致人们将骑士制度的起源归于古罗马。人们怎会知道古罗马作家笔下的"miles"(军队)这个词并不等同于中世纪的拉丁词"miles"(士兵)呢?换句话说,骑士,即古罗马的"eques"(骑士)并不同于封建骑士。结果,罗慕路斯(Romulus)因为养有一支骑马的千名武士队伍,而被当做骑士制度的奠基者。

骑士的生活是模仿,君王的生活有时也是如此。没有人像大胆查理那样自觉地为古代的楷模所激励,也没有像他那样表现出欲与古人匹敌的渴望。年轻时他命他的侍从为他诵读伽文(Gauvain)和兰瑟洛特的光辉业绩。后来他又选择了古人。在休息之前,他要听一至两小时的"罗马的非凡历史"。他尤为敬慕恺撒、汉尼拔和亚历山大"这些他亟欲追随和效法之人"。他迫切地希望仿效古人,他的同时代人对这一点极为重视,一致认定这是他行为的主要动因。"他渴望殊荣,"科米内说,"正是这种渴望使他发动战争——他向往着与那些为后世谈论不休的古代君王比肩。"有则轶事广为人知,格兰逊之败(defeat of Granson)之后,他的一个弄臣对他说:"陛下,这次我们真的成了汉尼拔了。"夏特兰曾注意到他的这种对古代风格的"丰功伟绩"(beau geste)的喜好。当时是 1467 年,在麦什林(Mechlin),大胆查理作为公爵首次来到该地。他要惩处一次叛乱。他面向断头台而坐,断头台是为处决叛乱首领而架设的。刽子手已经抽出剑,正准备奋力一砍。"住手,"公爵说,"给他取下眼罩,扶他站起来。""于是我觉察到,"夏特兰说,"他满怀远大不凡的志向,渴望伟业丰功所带来的荣耀令名。"

这样看来,对辉煌的古代的渴慕这一文艺复兴的特征,在骑士理想中已有根源。在勃艮第人的沉闷精神与意大利人的古典天性之间只有一点细微的差别。大胆查理所钟爱的仍是华丽的哥特形式,而且他仍读着翻译过来的经典。

骑士精神的因素与文艺复兴精神的因素在"九杰"(les neuf preux)崇拜中也是混淆着的。在十四世纪初的一部著作——雅克·德·隆格庸(Jaques de Longuyon)所作的《孔雀之誓》中,第一次出现了三个非基督徒、三个犹太人和三个基督徒的英勇事迹。书中所选择的英雄显示出与骑士传奇有着密切的关系。这九杰是赫克托耳(Hector)、恺撒、亚历山大、约书亚、大卫、犹大·马加比(Judas Maccabaeus)、亚瑟王、查理大帝(Charlemagne)和布永的戈德弗莱(Godfrey of Bouillon)。艾斯塔什·德尚从他的老师吉约姆·德·马绍(Guillaume de Machaut)那儿借用了"九杰"的概念,为此写了许多歌谣。中世纪时人们对于对称有着强烈的喜好,这就要求这个英雄系列应当有一个女性的对应才显得完整。德尚做到了这一点,从传说和历史中选择了一群相当奇怪的女英雄,其中有彭忒西莱娅(Penthesilea)、陶蜜丽斯(Tomyris)和塞弥拉米斯(Semiramis)。他的想法是成功的。文学作品和艺术挂毯使得女英雄和男英雄一样流传开来。她们也有了自己的盾形纹徽。1431年,英王亨利六世进入巴黎时,由十八名男女勇士引导着他。莫林奈所创作的戏仿作品《九个贪吃的勇士》可以证明这种观念在当时是多么流行。弗朗西斯一世(Francis I)有时仍"按古制"穿戴,以模仿其中的一位勇士。

德尚走得更远。他在九杰之外又加上了第十个,伯特兰·德·盖克兰(Bertrand du Guesclin),法兰西正是凭这位勇武谨慎的武士之力才从克雷西和普瓦提埃之败中恢复过来。这样德尚就将对古代英雄的崇拜与新生的对国家军功的追求联系起来。他的观点被普遍接受了。奥尔良的路易把盖克兰的雕像作为第十个"勇士"陈设在库西城堡的大厅里。他之所以要纪念这位保安长官,是因为盖克兰曾在圣洗礼的圣水盆旁扶着他,在他的小手中放了一柄剑。

勃艮第公爵的清单上详细列举了古代与近代英雄的古怪的遗物,比如"圣乔治之剑",上面有他的盾形纹徽;"另一柄属于伯特兰·德·克列昆大人的战剑";"一枚大野猪的利齿,据说是加林·勒·洛埃兰的野猪的利齿";"圣路易的圣诗集,在童年时他常展读不已"。在这里,想象、骑士传奇及宗教尊崇是多么奇特地与即将到来的文艺复兴精神混合在一起!

1300年左右,据说在伦巴底(Lombardy)的一座古墓中发现了"特里斯塔姆爵士(Sir Tristram)之剑",上面带着一句法文韵文的铭刻。①这儿我们距教皇莱奥十世(Pope Leo X)只有一步之遥,他庄重地收下了一块李维(Livy)的肱骨,认为这块由威尼斯人交给他的肱骨是一件古代遗物。

衰落的中世纪的英雄崇拜在有关完美骑士的传记中得到了文学表现。在这一类型中,新近的历史人物逐渐取代了诸如吉龙·德·特拉采尼(Gillon de Trazegnies)之类的传奇英雄。有三位当时的杰出骑士是典型的,尽管他们三个彼此迥异。他们是马歇尔·布西科(Marshal Boucicaut)、让·德·布耶尔(Jean de Bueil)和雅克·德·拉莱因

(Jacques de Lalaing)。

让·勒·麦格雷(Jean le Meingre),姓马歇尔·布西科,他出身行伍,既经历了"尼科波利斯之败",又经历了阿金库尔战役。阿金库尔战败后,他被俘入狱,六年后死于囚禁之中。早在1409年,他的一个崇拜者就根据可靠的材料为他写了一部传记,但目的并不是写作一部当代史,而是表现骑士生活。这位将军与政治家的坎坷生涯就消失在理想的英雄气概的外表之后。这位保安官被描写成一位节俭的、虔敬的骑士。他并不富裕,他的父亲既不愿增加也不愿减少他的财富,说道:"如果孩子们忠诚勇敢,他们自会丰衣足食;如果他们一无是处,留给他们财富则是遗憾。"布西科的虔敬带有清教徒的意味。他黎明即起,整整祈祷三个小时。无论多忙,他总要一天两次跪着听弥撒曲。星期五他身着黑装。星期日和节日里他步行朝圣,讨论圣事,或让人为他诵读圣徒的事迹或"那英勇的逝者——罗马人或其他人"的故事。他为人谨严,不苟言笑,开口则总是谈及上帝与圣徒,骑士和美德。他使仆佣们习惯于力行虔敬,举止合宜;他们还改掉了随口咒骂的习惯。我们看到他又成了一位虔敬圣洁之爱的宣传员,又成了一位"维护高洁妇女骑士团"的奠基者,以保护妇女。为此克里斯丁·德·比桑曾赞誉过他。作为法国的摄政,在热那亚,有一天他彬彬有礼地向两位向他行屈膝礼的妇女答礼。"大人,"他的扈从说,"那两位你向她们鞠躬的女人是谁?""胡圭宁,"他答道,"我不知道。"他的扈从说:"大人,她们是妓女。""妓女,"他说,"胡圭宁,我宁可向十个妓女致敬,也不愿因此错过了一位尊贵的女士。"他的回答经过重新整理和神秘化,变为"你所愿者"(What you will)。

虔敬、刻己、忠诚,这就是闪烁于理想的骑士形象之上的色彩。真实的布西科与这个形象并非完全一致,没有人会这样认为。他既非远离暴力也非不贪婪,这在他的阶级中只是普遍的瑕疵而已。

然而还有另一种类型的骑士制度。让·德·布耶尔的生平传奇,名为《青春》,部分地体现出这两者的差异。这本书写于布西科的《勇行录》之后半个世纪。让·德·布耶尔在圣女贞德麾下作战。他参与了"布拉格叛乱"及"公益"(du bien public)之战,死于 1477 年。他不为国王宠幸,于是大约在 1465 年,向他的三个侍从口述(毋宁说虚构)了他的生平。这本书与布西科的生平不同。布西科的传记中历史形式未能隐没其传奇的目的,而《青春》则在虚构的外衣下包含着大量真实的信息。至少,在其第一部分中是如此,因为再往后作者便迷失在令人乏味的猎奇与幻想中了。

让·德·布耶尔在向他的抄写员口述其武功业绩时一定是相当逼真生动的。在十五世纪的著作中很难再找到另一本书能像《青春》那样严谨有致地描写当时的战争。我们可以看到当时军旅生活中的种种痛苦,以及军备匮乏、枯燥无味、备受困苦、勇历险境等。一个城堡的领主集合他的部队,他们只有十五匹羸弱的战马,大多未钉马掌。他让两个人骑一匹马,但士兵大多或盲或跛。他们出发去占领敌人的洗衣铺,以便缝补将军的衣服。一只被捕获的母牛在敌方将军的请求下又被彬彬有礼地归还了将军。阅读夜行军的描写时,我们几乎可以感觉到夜色的寂静和清新。不用说在这儿文学中表现了法国的军事,它将诞生出"火枪手"(mousquetaire)、"近卫军老兵"(grognard)和"战士"(poilu)[②]。封建骑士混入了现代士兵的身影之中,普遍的和宗教的理想在变为国家的和军事的理想。书中的英雄不讨赎金就释放他的囚徒,只要他们愿意成为好法国人。在获得尊荣殊誉之后,他憧憬着古老的历险和自由的生活。

《青春》表现的是真正的法国人的情感。勃艮第的文学则更为富于旧时尚、更为封建化、更为庄重,未能创造出一个现实的骑士形象。与《青春》相类,十五世纪的埃诺型(Hainault pattern)骑士的形象——雅克·德·拉莱因,是古人的苗裔,他或多或少是模仿前代的游侠骑士。《骑士雅克·德·拉莱因大人功业录》关注骑士比武大会与马上长枪比武远胜于关注真实的战争。

在《青春》中我们读到对尚武、勇敢的心理的绝妙描写,朴素动人,难于超越。"战争是快乐的……你在战争中如此深爱你的同伴。当你看到你的争辩是公正的,你的鲜血洒得其所,你会热泪盈眶。当你看到你的朋友无畏地曝身前行,完成创世主的命令,庄严与怜悯之情会祥和地充溢心胸。于是你决定与他共生死,出于爱而不抛弃他。此外,心中还会升起欣悦之情。那些未历此境的人绝不配说什么是欢乐。你认为他会惧怕死亡吗?绝不!因为他强大无比,自豪不已,完全不知自己身处何地。事实上他无所畏惧。"

这些情感并非骑士或中世纪所特有。一名现代的士兵也可能说出这些言辞。这些言辞使我们看到了勇气的核心:处在险境之中,却能摆脱狭隘的自我中心主义。那种为战友的英勇所激发出的难言情感,那种忠诚与献身的欣悦——概而言之,一种原始的自发的禁欲主义,此即骑士理想的基础。

---

① 一柄特里斯塔姆之剑亦出现在约翰王(King John)的珍宝中,这批珍宝于1216年的清洗中遗失。

② poilu,法文,指勇士、战士,后用为第一次世界大战时法军士兵的绰号。——译注。

第五章

英勇与爱情的梦想

　　与中世纪的骑士精神相类同的军事生活的观念差不多处处可见，特别是《摩诃婆罗多》中的印度人，在日本也是如此。尚武的贵族需要一种理想的形式来体现完美的男子气概。对纯洁美好的生活的渴望，这在古希腊人的 kalokagathia（竞技）中有所表达，在中世纪则产生了骑士精神。在几个世纪里，这一理想都是力量的源泉，同时又掩蔽了对整个世界所怀有的暴力和自私的野心。

　　禁欲的因素从未脱离过骑士制度。在骑士的作用至关重要的时期，如早期的十字军东征时，这一点尤其被强调。高尚的武士应当贫穷并摆脱尘世的羁绊。"这种认为高贵的人应当没有财富的理想，"威廉·詹姆斯说，"在游侠骑士和圣殿骑士身上得到体现；而且，尽管一如既往地遭到败坏，它仍然在情感上——如果不是在行为上——支配着军事的和贵族的生活观念。我们将士兵尊为完全无所阻碍的人。他除了生命之外一无所有，并甘愿在任何需要的时刻抛掷性命。他是理想方面的无束缚的自由的代表。"中世纪的骑士制度，在其最初盛行时，当然是和修道制度（monachism）混杂在一起。这种结合产生了圣殿骑士团、圣约翰骑士团、条顿骑士团以及西班牙的骑士团等军事团体。然而，不久之后，或者就是从开始时起，现实就欺骗了理想。相应地，理想也就越来越上升为幻想，保存着现实生活中已难以一见的禁欲主义和牺牲精神的特性。怪异而无用的游侠骑士，总是贫困而无所束缚，就像最初的圣殿骑士们那样。

由此就认为骑士制度中诸如怜悯、忠诚、公正等宗教因素是虚幻的或不真实的,这是不公正的。这些对于骑士精神都是必需的。但是,形成骑士精神的渴望与想象,这联合着的二者尽管有着强大的伦理基础,源于人类好斗的天性,但如果爱情不是其不断回复的热情的源泉的话,它们将不会形成这样牢固的美好生活的框架。

而且,所有这些骑士制度的特征,诸如怜悯、牺牲、忠诚,并非纯粹是宗教意义的,它们同时具有性爱的意义。在这儿我们必须再次提及,那种赋予情感以形式或风格的愿望,并非仅在文学艺术中有所表现,它同样展现于生活中:优雅的交谈,体育竞技。爱情也在这之中寻求着崇高与浪漫的形式。因此,如果生活从文学中借得了主题和形式,而文学终究还只是生活的摹本。骑士的爱情早在表现于文学以前就已呈现于生活当中。

骑士和他的情人,即是说,效忠于爱情的英雄,常是爱情传奇借以展开的最初的和一贯的主题。淫荡转变为自我牺牲的向往;男子显露勇气的渴望转变为处惊涉险;强壮孔武转变为为情人受苦和流血。

自从爱情的英勇梦想迷醉了充满憧憬的心灵,幻想就涌现并充溢了心胸。最初的简单主题被弃置身后,灵魂渴求着新的梦幻,激情使得受难和背弃也自有光泽。男人并不仅仅满足于为爱情受苦,他还要使他所爱的人远离危险或苦难。更为强烈的动机加在了最初的主题之上:其主要特点是要保护陷于危境的贞女——换句话说,是驱逐敌手。于是这就成为骑士爱情诗的基本主题:年轻的英雄,解救纯洁的少女,性的主题总是隐蔽在其后,即使入侵者只是一条自然界的龙。粗看一下伯恩—琼斯(Burne-Jones)的著名绘画就足以证明这一点。

比较神话学本应当不倦地依靠星象学现象来解释诸如解救少女这种瞬间而又永久、古老而又常新的主题,有人对此会感到惊奇。它

第五章　英勇与爱情的梦想

有时或许因过多的重复而变得陈腐，但它又会重新出现，使自己适于一切时代、一切氛围。新的传奇类型会兴起，就像牛仔接替了海盗一样。

中世纪以生气勃勃的不知满足的精神孕育了最初的浪漫主义的主题。而在更高类型的文学中，比如在抒情诗中，人们对愿望和满足的表现就文雅精致得多，历险的传奇只是保留在粗糙、朴素的形式中，在当时也并未失去其魅力。我们或许会认为，中世纪的最后几个世纪中人们会失去对这些幼稚的幻想的喜好。我们倾向于认为，《梅拉多》这部弗罗亚沙所写的超级浪漫小说，或《开辟森林》这些骑士传奇的晚熟的果实，即使在当时也是过时的。但事实并非如此，就如同轰动一时的小说在当今并不落伍一样。性爱的想象总是需要相似的模式，而这些模式在传奇中找到了。在文艺复兴的全盛期，我们可以在高卢的阿美迪斯（Amadis of Gaul）身上看到其回复。就在十六世纪中期之后，弗朗索瓦·德·拉罗内（Francois de la Noue）证实阿美迪斯的小说在他那一代人中引起"头昏目眩的感觉"。这是胡格诺派那一代人，他们带着几分理性主义的成分经历了人文主义。我们能够想象出1400年这失衡而无知的一代人的浪漫的情感。

文学并未能满足那个时代的浪漫幻想及其不知满足的需求。人们需要一些更为积极的表达方式。戏剧或许可以满足这一点，但中世纪词句纯正的戏剧只是偶尔涉及情爱之事。它所关注的是神圣的主题。然而，还有一种表现形式，即高尚的体育运动，竞技和马上长枪比武。体育竞争总是包含着强烈的戏剧因素和性爱色彩。在中世纪的骑士比武大会中这两种因素如此占优势，以致力量和勇气的对抗这一特色几乎为其浪漫的目的所湮没。比武大会的奇特的装饰和庄严的场面，其诗意的幻想和悲怆，使得它充当了后世戏剧的角色。

贵族在健壮而又无所事事时，其生活往往变成一场全能竞赛。为了忘却痛苦的不完美的现实,贵族们不断地幻想着更高尚更英勇的生活。他们戴上了兰瑟洛特或特里斯塔姆的面具。这是一种令人惊奇的自欺。这种需要注意的假相之所以能够产生,只能视为某种程度的嘲弄。中世纪的最后几个世纪,整个骑士制度一直在伤感与嘲笑之间保持着岌岌可危的平衡。荣誉、忠诚和爱情都具有无可置疑的严肃性;只是这种庄重的坚定不时会松弛为微笑,但完全的戏仿作品并未盛行。即便在布尔西(Pulci)的《莫甘特》和包亚尔多(Boiardo)的《疯狂的奥兰多》使得英雄姿态变得荒谬可笑之后,阿里奥斯托(Ariosto)仍在回味着骑士制度的那种绝对的安详。

在法国,1400年左右,骑士制度崇拜仍被认为极具严肃性。我们并不易于理解这种严肃性,也很难不对文学记录中的布西科的生平与其真实生平的差异感到惊异。他是优雅教化和骑士风度的不倦的卫护者的代表,按照古老的爱情信条谦恭地效忠他的情人。"他效忠一切,尊重一切,出于对那人的爱。他言谈庄重高雅,在情人面前则羞怯寡言。"1388年在近东旅行时,他和他的武装的同伴创作了关于保卫骑士的忠贞纯洁的爱情的诗篇《百首歌谣录》,以此自娱。有人会以为他在经历了尼科波利斯大战之后会消除那些骑士的幻想。在尼科波利斯他看到了治国安邦的政治策略与骑士的冒险精神轻率地结合所带来的悲惨结局。他的《百首歌谣录》的作者同伴们纷纷战死。有人会认为这足以使他回到旧时的优雅教化中去。但他仍忠诚于他的同伴,继续承担起他的道义职责,去建立"维护高洁妇女"的骑士团。

像所有为激情所利用而变得陈旧的浪漫形式一样,骑士制度和优雅礼貌的体制在我们第一眼看来是一种愚蠢而可笑的东西。激情的重音除了在一些文学杰作中偶有所闻外,已经再也听不到了。而且,所有这些极为精致的社会行为的形式都在某种程度上成为生活的装

第五章　英勇与爱情的梦想

饰,成为激情的支架。在阅读古代爱情诗或有关拙劣的比武大会的描写时,如果不带着嘲笑的观点去看,就找不到任何有用的确切的历史细节。一切都化为尘土,而那些流传下来的文辞则比尘土还不值一文。

只有一线微光提醒我们认识到这些文化形式的重要性。在《苍鹭之誓》中那位不知名的作者使让·德·波蒙说道:

> 我们在客栈里、喝着烈酒,
> 几个女人从旁穿过,看着我们,
> 脖颈白皙,胸衣紧绷,
> 眼睛闪着光芒,带着眩目美丽的笑意;
> 于是我们能够战胜约蒙特和阿圭兰,
> 其他人将征服奥利弗和罗兰。
> 但当我们骑马慢跑回到营地,
> 我们用小圆盾护住颈项,长矛低垂,
> 严寒快将我们全部冻僵,
> 我们的肢体互相碰撞,
> 我们的敌人正在逼近,
> 于是我们希望能藏入一个巨大的地窖,
> 在那儿无论怎样也不会被发现。

比武大会的性爱特点再也没有比一个骑士穿戴着他的情人的面纱或衣服表现得更清楚了。在《开辟森林》中,我们看到观看格斗的女士们如何一件件地脱下衣服或饰物扔给她们所青睐的骑士。格斗结束时她们蓬头散发,衣衫不整。十三世纪有一首诗,是一个叫皮卡尔或埃诺的吟游诗人的作品,名为《三个骑士和一件衬衫》,曾详尽地描述了这一主题。一个非常慷慨但并不喜欢决斗的骑士的妻子,把她的一件衬衫送给三位爱她的骑士,其中的一个将在其丈夫要前去的比武大会上穿上这件衬衫作为甲胄,底下则不再穿什么盔甲。前两个骑士都婉词致歉,没有接受。第三个贫穷的骑士则将这件衬衫抱在怀中,满怀激情地吻着它。他出现在比武大会上,除了这件衬衫没穿任何盔甲。他受了重伤,染血的衬衫亦被撕破。人们注意到了他的大勇,他获得了奖金。那位夫人把芳心交给了他。接着这位情人提出他的要求。他将满是血渍的衬衫交还给夫人。她可以在包括正式宴会在内的宴饮上把它穿在衣服外面。她温柔地抱着衬衫,照骑士所希望的那样穿上它,当时在场的大多数人谴责她,她的丈夫则惊讶不已。而吟游诗人在结束时问道:"这两个情人究竟谁为谁牺牲得更多呢?"

教会公开反对比武大会,对其屡次禁止。无疑,惧怕这种贵族比赛的激情和狂热及由此引发的咒骂侮辱,在其中占了很大比重。道德家们不嘉许比武大会,人文主义者亦是如此。彼特拉克(Petrarch)问道:我们在哪儿看到西塞罗或西皮奥(Scipio)在马上比枪呢? 市民们认为比武大会荒唐可笑,毫无用处,只有贵族将比武大会和长枪竞技看得极为重要。在一些著名决斗的遗址上人们建起了纪念碑——比如在圣奥梅尔(Saint Omer)附近的佩尔兰十字架(Pélerine Cross)——以纪念拉·佩尔兰(la Pélerine)的争战以及圣保罗的私生子和一位西班牙骑士的业绩。贝亚尔(Bayard)虔诚地前去拜望,犹如朝圣。在布洛涅圣母院(Notre Dame of Boulogne)的教堂中保存着《泪之泉》(Fontaine des Pleurs)这幅决斗装饰品,庄重地献给圣母。

中世纪的这种尚武的体育活动与单纯、自然的古希腊及现代运动是远不相同的。自豪、荣誉、爱情和艺术都为竞赛提供了传统的动机。满蕴着英雄幻想的庄重与华贵,它们所体现出的那种强烈的需求是仅

第五章 英勇与爱情的梦想

靠文学无法满足的。现实的宫廷生活或军旅生活为英勇与爱情的梦想这一充实灵魂的信仰所提供的机会太少。这样他们必须行动。因此,比武大会的表演就成为一幕传奇,换句话说,即成为想象中的亚瑟王的世界,在这里神话传说中的梦想被优雅爱情的情感提升。

十五世纪的决斗是基于骑士冒险这样一个虚构的情形之上,与有着一个浪漫名称的人为环境有关,比如"泪之泉"(La fontaine des pleurs),"查理大帝之树"(L'arbre Charlemaghe)。人们会有意识地建造一个喷泉,喷泉旁边是一个看台,在那儿有位女士(当然,是模拟像)一年中都住在那儿,握着一只带着三张盾牌的独角兽。每个月的第一天骑士们前来摸一下盾牌,以此行为宣誓承诺决斗"宪章"的规则。他们会发现马已备好,因为他们必须骑在马上触摸盾牌。或是在"龙之威"(Emprise du dragon)中,四个骑士站在一个十字路口,一位女士如果不付出抵押物的话,那么除非有位骑士为她折断两根长矛,否则她不能通过路口。这些原始的尚武与性爱的体育活动与孩子们的抵偿游戏有着明显的联系。"泪之泉"的"宪章"的一条规则规定:格斗中摔下马的骑士必须在一年中戴着一只金手镯,直到他找到那位有开锁钥匙能释放他的女士,而他则要向她效忠。

贵族热衷于给整个过程笼上一层神秘和忧郁的面纱。骑士们应当是无人知晓的。他被称为"白骑士"、"无名的骑士",或者戴着兰瑟洛特或帕拉美德(Palamedes)的纹章。"泪之泉"的盾牌是白色、紫色或黑色的,上面遍布"泪水";"查理大帝之树"的盾牌则是黑色的和紫色的,带着金色或黑色的"泪水"。在"龙之威"中,勒内王在为其女玛格丽特远赴英格兰举行庆贺仪式时,全身黑衣。他的外衣、马的饰衣、马,直到长矛的木柄,都是同样的黑色。

第六章

骑士团与誓约

85　　勇气、荣誉与忠诚的理想,除比武大会外,还找到了其他的表现形式。除去尚武的体育活动,骑士团也开辟了一个广阔的领域,在这个领域中贵族文化的趣味得以拓展。就像比武大会和骑士受封仪式一样,骑士团植根于远古时代的神圣仪式。其宗教源头是非基督教的,只是封建体制使其基督教化。严格地说,骑士团只是骑士自身的等级的分支。骑士是一个高贵的团体,加入这个团体要经过庄重的入会仪式。这些仪式的形式越复杂精细,就越显示出基督教与异教因素的奇特混合:剃须、沐浴及瞻礼前的祭礼无疑都是回到了前基督教时代。那些经历了这些仪式的骑士称为"巴斯骑士"(Knights of Bath),以区别于那些通过简单的仪式而受封的骑士。后来这个术语引出了一个关于亨利四世建立"巴斯骑士团"(Order of Bath)的传奇,而乔治一世(George I)则真的建立了这个骑士团。

　　最为显要的骑士团,即圣殿骑士团、圣约翰骑士团和条顿骑士团,产生于僧侣意识与封建意识的结合,最初承担着重要的政治与经济的职能。他们的首要目标已不在于骑士风范。这种风范连同精神抱负,多少已被政治与经济职能的重要性所削减。关于团体、竞赛、贵族联盟这些原始的观念,是在新近出现的骑士团中重现的。在十四和十五世纪,所

86　建立的大量骑士团的重要性并不显著,但在建立骑士团时所宣称的愿望则总是高度伦理化和政治化的理想主义。菲利普·德·梅茨勒,一位卓越的政治幻想家,希望能通过一个新的骑士团——"受难骑士团"(Order of Passion)——来匡扶时弊,这个骑士团是要联合基督教国家来共同对抗土耳其人。市民、劳工与贵族一起,在其中占有一席之地。三大僧侣誓约亦出于现实的原因而修改:不再奉持独身主义,只需保持夫妇忠诚。梅茨勒加上了第四誓约,这是前代的骑士团所没有的,即须保持个人道德上的完善,至善至美(summa perfetio)。他在向四个"上帝和骑士的使者"(其中之一是著名的奥得·德·格兰逊)宣讲"耶稣基督的尚武激情"时,吐露了这种职责。这四个人将前往"异国他邦去宣讲上述的神圣的骑士制度,如同四名福音传教士"。

这样看来,"Order"(骑士团)一词仍保留着大部分的宗教意义,它可与"Religion"(宗教)一词相替换。"Religion"通常表示一种僧侣的等级团体。我们听说过"金羊毛信条"(religion of the Golden Fleece),听说过"阿维斯的修会(religion of Avys)的骑士"。"金羊毛骑士团"的法规体现出真正的教会精神:弥撒和葬礼在其中占很大比重;骑士们像教士一样坐在唱诗班的席位上。一个骑士团的成员必须遵守神圣而特殊的戒律。"好人约翰之星"(Star of John the Good)骑士团的骑士必须退出其他骑士团。好人菲利普不顾贝德福德(Bedford)公爵的敦请,婉言谢绝嘉德(Gartes)骑士团的荣誉,以免使自己过分受制于英格兰。大胆查理一接受了这个荣誉,就被路易十一谴责为破坏了佩罗纳的和平,该地未经国王的同意就断绝了与英格兰的联盟。

尽管有着这样严肃慎重的态度,新的骑士团的建立者仍不得不面对责其仅仅追求享乐的谴责进行自我辩解。诗人米肖(Michault)说,金羊毛骑士团之创立:

非为享乐,亦非为重建。
而只为赞誉首先奉于上帝。
而光荣与名望归于高贵之人。

与此类似,吉约姆·菲拉特(Guillaume Fillastre)也写了关于"金羊毛"的著作来论证这一骑士团的高尚情趣和神圣的重要性。这本书或许不能仅视为一部虚荣自负之作。留心一下公爵的远大目标或许并非多余,这样可使他所建立的骑士团与当时建立的无数其他骑士团区别开来。当时没有一个君王或显贵不希望拥有自己的骑士团。奥尔良、波旁、萨伏依(Savoie)、埃诺—巴菲埃尔(Hainaut-Baviére)、库西等家族都迫不及待地创造各种稀奇古怪的标志或设施。彼埃尔·德·吕齐尼昂(Pierre de Lusignan)的圣剑骑士团的链条是由金制的"S"连缀而成,表示"寂静"。奥尔良的路易的"豪猪"则以其尖刺威胁着勃艮第。在当时人看来,豪猪射出尖刺,威震四方(cominus et emiuus)。

如果说"金羊毛骑士团"使所有其他骑士团黯然失色的话,那是因为勃艮第公爵拿出巨额财富供其使用。在他们看来,骑士团是其权力的象征。羊毛最初是科尔喀斯(Colchis)的——伊阿宋(Jason)的故事已为人熟知。但是,伊阿宋这个被用来命名的英雄,并非全无可谴责之处。他就没有背弃过诺言吗?这一点极可以用来影射公爵们对法兰西的政策。阿兰·夏蒂埃的《蕨之歌》就是一个例子:

    对上帝和人类,可憎的
    是谎言和背叛,
    正因此伊阿宋的形象
    未置于名人馆
    他从科尔喀斯那儿拿走了羊毛,
    甘愿违心发假誓
    偷窃终会见天日。

第六章 骑士团与誓约

因此,学识渊博的夏隆主教,这个骑士团的勋位总管将驮载海勒(Helle)的那头公羊的羊毛换作远没有它尊贵的另一支羊毛,即基甸(Gideon)曾用来接承天堂之露的羊毛,就是一个适宜的主意了。基甸的羊毛是"天使报喜"(Annunciation)的最引人注目的象征物之一。这样《旧约》中的士师作为骑士团的守护神或多或少使异教英雄相形失色。吉约姆·菲拉特继让·热尔曼之后作了骑士团的勋位总管。他在《圣经》中又发现了另外四支羊毛,每一支都代表着一种美德。但这显然是夸大之辞,而且正如我们看到的那样,也并不成功。"基甸的标记"(Gedeonis signa)仍是"金羊毛"最为尊贵的名称。

描述"金羊毛"或"星"骑士团的庄重辉煌,只是为上一章的主题增添新例而已。我们指出对所有的骑士团都很平常的一个特点就足够了,这其中最初原始的及神圣的竞赛的特点是显而易见的。这一特点就是骑士团官员的技术性称号。司玺者称为"金羊毛"或"嘉德",司纹章者则用了各地方的名称:夏罗莱,泽兰(Zealand)。第一个司纹章者(pursuivant)称为"火镰"(Fusil),是自公爵的标志"燧石与钢铁"得来。其他的司纹章者的称呼都具有浪漫或道德色彩,如蒙特列尔(Montreal),"帕斯法伦斯"(Perseverance,坚忍);或是具有寓意色彩,如"谦恭的请求"(Humble Request)、"甜美的思想"(Sweet Thought)、"合法的追求"(Lawful Pursuit),均是借自《玫瑰传奇》。骑士团的宴会上,副司纹章者以这些名字受洗,被人以酒洒身。尼科莱·于普顿(Nicolas Upton),一位"格劳塞斯特的哈姆费雷"(Humphrey of Gloucester)、骑士团的司纹章者,曾描写过这种洗礼仪式。

骑士团观念的本质体现在骑士誓约中。每一个骑士团都预先设好誓约,但骑士誓约也存在于骑士团之外,以个人的或偶然的形式出现。在这里,那种证实了骑士制度植根于原始文明的野蛮和粗暴就浮现到了表面。我们在印度的《摩诃婆罗多》,在古巴勒斯坦及冰岛的

《萨迦》(Sagas)中,可以找到与此类似的例子。

在中世纪末期,这些骑士誓约还具有怎样的文化价值呢?我们发现骑士誓约与纯粹的宗教誓约很相像,均用以强调和维持崇高的道德追求。我们还发现这些誓约满足了浪漫的和性爱的需要,蜕化成为一种娱乐和一种嘲弄的主题。要准确地判断其中的真诚程度并非易事。我们在谈到最广为人知及最有历史意义的例子时,不应当将其与我们得自《野鸡誓约》的那种愚蠢及虚假的形象混为一谈。在比武大会及歌颂军备武功的文章中,我们看到的只是事物死去的形式:习俗的文化价值已随激情消失,这种激情原本使得它们富有生气,这些形式则是它们美好梦想的实现。

在誓约中我们又一次发现了那种在骑士精神自身中就存在的禁欲主义与性爱的混合,这种混合在比武大会中表现得相当明显。骑士拉图尔·兰德利(Chevalier de la Tour Landry)在他那本奇特的训诫女儿的著作中,谈到在他年轻时,在波亚顿(Poiton)和别的地方有一个奇特的团体。这个团体由贵族出身的多情男女组成。他们自称高卢男人(Galois)和高卢女人(Galoises),有着"非常野蛮的规则"。夏天他们身着毛皮衣服和毛皮头巾,在炉中生火,而冬天则只允许穿一件非毛皮的单衣,不许穿戴斗篷、帽子和手套。他们在严寒中把火炉藏在常青的树丛后面,只穿着单薄的睡衣。毫不奇怪,许多人死于严寒。高卢女人的丈夫收留一个高卢男人,就一定要把房子和妻子让给他,否则就极不名誉。这里有原始的特点,不可能是作者的臆造,尽管他可能夸大了这种奇异的反常现象。在这种反常现象中,我们可以觉察到因禁欲的冲动而导致的歌颂爱情的愿望。

骑士誓约的野蛮性在《苍鹭誓约》中有清楚的表现。这是一首十四世纪的诗歌,描写当阿托瓦的罗伯特(Robert d'Artois)力促国王对法宣战时在爱德华三世的宫廷中举行的宴会,历史价值很小。萨里斯贝里(Salisbury）伯爵跪在他的情人的脚旁。当被唤宣誓时，他请她放一只手指在他的右眼上。两只，如果需要的话，她回答说，将两只手指放在他的右眼上，让他闭上眼。"贝拉，它闭上了吗？"骑士问道，"是的，它闭上了。"

> 好吧，他用口表达出心声：
> 我起誓，向全能的上帝
> 向慈祥的圣母起誓。
> 它绝不会因暴风骤雨而睁开，
> 不会因罪恶、酷刑或困厄而睁开，
> 直到抵达法兰西，那儿人民良善，
> 直到我将火点燃，我将尽力战斗，
> 抵抗强悍的菲利普的人马。……
> 现在能来的已来，再不会有其他。
> 然后那娴雅的姑娘拿开手指，
> 人们看到，那只眼睛依然紧闭。

这种文学主题并非没有现实基础。弗罗亚沙确实看到过英国绅士用一块布蒙住一只眼睛，以践行只用一只眼睛的誓言，直到他们在法国取得胜绩。

王后的誓约则达到了极端野蛮的程度，在《苍鹭誓约》中即是以此作结。王后发誓，在国王将她带到敌人国土之后她才生下所怀的孩子，如果分娩期提前，她就须"用一把大钢刀"自杀。

"我将失去灵魂而果实将夭折。"

《苍鹭誓约》向我们展示了这些誓约的文学观念，展示了当时的意识中粗陋和原始的特点。而涉及头发、胡须之处又表现出其神奇的因素，就像本尼迪克十三世（Benedict XIII），他在阿维尼翁（Avignon）下狱,发誓说在恢复自由以前绝不剃去胡须。

起誓的时候,人们在自身强加上某种缺损,作为对宣誓实行的事业的一种激励。通常这种缺损与食物有关。菲利普·德·梅茨勒招揽的"受难骑士团"的第一个骑士是个波兰人,他在九年的时间里一直站着吃喝。盖克兰惯于危险之地发这种誓言。他不攻克蒙孔图尔(Montcontour)就不脱衣服;他不赢得与英国人的遭遇战就不吃饭。

不用说,一个十四世纪的贵族并不能认识到这些禁戒中的神秘意义。对我们来说,这一起源的意义是明显的。戴着脚铁作为誓约的标记这一习俗的意义也是同样的。早在十八世纪,拉居内·德·圣帕拉耶(La Curne de Sainte Palaye)就注意到塔西陀(Tacitus)所描写的夏蒂族(Chatti)的习惯与中世纪骑士制度保留下来的时尚完全一致。1415年,让·德·波旁发誓——十六名骑士及扈从和他一起发誓——两年内的每个礼拜天他们要在左腿上戴上脚铁——骑士戴金制的,扈从戴银制的——直到他们找到十六名敌手,与他们战斗到死。"冒险骑士"让·德·卜尼法斯(Jean de Boniface)在1455年从西西里抵达安特卫普,戴着一件同样的"戒具"(emprise);《矮子让·德·桑特》中的卢瓦泽兰爵士(Sir Loiselench)也是这样。当身置险境或狂热的情感当中,起誓的习性无疑是有力的。它有着深层的心理学根源,而且并不是某一特别的宗教或文明所独有。然而,作为骑士文化的一种形式,誓约在中世纪末期渐渐绝迹了。

1454年,在里尔,当好人菲利普准备十字军东征时,以著名的"野鸡誓约"来结束他的奢华盛宴,这看起来像是一种垂死的习俗的最后表演,这种习俗在早期文化中作为严肃的要素存在,现在已成为一种虚幻的装饰。旧的例行仪式,诸如骑士传统和传奇中所提到的那些仪式,已被仔细观察过。人们在宴会中起誓,客人们凭进上的野鸡起誓,

第六章 骑士团与誓约

一个胜过一个地慷慨陈词,就像古代北地人(Norsemer)互相攀比竞争,在醺醉之中对着进上的野猪鲁莽起誓一样。也有虔诚的誓约,献给上帝和圣母,献给女士和鸟,有一些则不提到上帝。誓约中总是包含着同样的牺牲食物或舒适这样的内容:礼拜天不睡在床上,礼拜五不食动物肉,等等。禁欲主义的行为有增无已:一个贵族保证一周内的每一天都不穿盔甲,不喝酒,不睡在床上,不坐着吃饭,穿粗布衬衣,而践行誓约中的业绩的方法则被仔细详尽地记述下来。

我们对这一切都要郑重其事吗?戏剧演员会假装如此。关于菲利普·波特要用仅剩的右臂战斗的誓言,这位公爵发誓后好像害怕真的失去他的手臂,在记载下来的誓言后又补充道:"当菲利普·波特先生与他的同伴在谢恩的旅途中失去臂膀,尊贵的陛下并不会欣喜。他希望他能完好无缺地追随陛下前进,这才合适。"至于公爵自己的誓约,即以一己之力迎战土耳其皇帝,则煽动了普遍的情感。有些誓约是有条件的,作为某种借口,流露出万一遇险就逃跑的企图。有些则类似激励。而事实上,这种游戏,大约四十年前仍很流行,可以看做是骑士誓约的暗淡余响。

但是一些嘲弄的戏谑贯穿着表面的庄严堂皇。在"苍鹭誓约"中,让·德·波蒙发誓说他愿效忠于最为慷慨的贵人。在"野鸡之誓"中,热内·德·莱布莱弗特(Jennet de Rebreviettes)发誓说除非他在远征前能赢得所爱之人的芳心,否则他就会从东方按着顺序,与第一位拥有两万金路易的女士或小姐结婚,"如果她情愿的话"。但就是这个莱布莱弗特,尽管语出讥诮,却作为一个"可怜的扈从"出发,在对格拉纳达的摩尔人的战争中历险去了。

这个无动于衷的贵族阶层嘲笑了它自己的理想。在用各种各样的幻想、艺术以及财富装饰了其英雄主义的梦想之后,它认识到生活终究不是那么良善美好——它只得一笑置之。

第七章

骑士观念的政治价值和军事价值

总体说来,我们时代的学者在描述衰落的中世纪的图景时,往往忽视其中延续着的骑士观念。人们普遍认为骑士观念或多或少是一种价值久已丧失殆尽的观念的虚幻的复活。它们只是社会的点缀,仅此而已。那些时代的历史创造者,王公贵族、主教或市民,不再是浪漫的梦想者,而是置身于实在的现实中。然而,当时几乎所有人都尊奉骑士,而且考虑到这一倾向在怎样的程度上改变了事件的进程,那么对于文明史来说,对崇高生活的永恒梦想就具有极其重要的现实价值。甚至政治史本身,虽有忽视确切事实之嫌,也应当注重考察错觉、幻想和愚妄。在历史研究中没有什么比再现过去更为危险的倾向了,历史似乎成了一个理性的整体,由清晰可辨的利益所支配。

因此,我们必须考虑骑士观念对中世纪末期的政治及战争的影响。骑士的规则在国王会议或战争会议中有没有被考虑?骑士制度的观点有时促成了某些决定吗?毫无疑问。如果说中世纪的政治没有因骑士观念而治理得更好的话,那么它肯定有时因此而变得更坏。一方面,中世纪的骑士制度是一些悲剧性的政治谬误的重要根源,就像今天的民族主义和种族优越论一样。另一方面,它往往在慷慨的外表下掩盖着精心策划的图谋。法国所能犯下的最大的政治错误是制造了一个准独立的勃艮第,而其公开宣称的动机中实则有着骑士精神的诱因:约翰王出于其糊涂的骑士观念,慷慨非凡地要酬劳他的儿子在普瓦蒂埃战役中所显示出的勇气。1419年以后勃艮第公爵们强硬

第七章 骑士观念的政治价值和军事价值

的反法政策,尽管出于家族利益的需要,但当时人看来亦有公爵要求对蒙特罗的谋杀作出报复的原因。勃艮第宫廷文学努力地为所有的政治事务维持骑士精神的外貌。公爵们的姓氏——给予让(Jean)以"桑斯·保尔"(Sans Peur)之姓氏,给予菲利普一世以"哈尔蒂"(Hardi)之姓氏,以及未能强加给通常称为"好人"的菲利普二世的"居伊·昆·翁内"(Qui qu'en hongue)的姓氏——都是用来给君王们笼上骑士传奇的灵光。

在当时的政治理想中有一点在其计划中本身就蕴含有骑士理想,这就是收复圣墓。欧洲君王们所必须承担的最高的政治理想仍是由耶路撒冷来代表的。在这一点上基督教国家的真正利益与这一理想的冲突是剧烈的。1400年的欧洲面临着一个急迫的东方问题:驱逐刚刚占据了亚得里亚堡(Adrianople)并席卷了塞尔维亚王国的土耳其人。这一渐渐逼近的危险本要求政治家们注意巴尔干地区。但欧洲政治家仍将十字军东征视为迫切的职责。他们只是把土耳其的问题看做是他们的祖先未能完成的职责——征服耶路撒冷——的第二部分。

征服耶路撒冷不能不看做是虔诚与英勇之职——即骑士之职责。在东方政策议事会中那种英雄式的理想远超过其在普通政策中的比重,这也正是对土耳其的战争少有胜绩的原因。远征需要耐心的准备和详细的侦查,但对土耳其人的远征不止一次地被浪漫化了,从一开始就是这样。尼科波利斯大战证明了其致命的荒唐。一场针对强大好战的敌人的重要远征被轻率地看做好像是前去屠杀一群普鲁士或立陶宛的异教农民。

十五世纪的每一位国王仍认为收复耶路撒冷是其义不容辞的职责。英格兰的亨利五世1422年在巴黎濒死之际,听人为他诵读七首悔罪赞美诗。当听到"主呵,仁慈的造物者,以您的良善愿望,建造了耶路撒冷"时,他打断了正在献祭的牧师,声称在法国重建和平之后他仍愿意前往征服耶路撒冷,"如果上帝,他的造物主乐于让他活至老年的话"。这之后他命令牧师继续诵读,继而死去。

对于好人菲利普来说,十字军东征的计划似乎是一种骑士幻想与政治广告的混合物。他希望借助这种虔诚而有用的计划来充当基督教国家的保护者,削弱法国国王的权威。远征土耳其则是他从未打过的一张王牌。

骑士幻想亦存在于另一种特殊形式的政治广告背后,这种形式是菲利普公爵所喜爱的,即两诸侯之间的决斗,总是宣布,但从不实行。两诸侯间的政治分歧可以通过单独的决斗来解决,这种看法是当时流行观点的必然结果,好像政治争端仅仅是司法意义上的"争吵"。比如,一帮勃艮第派,负责处理其领主的"争吵",还能想出什么更为自然的方法,比两个诸侯这"争吵"的双方的决斗更能解决这类问题呢?这种解决方法既合乎原始的公正又合乎骑士的幻想。阅读着那些诸侯决斗的准备情形的文献资料,我们问自己,他们是否并不是有意识地装腔作势,而是为了降服自己的敌手,或者是要安抚自己的臣民。我们或许可以将他们看做是欺骗与虚妄的不可分离的混合物,但是说到底,他们不还是诚挚的吗?他们渴望着符合英雄生涯的标准,在全世界面前成为战斗的胜利者,为了其人民而毫不犹豫地牺牲自己。

否则,我们怎么解释那些令人惊讶的对诸侯决斗计划的坚持呢?英格兰的理查德二世意欲和他的叔父们——兰开斯特公爵、约克公爵和格罗塞斯特公爵——一起出战法国国王查理四世及其叔父安茹公爵、勃艮第公爵和贝里公爵。奥尔良的路易向英王亨利四世挑战。英格兰的亨利五世在向阿金库尔进军前向法国皇太子挑战。而且,勃艮第公爵对这种解决问题的方式表现出了近乎疯狂的喜好。1425年他因荷兰问题向格罗塞斯特公爵挑战。其动机一如既往地体现在这些

第七章 骑士观念的政治价值和军事价值

话中:"为使我深为怜爱的人民不致流血受戮",我希望"凭我一己之身解决此次争端,而不借助战争手段,以免动用众多贵胄及他人,动用你我双方的军队,而使生灵涂炭"。

决斗的一切都准备就绪:华丽的盔甲和庄重的礼服,看台,旗帜,他的传令官所穿的饰有纹章的外衣,所有的东西都装饰着公爵的盾形纹徽和标志,"燧石与钢铁"和圣安德鲁十字架。公爵投入了"既禁食又可以制胜的操练"。他每天在他的赫定庄园中与最好的剑术教练一起练习斗剑。这次准备所耗资财在德·拉博德(de la Borde)出版的账目中可以找到,但决斗并未进行。

这并未能阻止公爵在二十年后又一次想通过与萨克森公爵的个人决斗来解决卢森堡问题。在他生命行将结束时,他仍发誓要与土耳其皇帝(Grand Turk)进行手把手的决斗。

我们在文艺复兴盛期发现这种君主之间相互挑战的习俗又一次出现。为使意大利摆脱塞萨尔·博热亚(Cesare Borgia)的统治,弗兰西斯科·贡查加(Francesco Gonzaga)意欲用长剑和匕首与前者决斗。查理五世本人曾于1526年和1536年两次正式地向法国国王建议以个人决斗来解决他们之间的分歧。

两个君主通过决斗来解决国家间的冲突,这种观念在十五世纪这样的时代是完全可能的,这样的时代中司法决斗无论在实践上还是在观念上都根深蒂固,流布甚广。如果说两个君主之间的政治决斗从未真正发生的话,那么在1397年一个大领主确因一个贵族谴责他的政治过错而与其决斗,并在决斗中被杀。我们指的是奥得·德·格兰逊,一位著名的骑士和受人尊敬的诗人,他在布莱斯堡(Bonrg en Bresse)死于热拉尔·德·埃斯塔菲耶(Gerard d'Estavayer)之手。后者成为沃德地区(Pays de Vand)城镇的斗士,这些城镇对格兰逊怀有敌意,因为人们怀疑他参与了谋杀他的领主——萨伏依的阿玛丢斯七世

98

（Amadeus Ⅶ of Savoy），姓"红伯爵"（Red Count）——的阴谋，这场司法决斗引起了极大的轰动。

如果君主对其职责抱有这种骑士观念的话，则类似的观念经常影响政治或军事决策就不足为奇了：整体看来，这是一种消极的影响，并且不很确定，但却的确存在。骑士观念的偏见常常会出于荣誉的目的而使问题的解决被推迟或被促成，机遇丧失，利益被漠视；它将指挥官置于无可置疑的危险之中。常常因为要维持英雄生活的外表而牺牲战略利益。有时国王会亲自前去寻求军事历险，比如爱德华三世在夜晚攻击西班牙的护航船队。弗罗亚沙说"星"骑士团的骑士必须发誓不得离开战场四英里的范围。这条规则很快就使九十多人丧命。这条规则并未在路克·德·阿歇雷（Luc d'Achéry）印行的骑士团法规中找到。但是，诸如此类的形式主义与那个时代的观念是一致的。在阿金库尔战役前几天，英王在前去迎击法军的行军途中，一天晚上误经英军侦察队夜间宿营的村庄。他有时间退回去，他也会这样做，如果荣誉的观点没有妨碍他的话。国王"作为值得赞美的荣誉的主要卫护者"，不久前刚刚发布了一道命令，据此命令骑士们在侦察时必须脱下盔甲，因为荣誉要求骑士们在全身着战时装备时不能后退。现在，国王自己就身着盔甲，因此，在经过这个村庄时他不能退回。于是他就在他们抵达的地方过了一夜，而让先头部队继续推进，尽管危险随时可能发生。

正如政治冲突被视为执法行为一样，在战斗和司法决斗之间也只存在着程度上的差异。在奥诺莱·勃内（Honoré Bonet）的《战斗之树》中，他将这两者放在同一个标题下，尽管他仔细区别了"大的一般性战斗"和"特殊战斗"。在十五世纪甚至更晚时期的战斗中，两名指挥官或两个对等的团体商定进行一场两支军队的战斗，这一习俗依然保存着。"三十人之战"保留了这些类型的战斗形式。这场战斗于

第七章　骑士观念的政治价值和军事价值

1351年发生在布列塔尼的普洛埃美尔(Ploërmel),交战双方是博马努尔率领的法军和巴勃罗率领的一支由英格兰人、德意志人和布列塔尼人组成的三十人的团队。弗罗亚沙尽管满怀敬意,仍忍不住对此役评论道:"有人视之为英勇,有人视之为耻辱和蛮横。"这种骑士表演已明显地变得毫无用处,以致当权者对其也心有不满。要通过凶险的个人决斗来展现王国的荣誉是不可能了。当居伊·德·拉特雷莫瓦(Guy de la Trémoille)1386年欲与英国贵族彼得·科特奈(Peter Courtenay)决斗以证明法国人的优越时,勃艮第公爵和贝里公爵在最后一刻颁布了正式的禁令。《青春》的作者对这些荣誉的角逐颇为不满:"这些都是人们不当为的禁止之事。首先,那些角逐的人想夺走别人的好东西,即别人的荣誉,以便自赚虚名,实则毫无价值;其次,这样做时,他不知忠诚,耗资甚巨;……这样做时,他不顾其作战的职责,不顾公共利益和对国王的效忠;而谁也不应轻掷性命,除非是为高尚的事业。"

这是一种军事精神,它源自骑士精神,并逐渐取而代之。这些决斗的习俗比中世纪存在得更为长久。1503年,法国和西班牙军队在意大利南部第一次目睹了"十一人之战"(Combat of the Eleven)而大饱眼福,没有任何致命的后果;然后又目睹了贝亚尔和绍托梅尔(Sotomayor)之间著名的决斗。而这绝不是这类决斗的最后一次。

这样看来,在战争中骑士的荣誉观念时有浮现,但当出现一个尚待解决的重要问题时,谨慎的战略在大多数情况下获得了胜利。将军们仍然向敌方建议就战场的选择达成协议,但这种激情总是被占据了有利位置的一方婉拒。1333年,英格兰人没有能将苏格兰人从他们占据的有利位置上请下来,以便在平原上打击他们;吉约姆·德·埃诺也未能使法国国王同意休战三天,在这三天里他可以建起一座桥使军队投入战斗。然而,理性并非总是胜利者。在纳约拉(Najera)战役

[或称纳瓦雷特(Navarrete)战役]之前——这场战役中伯特兰·杜·盖克兰沦为阶下囚——唐·亨利·德·特拉斯塔姆(Don Henri de Trastamara)希图不惜代价也要与敌手在开阔地上较量。他自愿放弃了有利的地形,结果输掉了战役。

如果说骑士精神已不得不服从于战略、战术的要求的话,它在战争装备与景观方面仍保留着重要的位置。一支十五世纪的军队,装备富丽堂皇,阵势威严庄重,仍然体现出比武大会的那种荣耀。各种各样的旗帜、往来奔突的传令官、号角的锐鸣、回旋的呐喊,所有这些,加上军服和战前的授爵仪式,都使得战争披上了高贵的体育运动的外衣。

十五世纪中叶以后,由步兵引进的东方战鼓出现在西方的军队队列中。战鼓以其非音乐的催眠效果表明了骑士精神的时代向近代战争艺术的转变,它与火器一起促使战争成为机械式的战争。

骑士精神的观点在编年史家们为战事武功分类时仍发挥着指导作用。他们依据技术性的规则,努力地区分阵地战和遭遇战,因为每一次战斗有一个地点来记取光荣是十分必要的。"这样看来,从今往后,"蒙斯特莱说,"这种战斗应被称作'维曼之蒙斯'(Mons en Vimen)遭遇战。据说已经没有战役了,因为现在两军只是偶然相遇,几乎没有任何招展的旌旗。"亨利五世郑重地将他的大捷命名为阿金库尔之役,"因为所有的战役应当以距其进行地点最近的要塞命名"。

尽管人们全力维持骑士精神的幻想,现实仍不断地指出它的虚幻,使其只能在文学和谈话中获得避难之席。那种完美的英勇生活的理想,只能在一个封闭的等级中培植生长。骑士精神仅仅在名门望族的成员中流行,而不可能扩展到下层人民中去。勃艮第宫廷渗透着骑士意识的偏见,不能容忍贵族的"殊死格斗"(combat à outrance)中稍

第七章　骑士观念的政治价值和军事价值

有违背规则之处,而且喜好市民的司法决斗中的激烈和残忍,尽管这里面毫无荣誉可言。在这方面没有什么比 1455 年瓦朗西安的两名市民决斗所激起的兴趣更为突出的了。老菲利普公爵无论如何要看一下这少见的奇观。一个人应当读一读夏特兰对此所作的生动而真实的描写,以体会一位总是把显贵的决斗描写得含糊不清、虚幻不实的骑士作者,在这儿怎样以放纵、残酷的本性做了补偿。他没有漏掉"这一美好的仪式"的任何细节。两名对手各自由其剑术教练陪同进入比武场,先是雅科廷·普罗瓦,他是原告,接着是马霍特。他们剪着短发,上下穿着一件单片的科尔多瓦皮革盔衣(crordwain),脸色苍白。两人向坐在木架后的公爵行礼后,便坐在两张涂成黑色的椅子上等着信号。看客们低声交谈,议论着决斗的命运:马霍特亲吻《圣经》时脸色多么苍白!两名侍从上前为他们从脖子到脚踝涂上油膏,两名决斗者又在手上涂灰,在口中含糖。然后发给他们比武用的木棒和画有圣像的小圆盾。他们高举着这些东西,似乎手持着"奉献的卷轴"。

身材矮小的马霍特用圆盾挑起沙土洒向雅科廷的嘴,决斗就此开始。不久在雅科廷令人生畏的击打下马霍特仆倒在地,雅科廷压住他,把他的嘴和眼中塞满沙土,用拇指抠他的眼窝,以让马霍特松开咬在口中的手指。雅科廷扭着马霍特的胳膊,跳到马霍特的背上想折断它们。马霍特徒劳地大声求救告饶。"噢,勃艮第大人呵,"他喊道,"我在根特战争中对您忠心耿耿!噢,大人呵,看在上帝的面上,求你可怜可怜我,救我一命吧!"在这儿夏特兰的编年史有几页缺失了,我们从别处得知这个垂死的人被拉出比武场,刽子手绞死了他。

夏特兰是碍于道德而中断了他那生动的叙述吗?可能如此,拉马歇说贵族面对此景略有愧意。"因为上帝让骑士们参与决斗,决斗无可指责,且不会有致命的后果。"这个积习难改的宫廷诗人又补

102

充道。

决斗一旦涉及非贵族,那种对隶农的由来已久、根深蒂固的蔑视就向我们表明,骑士精神在消减封建野蛮方面的作用甚微。查理六世在罗斯贝克(Rosebeke)战役之后,想看一看菲利普·凡·阿特维尔德(Philip van Artevelde)的尸体。国王对这名著名的反叛者未表露丝毫敬意。据编年史记载,他踢了这名对手的尸体,"对之像对待一个隶农"。"在被看了一会儿之后,"弗罗亚沙说,"它被搬走并吊在树上。"

严酷的现实应当使贵族睁开眼睛,意识到其理想的荒谬与无用。骑士生涯的财政因素终于被坦白承认了。弗罗亚沙从不愿列举出某一次成功的谋划给他的英雄们带来的利润。贵族囚徒的赎金是十五世纪武士收入的主要部分。养老金、租税、行政长官的办公处所,占去了骑士生活来源的很大一部分。他的目标是"在生活中靠武力生存"。科米内因朝臣的报酬责骂他们,并谈到"二十克罗尼的贵族",德尚则在一首歌谣中用叠句表现他们在发薪日之后的叹息:

出纳员何时会来?

骑士精神作为军事原则已不再有效。战争的战术早已摆脱了骑士制度的那套规则。法国人从英国人那里学来了骑士步战的习惯,尽管骑士精神与此完全相悖。骑士制度还反对海战。在《法军与英军传令官争辩录》中,一个英国传令官问他的法国同事:为什么法国国王不像英国那样保持一支强大的海军力量?回答是极其天真的:首先国王不需要;其次,法国贵族选择在干燥的平原作战,有几个原因,"因为(在海上)既危险又会丧命,而且当风暴起时,太可怕,普遍的晕船使很多人难以忍受。再说,那种严酷的生活,也不适合贵族"。

但是,骑士精神并非没有结实就寿终正寝。它形成了一套荣誉规

第七章 骑士观念的政治价值和军事价值

则和美德箴言,在某种程度上影响着战争规则的变革。国家间的规则源自古代的法律和教会的法规,但是是骑士制度使其形成、发展。对普遍和平的渴望联系着十字军东征和骑士团,菲利普·德·梅茨勒建立了"受难骑士团",以保证世界的美好。年轻的法国国王——这是指 1388 年,当时诸如此类的企望仍能使忧伤的查理六世快乐起来——会轻易地与英格兰的理查德缔结和平。理查德和他一样年轻,与过去的许多流血事件完全无关。让他们自己去讨论和平吧;让他们去谈论那曾预言过的伟大启示吧;让他们超越那些无意义的分歧吧。如果谈判交给教士、律师和士兵的话,这些分歧就会妨碍和平。法国国王会毫不犹豫地割让边境的城镇和城堡。在媾和之后,将准备十字军东征。争执和敌意会消失,国家的暴政会革新,一个大型会议将召唤所有基督教国家的君王们进行一场十字军东征,万一布道不足以教化鞑靼人、土耳其人、犹太人和叙利亚人的话。

骑士精神在国家间规则(a law of nations)的发展中所占的比重并不仅限于这些梦想。国家间的规则这个概念本身是由追求荣耀、高贵的美好生活这一理想而引起的。我们看到十四世纪的国际法(international law)的公式化原则与被曲解的并且经常是幼稚的关于争斗和格斗的规则掺杂在一起。1352 年,杰弗里·德·夏尔尼(Geoffroi de Charny)爵士(他死于普瓦蒂埃,身上背负着方形王旗)向刚刚建立了"星骑士团"的国王提交了一篇论文,其中包括了关于长枪比武、比武大会和战争的一长串"诉求",即待决的问题。长枪比武和比武大会列在首位,但军事规则问题的重要性也通过其可观的数目显示出来。我们应当想到"星骑士团"是骑士浪漫主义的最高峰,它明显是"按圆桌骑士的性质"建立起来的。

一部在十四世纪末出现的著作比杰弗里·德·夏尔尼的"诉求"更为著名。这部著作直到十六世纪仍很流行,这就是普罗旺斯的塞罗内（Selonnet）地区的小修道院院长奥诺泰·勃内的《战斗之树》。骑士制度对国家间规则所产生的影响没有比这部书表现得更为清楚的了。尽管作者是位教士，但他的思想意识主要是骑士精神方面的。他不加区别地对待个人荣誉问题和国家间规则的重大问题。比如，"一个人凭何种权利对撒拉森人（Saracens）作战"或"君王是否可以拒绝假道其国"。尤为突出的是勃内对这些问题的温和与人道的解决方式。法国国王在与英格兰作战时，可以囚禁"可怜的英国人、商人、务农的劳作者和在田野中牧羊的牧人吗"？作者给予了否定的回答：不仅基督教道德禁止如此，"时代的荣誉"也禁止如此。他甚至竭力扩大在敌国享有安全行动的特权，直至一位英国学生的父亲可以在巴黎看望他生病的儿子。

不幸的是，《战斗之树》是一篇理论讲章。我们完全了解那个时代的战争实则是异常残酷的。那位善良的塞罗内的小修道院院长所列举的公正的规则和慷慨的豁免权是极为罕见的。而且，如果说在政治及军事运作中逐渐出现了一点仁慈，那也不是因为法律信条与道德信条，而是出于荣誉感。军事职责首先被看做是骑士的荣誉。

泰纳（Taine）说："在中层及下层阶级中主要的行为动机是私利。而贵族的主要动机则是荣誉。在人类的复杂的情感中，没有什么比荣誉更易于转化为正直、爱国主义和道德感，因为一个自豪的人需要自尊，并且，为了获得这一点，他会挺身前行，力求与之相配。"我们不正是应从这种观点出发来认识骑士精神在文明史上的重要性吗？荣誉感体现出高度的伦理价值，骑士的自尊时刻准备厉行仁慈和正义。这种思想领域中的转变是真实的。在前面所引的《青春》的篇章中我们注意到骑士的情感导致了爱国主义。爱国主义所有最优秀的素质——牺牲精神、公正、保护受欺压者的愿望——均萌生于骑士精神的土壤。正是在古典的骑士国家——法国，我们首次听到了眷爱祖国这一为正义

第七章 骑士观念的政治价值和军事价值

感所激发的动人歌声。一个人并不需要是个伟大的诗人,就能有尊严地表达这些朴素的情感。当时的法国作家中没有人像艾斯塔什·德尚那样动人而又丰富地表达出法兰西的爱国主义,尽管我们诟其为庸才诗人。谈到法兰西,他说道:

你历经苦难且无疑还要经受
只要你热爱理性,
舍此别无他途;所以你要
保持正义,并使之永存不凋。

骑士精神如果没有包含高尚的社会价值,它不会在几个世纪的时间里成为生活的理想。它的力量就在于它的极其夸大的丰富而虚幻的观点中。中世纪的灵魂残暴而狂烈,只有在它关切的愿望中置入高远的理想才能将其引领。教会是这样做的,封建思想也是这样做的。我们可以在这儿引用爱默生的哲言:"没有男女皆有的直接的暴力,没有奢侈者和狂热者的助兴,就没有激动,没有效率。我们瞄准靶心的上方才能中的。任何行动中都会存在某种虚幻的夸大。"现实总是戳穿那种关于纯净和高尚的社会生活的幻想,谁会否认这一点呢?但是,如果我们的意识没有超越那种事关可行性的循规蹈矩的限制,我们又将身置何处呢?

第八章

形式化的爱情

时至十二世纪,普罗旺斯的行吟诗人在歌唱爱情的主题时表达了无尽的欲望,文明史上的一个重要的转向完成了。古代之世同样歌唱爱情的磨难,但那时只是将爱情视为欢乐的期待或痛楚的波折。皮拉摩斯(Pyramus)和提丝柏(Thisbe),刻法罗斯(Cephalus)和普罗克丽丝(Procris),他们的爱情的动人之处在于其悲剧的结局,在于失去昔日的幸福之后的痛彻心灵的苦难。而另一方面,宫廷诗歌则把欲望本身作为诗歌的基本主题,由此产生了另一种完全相反的爱情观。新的诗歌理想,一方面仍保持着性爱色彩,另一方面又蕴含着丰富的伦理愿望。爱情成为实现道德完美和文化完善的途径。因为爱情,温文有礼的情人们变得纯洁和高尚。精神因素越来越居于支配地位,到十三世纪末,但丁和他的朋友们的"新的甜美"(*dolce stil nuovo*)最终将爱情奉为能促生虔诚和圣洁的天才之师,在这儿达到了一个极端。意大利的诗歌逐渐找到了一条路径,得以比较平静祥和地表达性爱的情感。彼特拉克陶醉于精神性的爱情理想和更为自然的古代爱情的魅力之间。不久,当文艺复兴时期的柏拉图主义已经未被察觉地在"优雅"(courtly)观念中促生了具有精神化的脱俗倾向的性爱诗歌形式时,优雅爱情这个虚幻的体系就被放弃,其精巧的特色也不再恢复。

在法国,性爱观念的演进要复杂得多。优雅爱情的观念在那儿不是那么易于被取代。这套体系未被放弃,但其中注入了新的价值。甚至早在但丁抒发《新生》(*Vita Nuova*)的内心和谐之前,《玫瑰传奇》就

第八章 形式化的爱情

在法国开创了性爱思想的新阶段。这部叙事诗由吉约姆·德·洛利(Guillaume de Lorris)在1240年以前开始创作，1280年前由让·克比奈(Jean Chopine)续完。很少有哪部著作像《玫瑰传奇》那样对生活产生如此复杂和长久的影响。它至少流行了两个世纪，决定了中世纪即将结束时贵族的爱情观。这部书内容广博，是一座宝库，世俗社会可以从其博学的库存中汲取优秀的养分。

上层阶级的存在是历史上一个不同寻常的事实，这个阶级的智识观念和道德观念都保存在"爱情艺术"中。没有哪个时代的文明理想和爱情理想融合到这种程度。就像经院哲学代表着中世纪精神试图将所有的哲学思想统一于单一中心的非凡努力一样，优雅爱情的理论，在一个相对不那么崇高的领域，试图包容高贵生活的所有方面。《玫瑰传奇》并未摧毁这个体系，它只是改变了这个体系的倾向，丰富了这套理论的内容。

赋予爱情以规范的体系化的形式，这是追求美好生活的愿望的最高体现。我们在前面曾探讨过这一生活理想的仪式的和英雄式的表现。美，不仅在荣誉和力量中可以找到，在爱情中亦可发现。而且，将爱情形式化，这还是一种社会的需要，是随着生活的愈益严酷而显得愈益迫切的需要。爱情必须被提升到仪式的高度，充沛而暴烈的激情需要这一点。唯有为强烈不羁的情感建立一套形式和规则，才能消除残暴。下层阶级的残酷无情和放纵无度总是受到教会强烈但并不十分有效的压制。贵族受到宗教戒条的束缚要少一些，因为他们有自己的文化，从中产生出自己的行为准则，即礼貌。文学、时尚和谈话都成为调整和净化性爱生活的手段。如果说这些并非完全有效，它们至少在表面上创造了一种优雅名誉的爱情生活。在现实中，上层阶级的性生活粗暴得令人惊讶。

中世纪的性爱观念中有两种必须加以区别的迥异的倾向。一种是极端的粗鄙低下，盛行于文学和习俗中；一种是极端的形式主义，表

中世纪的衰落

现为一本正经的拘礼做作。夏特兰曾坦率地提到勃艮第公爵在瓦朗西安等待英国使团时,为使团订下了城中的浴室,"浴室里准备了享用美人所用的一切,可以带走他们偶然碰到或精心挑选的最心爱之物,且一切都是公爵付账"。大胆查理及其随从此举颇受谴责,被认为与其王公身份不符。在十五世纪的皇家或诸侯宫廷中,婚宴总是伴随着各种各样的纵欲的玩笑——这种习惯直到两个世纪后仍未消失。在弗罗亚沙对查理六世与巴伐利亚的伊莎贝拉的婚礼的叙述中,我们听到了宫廷中的淫语秽笑。德尚曾献给安托万·德·布戈涅(Antoine de Bourgogne)一首极为粗鄙的贺婚诗。某个诗人曾在勃艮第夫人和其他女士的请求下写了一首挑逗的诗歌。

这种习俗看起来无疑是与礼貌所要求的克制与谦逊相悖。这个在性关系上表现得如此无耻的阶层,却自称向往优雅爱情的理想,我们要在其理论中寻找伪善,或在其实践中寻找愤世的放纵吗?

我们更应注意到文明中彼此叠加着的两层意义,二者并存又相互矛盾。与文学中以及新近出现的优雅风格同时,性爱生活的原始形式仍保持着影响,因为像中世纪末期那种复杂的文明继承的是一批互相冲突又互相混合的观念、动机和性爱方式。

贺婚诗是远古时代的遗产。在原始文化中婚姻成为一种神圣的仪式,集中体现在交媾的神秘上。后来,教会将婚姻中的神圣因素转变为圣事,保存了其自身的神秘性,而将它所反对的婚姻的其他属性留给公众实践去自由发展。这样,贺婚诗的习俗,尽管已失去了其神圣的性质,但还是作为婚宴中的主要成分而自有其重要性,且较之以前要丰富得多。放纵的情感和粗野的形象——对于贺婚诗是必不可少的。教会无力去控制它,无论天主教戒律还是改革后的清教主义都无法禁止婚床上的半公开的展示,这直到十七世纪仍然流行。

因此,从人种学的观点看,我们必须承认,大量的淫秽、神秘的传

第八章 形式化的爱情

说以及富于挑逗性的形象——这些我们在中世纪文明中所见到的事物,是远古时代的残留物。这些是保留下来的已退化为游戏和娱乐的古代奥秘的痕迹。很明显,当时的人们在从中取乐时并未意识到这一点,他们只是在背叛礼貌规则的命令,他们感到自己置身于一处优雅礼貌不再流行的乐土之上。

声称性爱文学中的滑稽文学全部来自贺婚诗,这是夸大其辞的。粗鄙的故事、闹剧以及色情歌曲,久已形成自身的类型,每一类型的表现形式都少有变化。淫秽寓言在其中最为突出,每一行当都有其淫秽内容。当时的文学中有大量借自比武大会、狩猎或音乐中的形象,但最流行的是将性爱之事与宗教一起插科打诨。除了《百则新奇逸话》那种不雅驯的滑稽风格——用诸如 saint(圣徒)和 seins(胸脯)之类的同音异义字来语意双关,或在淫秽的意义上使用祈祷和忏悔之辞——之外,"性爱—教会"寓言采用了更为精致的形式。奥尔良的查理圈子里的诗人将他们自身的性爱的悲伤和苦修者及殉道者的受难相类比。他们自称是"热爱修会会规的人",暗指方济各会刚刚经过的严酷的改革。奥尔良的查理这样开始他的篇章:

> 这些是十诫,
> 真挚的爱情的上帝…

或是为哀悼他那死去的爱情,他写道:

> 我参加了我爱人的葬仪
> 在爱的教堂,
> 那安魂之曲
> 已由忧郁来唱。

中世纪的衰落

> 那悲哀的烛光
> 映照着她的画像，
> 而我亦有一个
> 悔恨做成的坟场。

我们可以在这个世纪末的一首名为《忠于戒律的方济各会修女的恋人》的诗中体会到那种甜蜜而忧郁的讽刺作品的效果。这首诗温柔而纯净，描写的是在女修道院中与一个为爱情而痛苦的情人相会的故事。似乎即便通过这种悖理的方式，性爱诗歌仍努力要恢复其与基督教中已丧失的神圣事物的原始联系。

法国的作者喜欢以"高卢精神"（l'esprit gaulois）反对优雅爱情的习俗，就像以自然的观念与情感反对人为一样。现在前者已与后者一样虚幻了。性爱思想除了将复杂悲苦的现实美化为虚幻的形式以外，并无其他文学上的价值。《百则新奇逸话》之类的作品和放纵的歌谣，故意无视爱情中自然与社会层面的复杂性，沉溺于性生活中的谎言与自私，以及难以满足的欲望。与混乱的优雅爱情的观念一样，这体现着一种以幸福生活的梦想代替现实生活的努力。这同样是对崇高生活的渴望，但这次是从动物方面来看的。这是同样的理想，即使它带有不贞的性质。无论何时，现实生活都较纯净优雅的唯美主义更为严酷败坏，但同时也较那些被误认为是现实主义的粗俗低下的文学类型所表现的面貌要纯净贞洁。

作为文学的一个要素，"高卢类型"（genre gaulois）只能是第二位的。因为性爱诗只适于美好的生活，只适于作为灵感与模仿的源泉；它的主题不是性事过程本身，而是可能的幸福、承诺、渴求、向往和企盼。唯有如此，性爱诗才能够表现出性状各异的爱情，才能够平等地从悲哀及欢乐两方面来理解爱情。爱情领域内的荣誉、勇敢、忠诚等

第八章 形式化的爱情

观念,以及道德生活中的其他要素,具有极为唯美和伦理性的价值。《玫瑰传奇》,这部将其主题中的强烈感官色彩与优雅爱情的精致理想结合起来的著作,满足了整个时代表达性爱情感的需求。

在这个名副其实的性爱学说的宝库中,其性爱是仪式性的和传奇性的,是系统的和完整的。十三世纪的那种广博精神在其中尽情表露,就像在博韦的樊尚(Vincent of Beauvais)的一本更为严肃的著作中体现的一样。这部著作的非凡影响因为它的丰富内涵而被强调。作为两名思想迥异的诗人的合作作品,它合并了——或许称为"并置了"更为准确——优雅爱情的观念与淫荡不羁的讥诮讽世,其丰富的内容可以用于各种目的。

吉约姆·德·洛利赋予这部作品富于魅力的形式和优雅的语调。春色宜人的背景,奇异但是谐调的寓言意象,是其著作的特色。情人一接近爱情花园的墙壁,整个寓言的体系就展现开来。"闲暇女士"为他启户,"欢娱"带来舞会,"爱"与"美"携手并肩,"美"则与"财富"、"慷慨"、"坦率"、"礼貌"及"年轻"相伴。"爱"向这个深陷爱情的臣属逐个介绍了称作"希望"的爱情的祈祷、"甜美的思想"、"优美的谈吐"和"美丽的外表"。然后,当"礼貌"之子"欢迎"请他前去观赏玫瑰时,"危险"、"厄运"、"恐惧"和"羞耻"前来将他赶走,戏剧性的斗争开始了,"理性"从高塔上下来,维纳斯也出现了。吉约姆·德·洛利的正文写到危机的中间结束了。

让·克比奈,或叫克洛比奈(Clopinel),或叫德·默恩(de Meun),完成了这部著作。他在洛利的基础上又加上了许多东西,但由于对心理分析和社会分析的喜好而损害了原作的和谐。对玫瑰城堡的渴望湮没在大量的离题之辞、奇耸之语和事例中。在吉约姆·德·洛利的和煦微风之后,紧随的是他的继任者那冰冷的怀疑主义和冷酷的讥讽刺世所带来的东风。克比奈的有力而精辟的风格使洛利的天真而轻快的理想主义色泽黯淡下去。让·德·默恩是一位见识开明的人,他既不相信幽灵也不相信巫师,不相信忠贞的爱情也不相信女人的贞洁。他略通一点精神病理学的知识,于是借维纳斯这位"自然"和"守护神"之口为肉欲作了大胆的辩解。

维纳斯应儿子之请前来相助,发誓不留下一个贞洁的女人,并让"爱"和整个进攻者的部队发出同样的针对男人的誓言。"自然",在她的铁匠铺中,身负保护各种生物、与"死亡"进行永恒搏斗之责,责怪说在万物中只有人类违背她的戒绝生育的诫令。她命令"守护神"——她的牧师——前去将"自然"的诅咒抛掷在"爱"的军队中那些胆敢藐视她的律令者的头上。"守护神"身穿僧衣,手持蜡烛,宣布了亵渎神圣的逐出教会之令(excommunication),其中最大的肉欲主义(sensualism)与纯净的神秘主义融合在一起。贞洁受到谴责,地狱被留给那些无视自然和爱情的诫令的人们。而对于遵守诫令的人,则是鲜花盛开的田野,在那儿耶稣放牧着洁白的羊群,这群"圣处女"的羔羊,在永昼中吃着不衰的青草。最后,"守护神"将蜡烛投进被围的城堡,其火焰使整个宇宙燃起大火。维纳斯也扔出火炬。然后,"羞耻"和"恐惧"逃掉了,城堡被攻克,"欢迎"允许情人去采摘玫瑰。

在《玫瑰传奇》中,性的主题又一次被置于性爱诗的中心,但被象征物和神秘的气氛所掩蔽,并穿着神圣的外衣。不可能想象有比这更为审慎的对基督教的违抗了。爱情的梦想表现得精巧而多情。丰富的寓言满足了中世纪人的想象。这些典型的形象对于表达更为精妙的情感是必不可少的。性爱的术语若要被理解,就不能离开这些适宜的傀儡。人们使用"危险"、"罪恶之口"等等这样的形象,来表现科学心理学的规定术语。主题富于情感特征,避免了冗长和迂腐。

从理论上说,《玫瑰传奇》并未否定礼貌的理想。欢乐花园唯有经过爱情洗礼、为爱情选定的人方能抵达。欲入其门者必须远离憎恨、罪孽、恶行、贪婪、悲伤、虚伪、贫困及衰老。但他用以对抗这些的正面素质并不是像优雅爱情的观念那样是伦理性的,而只是贵族色彩的。这就是

第八章　形式化的爱情

余暇、快乐、欢娱、爱心、美丽、财富、慷慨、坦率以及礼貌。这不再是由神圣的爱情所产生的完美，而只是为征服欲望的对象所适用的手段。对于那种对理想化的女性的崇拜，让·克比奈代之以冰冷的蔑视。

不论《玫瑰传奇》怎样影响了人们的思想，它并没有完全摧毁古老的爱情观念。与《玫瑰传奇》中体现出的对引诱的赞美的同时，那种对纯洁忠诚的爱情的赞颂仍保持着其地盘，无论是在抒情诗还是在骑士传奇中都是这样，如果不提比武大会和决斗这样的幻想的话。到十四世纪末，关于完美的贵族应持有这两种爱情观中的哪一种的问题导致了一场争论，就像其后几个世纪中法国人所热衷的那样。高贵的布西科成为优雅礼貌的维持者，与伴他漫游的同伴一起创作了《百首歌谣集》，在书中呼吁宫廷的证人们来判定应选择对女士的忠实而克己的效忠还是时髦的调情。像布西科这样尊奉古老的优雅理想的骑士或诗人，被夸大为楷模，而奥德·德·格兰逊与路易·德·桑塞尔则在这个行列之外。克里斯丁·德·比桑参与了这场争论，被认为是女性荣誉的无畏的捍卫者。她的《爱之上帝的精神》表现了女性对男子的欺诈及侮辱的愤怒。她义愤填膺地斥责了《玫瑰传奇》的理论。

这时让·德·默恩的形形色色的狂热的崇拜者登场了，其中有各种精神倾向的人，甚至包括牧师。辩论持续了数年，贵族与宫廷视之为一种娱乐。布西科——他或许受到了克里斯丁·德·比桑的赞誉激励，因为他维护优雅礼貌的理想——建立了他的"维护高洁妇女骑士团"以维护受压迫的妇女之后，勃艮第公爵于1401年2月14日在巴黎的"阿特罗斯王宫"中建了一个规模宏大的"爱情宫廷"，以超过布西科。老外交官菲利普·德·哈尔蒂，这位本应去处理其他事务的官员，和路易·德·波旁一起，请求国王建立一个"爱情宫廷"，以在当时瘟疫肆虐的巴黎供人消遣，"更潇洒地消磨时光，以寻新的欢乐"。骑士精神在文学沙龙中获得了胜利。"爱情宫廷"建立于人性与忠诚之上,"以尊奉、赞美、颂扬及效忠于所有高贵的女士"。其成员被冠以各种显赫的称号。两个建立者及国王被称为"伟大的保护者"。在保护者的行列中我们看到让·桑斯·保尔,他的兄弟安托万以及他六岁的儿子菲利普。来自埃诺的某个彼埃尔·德·奥特维尔(Pierre d'Hauteville)成为爱情王子。另外还有牧师、审计官、荣誉骑士、财政骑士、议事员、狩猎之主、爱情士绅等。市民和下层职员也同诸侯和主教一样被接纳。宫廷的事务极像一个"夸张的立法会"。叠句发展为"桂冠歌谣"、歌曲、讽喻诗、抱怨诗、二韵叠句短诗、民谣、两韵短诗等。"为保护不同意见而进行的关于爱情的诉讼案"的辩论也存在着。女士们分发奖金,而诋毁女士荣誉的诗歌则被禁止。

在这个庄严堂皇、优雅动人的娱乐机构中,一个人不禁会感受到那种已开始影响法国宫廷的勃艮第风格。皇家宫廷——它同所有的宫廷一样古老——一方面宣称倡导古老而苛刻的爱情理想,而另一方面,它那七百多名著名会员的行为却与之全然相悖,这二者几乎同样明显。据所了解的习惯看,那个时代最显贵的领主是相当古怪的妇女荣誉卫护者。最让人迷惑不解的是,我们往往发现就是这同一个人,在关于爱情的辩论中维护《玫瑰传奇》而攻击克里斯丁·德·比桑。显然,这一切仅仅是一种社会性的娱乐而已。

让·德·默恩的崇拜者这个紧密的团体由效忠诸侯的人组成,包括僧俗两界中人,其中有法国最初的人文主义者。其中之一是让·德·蒙特洛尔(Jean de Montreuil)。他是里尔的大学校长,先是皇太子的书记官,后来又成为勃艮第公爵的书记官。他写下了大量西塞罗式的信札,而且像他的朋友贡蒂埃和彼埃尔兄弟一样,他与尼科莱·德·克莱芒通信,后者是教会中一丝不苟的恶习审查员。我们发现他竭力维护《玫瑰传奇》及其作者让·德·默恩。他声称有一些最有学识、最为开明的人士尊重《玫瑰传奇》,他们的欣赏几近膜拜,他们宁可没有衬

第八章 形式化的爱情

衫也不能失去这本书。他鼓励友人们像他自己一样投入这场保卫战。"我愈深入地钻研,"他对一名攻击者写道,"让·德·默恩先生的这部渊深誉广的著作中的那种神奇的庄重和庄重的神奇,我愈对你的反对感到诧异。"他自己会保护它直至最后一息,而其他人亦会以言辞和行动来维持此举。

让·德·蒙特洛尔的言语中的坚定不移似乎已经表明,爱情问题终究包含着远较宫廷娱乐更为重要的东西。让·热尔松,这位著名的大学校长也加入了争论,这一事实更进一步证实了这一点。他对《玫瑰传奇》嫉恨无比。这部书对他来说是最为危险可厌之物,是堕落之源。热尔松在他的著作中一遍又一遍地强调"玫瑰的邪恶说教"的恶劣影响。如果他有一个抄本,并且是世所独存,价值千镑,他也宁愿焚毁它而不是卖给书商。当彼埃尔·柯尔驳斥热尔松的一篇论战文章时,热尔松撰写了一篇批驳《玫瑰传奇》的论文作为答复。这篇论文较他以前的指责更为尖锐,他特地标明时日道:"出自我的研究,1402 年 5 月 18 日夜。"

效法《玫瑰传奇》的作者,热尔松的论文也采用了寓言的形式。一天早上,他醒来时发觉灵魂高飞,"借助变化多端的思想的羽翼,从一地飞往一地,直到基督教的神宫",在那儿他听到了"贞洁"向"正义"、"清醒"和"智慧"诉说的针对爱情"傻瓜"——即让·德·默恩——的抱怨,让·德·默恩把她连同她的扈从一起赶离尘世。"贞洁"的"好卫士"就是《玫瑰传奇》中的大奸大恶之徒:"羞耻"、"恐惧"和"危险","这些好看门人,他们不敢、不愿屈尊批准哪怕一个不洁的亲吻或一点放荡的外表,或是诱人的微笑和轻佻的言辞"。"贞洁"发泄了对爱情"傻瓜"的谴责。"傻瓜"诅咒婚姻和僧侣生活。他只教导"少女应当如何早早地、高价地出卖其肉体,不用害怕也不用羞耻,她们还应当明目张胆地欺骗和作假誓"。他尤其宣扬肉体欲望的狂想。尤为悖理谬误的是,他以维纳斯——"自然"和"理性夫人"的名义——将"天堂"的观念、"信仰"的神秘性与感官之乐混为一谈。

这事实上是危险的。这部强人意志的灌输之作,以其混乱的感官欲望、嘲弄性的愤世嫉俗和优雅动人的形象,向世人灌输一种淫逸的神秘主义,而这对于苦修之人来说是罪恶的深渊。热尔松的对手不敢断言只有爱情"傻瓜"才能决定激情的价值吗?那些不了解激情的人只是在玻璃杯中看待激情,激情于他仍是一个谜团。他就是这样,出于亵渎神灵的目的而篡用圣保罗的神圣言辞的!彼埃尔·柯尔毫无顾忌地断言《雅歌》是用来纪念法老的女儿的。他声称,那些诋毁《玫瑰传奇》的人只是屈膝于巴尔面前之徒。"自然"并不希望一个女人只满足于一个男人,而"自然"的守护神是上帝。柯尔散布渎神之语,声称《路加福音》中表明从前女性生殖器这一传奇的玫瑰是神圣的。他确信这种不虔敬的神秘主义,恳求他的同好们共同作证,并预言热尔松自己将陷入疯狂的爱情,就像曾在他以前的理论家身上发生过的那样。

热尔松并未能摧毁《玫瑰传奇》的权威,至少未能阻挡其流行。1444年,李西奥克(Lisieux)地区的教士埃斯蒂尼·莱格利制作了《〈玫瑰传奇〉索引》。到这个世纪末,让·莫林奈仍证明书中的语句像谚语一样流行。他费尽心力地将《玫瑰传奇》"道德化",赋予其中的寓言形象以宗教意义。呼唤爱情的夜莺意指传道者的声音,玫瑰意指耶稣。甚至到文艺复兴的全盛期,克莱芒·马洛认为这部书应该重新编纂以适应新时代,而隆萨尔则认为"欢迎"和"危险夫人"的形象并未陈旧,仍然可以用于他的诗篇当中。

第九章

恋爱的惯常程式

从文学作品中我们可以了解某一时代的性爱观念,它作为社会生活的一个因子,我们尽可以描绘出它的社会功能。恋爱观念和习俗的整体制度在当时的上流社会交往中是极为流行的。后来时代的恋爱的各种标志与姿态变化了。围绕着爱神这种东西,《玫瑰传奇》这样稀奇古怪的神话诞生了。然后,着装的颜色、花,甚至漂亮的石头,也被赋予了象征意义。颜色的意义,作为某些迹象的表示,一直颇为流行,在中世纪的谈情说爱中显得格外重要。1458 年,纹章官西西利就这一题材写过一本便览,书名叫《颜色颂诗》,这本书曾受到拉伯雷的嘲笑。当吉约姆·德·马绍和他所爱的人第一次约会时,他高兴地看到他的情人穿着一件白色礼服,头戴一顶天蓝色的绣有绿色鹦鹉图案的帽子。因为绿色代表新的爱情而蓝色象征忠贞。后来,他在梦中看到她将要离他而去的打扮:穿上了一件绿色的衣服,"这是有意味的新东西"。他便用歌谣责骂她:

夫人,你穿的不是蓝色的衣服,而是一件绿色衣服。

戒指、面纱和同心带,总之,宫廷中求婚所用的所有首饰和礼物,都有特殊的功能。它们成了一种手段和神秘的象征,有时甚至变成了名副其实的字谜。1414 年,法国皇太子在旗标上标上了一个金色的 K 字母、一只天鹅和一个她字母,其中暗示的是他母亲的一位忠实的贴身侍女的名字。她被人们叫做拉·卡茜奈尔（La Cassinelle）。在受到拉伯雷嘲笑的这个"辉煌的宫廷和传递的名字"中，球体被描述成"espoir"，美洲楼斗菜被描述成了"mélancholie"。有大量的游戏用做表达这种感情的手段，比如不撒谎的国王、爱的城堡、爱的拍卖、拍卖游戏等。例如，其中有一位夫人提到一朵花，这位年轻的男子必须用赞美诗的形式回答她。

> 我售你以蜀葵，
> ——贝莉，我不敢告诉你我多爱你，
> 但是你虽觉察
> 却一言不发

"爱的城堡"这一游戏则由一系列比喻式的谜语所组成：

> 爱的城堡啊我问你：
> 请告知我第一重的根据！
> ——让我忠贞地爱她。
>
> 现在，说到做得精巧的有规则的屏障，
> 是多么的结实坚固而可靠！
> ——却明智地遮蔽了。
>
> 告诉我窥孔是什么，
> 窗户和石头又是什么！
> ——多么迷人的景致。

第九章　恋爱的惯常程式

朋友，说说守门者吧！
——说错话充满危险。

开启的钥匙在哪里呢？
——我提出要求，如此谦恭。

自打行吟诗人的时代以来，这种爱的诡辩占据了当时宫廷交际的大部分场合。所以说，这种奇特性和背后责骂之法后来上升到了文学形式的高度。奥尔良的路易时代的宫廷中，人们茶余饭后时常把它当做"故事、民谣"和"优美得体的问题"来自娱。诗人特别被要求精于此道。马绍就曾经被一群太太和贵族要求回答"关于爱的沉思与冒险"这样一系列的问题。根据严格的规则，每一个爱情故事都得到讨论。"比尤先生，在下列两者中你的选择是什么：人们说你太太生病了而你却发现她很好；或者她被人说成很健康而你却发现她生病了？"一位值得尊敬的先生要严格按照概念作出如下回答："夫人，我希望听到人们说她很好而我发现她生病了。"

当一位夫人被她的情人抛弃之后，她应该抛开信诺去选择另一位情人吗？当一名骑士失望地看到他的情人被她嫉妒的丈夫锁在家中而另觅新欢时，他该怎么办？这种爱的纠葛下一步做的将是像马蒂尔·德·奥弗涅（Martial d'Auvergne）的《爱之缚》一书一样以提出诉讼的方式来对待了。

这种彬彬有礼的代码并不唯一适合于作诗，它要求可适用于生活，至少应该适用于交际。洞察那些纷繁的诗歌并从中分析出那一时代的真实生活确实是困难的。在十四至十五世纪的献媚与调情的实际情况与礼貌规则的要求，和让·德·默恩的告诫之间的差距又有多远呢？在那个时代，自传性的忏悔是极为罕见的。甚至当带着某一目的精确地描述某一爱情故事时,作者也不能跳出他业已接受的时尚风格和技巧观念的圈子。我们在描写一位老诗人和年轻姑娘的爱情长诗中,发现了这一例子。从吉约姆·德·马绍向我们提供的《说一看之书》中可以获得这一故事。1362 年,这位诗人已近六十岁,这时,法国北部香槟省一名贵族之女佩罗内莱·德·阿芒蒂耶（Peronelle d'Armentieres）献给他第一首十四行诗。在诗中她把心献给了这位受人称颂的诗人,她把他带进了以诗歌唱和为形式的恋爱之中。这位贫困的诗人,体弱多病,瞎了一只眼睛,整个人像曾被火烧过一样因痛风而肿胀。他用一首十四行诗回赠了她,并以诗的形式互相通信。佩罗内莱则以与他打文学交道而自豪,并不想对此事秘而不宣,她请求这位诗人将他们的爱情写成真实的故事,并把他们的通信和诗作也写进去。马绍欣然答应。"我会这样做的,"他说,"人们将会好好地记住对于你的荣耀与赞美。"

"我此时的心中充满甜蜜,我们如此之晚才开始我们的故事,你会觉得遗憾吗？上帝,我就是这么想的。但现在应该是一种补救。让我们为我们的承诺而拥抱我们的生活,这样我们就可以追寻我们业已逝去的东西。人们也许会说我们的爱情地久天长。我们所有的都是美妙正当的,因为如果这是邪恶,你能够把它藏到上帝那儿。"

这一兼有信件与诗歌的故事告诉我们,这种亲密程度与高雅的爱情故事是完全相适应的,假如在她的嫂子、侍女和私人秘书都在场的舞会上,有什么事情发生了,那么这位年轻的夫人可能认为自己特别失礼。在第一次约会时,马绍一直焦虑不安地等待着,因为自己的外貌实在太糟。佩罗内莱在樱桃树下,头靠在诗人的膝上佯装睡觉。秘书用一片树叶盖住她的嘴唇并叫马绍吻这片树叶。当马绍鼓足勇气这样做时,秘书一下子抽掉了这片树叶。

她答应了他的其他要求。这时恰好要去圣德尼朝圣,这正好给了他们在一起待几天的机会。一天下午,他们冒着六月中旬的酷暑,在

第九章　恋爱的惯常程式

拥挤的集市上快步行走,然后去休息了几个小时。这个小镇的市民给他们提供了一个两张床的房间。夜色降临了,店家已睡。大嫂拿走了一张床,佩罗内莱和她的侍女用了另外一张床。她命令这位害羞的诗人躺在她们俩中间。他照她说的轻轻躺下,生怕打扰她。一觉醒来,她命令他亲吻她。

在这次旅行将要结束的时候,为了告别,她允许他前去叫醒她,以便离去。这个故事使我们知道她什么也没有拒绝他。她把她名誉的金钥匙也献给了他,去守卫珍宝和其他东西。

这位诗人的好运就到此为止了,他再也没有见到她。因为缺少其他的冒险经历,他便用神话般的旅行来充斥这本书的剩余部分。最后,她告诉他,他们之间的关系必须终结,因为她可能要结婚了。他则继续陷入爱情不能自拔,并为她服务直到生命的最后一刻。他将向上帝祈祷,待他们死后,在辉煌的天堂中他能再为她效劳。他为她取了个名字:绝色佳人(Toutebelle)。

在马绍的《说一看》一书中,宗教、爱情和一种直率坦白混合在一起。作者是法国东北部兰斯教堂的一位教士,对这一点我们不会感到意外,因为在中世纪,可令一名教士(彼特拉克就是一名教士)称心如意的较小的修会,是不强求教士独身的。在这一时期,朝圣可适合各种不庄重的目的。但真正让我们吃惊的是,马绍这位严肃而高雅的诗人,声称他的朝圣是"极为虔诚"的行动。在人群中他坐在她的后面:

……当传教士说:天主羔羊,
我的信仰属于圣柯瑞柏斯,
在教堂的两条柱子间
她给我一个甜吻。
我真真地需要她的,

因为我的恋爱之心被惊扰
我的心因此分成两半。

当他在花园里等她的时候,他自言自语了几个小时。他赞美她的容貌,因为他心中的上帝就在人间。进入教堂后他开始祈祷。他把婚誓写进一首诗中,这首诗涉及他们九天中彼此相爱的过程——这并不能阻止他进行祈祷,这一祈祷他已经在祈祷文中说过了。

我们应该从别的地方回到那个令人惊奇的坦白上来。在特伦特会议以前,俗世的职业是与神职工作混在一起的。

关于马绍和佩罗内莱的爱情故事的格调,可以说是缠绵的、腻味的甚至在某种程度上说是病态的。他们感情的表达方式仍封闭于争论和讽喻之中。但对这位老诗人脆弱的心毕竟有某些触动,这也阻碍了他看到他的"绝色佳人"。在他们心灵深处都知道这不过是游戏一场。

除了文学作品之外,为了使我们能稍微地了解一些实际的爱情故事,我们应该把同一时期的另一名叫《拉图尔·兰德利骑士保护教女之书》的作品作为《说一看》的姐妹篇来相比照。这一次我们不再拿这位心中充满情爱的老诗人作例,可以说下面的一切与他无关。我们要说的是一位父亲相当无聊的思想转变。这位父亲是一位安吉维(Angevin)贵族,他叙述了他的怀旧、轶闻和"保护吾女避离罗马尼亚人"的故事。这可能得到回报,"教给我的女儿们处理爱情问题的流行惯例"。然而这一教导并不能出现浪漫的结果。这位谨慎的父亲告诫他女儿所举的实例的寓意和教训,特别要她们防备浪漫调情的危险。要注意能言善辩的人,总是有"假装长久忧愁的外表和轻轻的叹息,令人奇怪的动情的脸部和比其他人更多的言语"。胆子不要太大。当他年轻的时候,他自己也曾被父亲带进了一个城堡,从而认识了一位年

第九章 恋爱的惯常程式

轻姑娘。他们想给他和她定亲。他给姑娘写了一封信,这封信充满脉脉柔情。为了探知她性格的某些方面,他们聊各种话题,其中也谈到了囚犯。这给了骑士献殷勤的机会:"'小姐,作为一个囚犯,关押在其他地方不如关押在您这里。我认为您的监狱将不像英国监狱那样苦。'她回答说,她近来看到一个人,她希望他成为她的囚犯。然后我问她如果她给他一个糟糕的牢房,且根本无话可说,那么她是否可以对他像对待自己人一样。我再告诉她这位男人很荣幸地有这样一个美好的贵族监狱。我将说什么呢?从与她的交谈中判断,似乎她谈得很好,并且他知道很多,她的眼睛也是充满生动和愉快的神情。"当他们分别时,她请求他在短时间内回来几次,好像她知道他此去会很久。"当我们离别时我的当郡主的父亲对我说:'你认为她怎么样?告诉我你的看法。''大人,对我来说她似乎很好,但我从来也没有像现在这样子与她离得更近,如果您高兴的话。'"她缺少涵养,使他没有更进一步熟悉并尊敬她,所以他们并没有订婚。当然,作者后来说他没有任何理由痛悔这件事。

  在这里这位骑士并没有给我们更多的自传性细节和寓言性的劝诫,这是很遗憾的,因为这些显示习俗如何适应他们理想的个人事迹,在中世纪的传记中是极少见的。

  尽管兰德利公开承认他教姑娘们"避离罗马尼亚人"的目的,但他在所有事情开始之前仍然想到了一种很好的婚事,这种婚事与爱情并没有多大关系。他告诉她们,关于这个问题他与他妻子之间有过一场争论,争论的主题是,这是否会变成"恋爱悲剧"。在某种情况下,比如,向往着"嫁人"。他认为一位女孩也许会爱得真诚,他的妻子则不以为然。女孩最好根本不要去爱,甚至不要订婚,否则结果将使虔诚变成痛苦的折磨。"因为我已听到许多妇女说,某某年轻时恋爱了,而当他们进入教堂时,她们并不怎么思考为上帝效劳的事,而是想象着有关他们爱情的快乐之事,爱的艺术是那样自然而然的事情,以至于恰好在礼拜仪式的最庄重的时刻,即当教士把基督像放到祭坛上时,这些关于爱情的想法的大部分便在他们脑海中出现了。"马绍和皮罗娜或许已证实了这一点。

这位父亲毫不犹豫地用可归入《百则新奇逸话》的那些故事来教导女儿,但要把这与兰德利骑士的严肃调和起来却并不容易。更为新近的文学,比如伊丽莎白时代的文学,一直提醒我们注意,这个世界是如何完全远离了几个世纪以前的爱欲形式。至于说定亲和婚姻,宫廷理想的高雅形式、《玫瑰传奇》中圆滑的浅薄轻佻和公开的玩世不恭,都没有任何真实可信的成分。两个贵族家庭门当户对是基于非常实际的考虑,在这考虑中没有为关于英勇行为与修行的骑士般的虚构留下余地。因此事实上这种爱情观念也从来不会被真实的现实生活所纠正。它们能够自由地呈现在上流社会的交际之中,它们能够提供文学的娱乐或者吸引人的游戏,但除此之外,别无其他。爱的理想正像这里说的,除了流行的代代相传的虚假与做作,并不能付诸实际。

残酷的现实经常揭穿谎言。《玫瑰传奇》像一杯令人心醉的酒,在这酒杯底,道德家揭露出了苦涩的渣滓。从宗教角度看,诅咒被倾进了爱的各个方面,因为爱产生原罪,而正是原罪毁坏了世界。热尔松宣称,私生罪、杀婴罪、堕胎罪从何而来?憎恨从何而来?怨毒又从何而来呢?妇女们将自己的声音加入到布道坛上的声音中去:所有的恋爱惯例都是男人的作品,甚至当它披上理想的装束,情欲文化也是被男性的自我中心主义所浸染。对婚姻、对妇女和她们的脆弱来说,无休止地、反反复复地被凌辱,其原因又是什么呢?伪装这种自我中心主义是必要的吗?克里斯丁·德·比桑说,回答所有这些邪恶,一句话就足够:因为这些书不是女人写的。

确实,中世纪文学对妇女表示的真正同情太少了,很少同情她们

第九章　恋爱的惯常程式

的弱点和危险,以及因爱而深埋的痛苦。在骑士解救处女的情感小说中,同情采取了古板而虚构的形式。《婚姻的十五种乐趣》的作者,在嘲弄了妇女的所有缺点之后,承诺要描绘她们遭受的痛苦与不公正。但就我们所知,他从来就没有真正付诸行动。

文明总是需要把爱情观纠缠到想象的面纱之内,以便提高它的品位,使它进一步纯洁化,以此来忘记残酷的现实。对于充满信仰的骑士和情爱萦怀的牧羊人来说,虽然野蛮的生活使他们失望,但这种神圣与高雅的游戏,充满严肃的寓意和优美的想象,并不会失掉其吸引力,也不会失掉其寓意价值。人类思维中需要这些形式,并且它们保存着某些本质上相同的东西,代代相传。

第十章

田园生活的梦想

130　中世纪末期,田园生活的时尚历久不衰,体现出对礼貌的理想的反动。在厌倦了骑士爱情的繁文缛节之后,贵族们转而指斥爱情中那种神经质的做作的英勇,而将田园生活誉为一种解脱。这种崭新的或说复兴的田园理想基本上仍保持着性爱色彩。它承载着乡村的情感,其灵感与其说是性爱的毋宁说是伦理的。我们可以称之为简朴生活的理想,或中庸之道(aurea mediocritas),以将它与田园区别开来。这二者总是不断地互相混合。

对骑士理想的否定起自贵族自身。恰恰是在宫廷文学中出现了对骑士理想的讥讽或感伤的批评。另一方面,市民总是竭力仿效贵族的生活方式。没有比认为中世纪的第三等级被阶级仇恨所激奋更为荒谬的了。相反,他们为贵族的灿烂生活所震撼和诱惑。富裕市民努力效法贵族的做派和语调。菲利普·凡·阿特维尔德,这个佛兰德斯叛乱的首领,被认为是一个简朴自制的革命者,却像王侯一样庄严。他进餐前先要奏乐,吃饭所用的是和佛兰德斯的伯爵一样的银盘。他出游时身着猩红服装和白色毛皮,前面是招展的旗帜,上面是带有三个银帽的黑色的纹盾标志。大金融家雅克·克尔往往被直觉地认为是一个时髦的人,但据雅克·德·拉莱因的传记作者说,他对于已过时的游侠骑士那一套虚幻无用的做派极感兴趣。

131　在那些摆脱了骑士幻想、看到了其痛苦和错误的人当中,我们首先应当注意的是那些讲求实际和生性淡漠的人,他们出于本性反对骑

第十章 田园生活的梦想

士幻想,如菲利普·德·科米内和他的主人路易十一。科米内在描写蒙莱里战役时,抛弃了英雄幻想:没有丰功伟绩,没有波澜起伏的转折,他只是为我们描绘了一幅现实的前进与后退、犹疑与恐惧的图景。他热衷于描写逃亡,指出勇气总是依仗于安全。他摒弃了骑士术语,极少提及荣誉,而视之为难以避免的罪恶。

骑士理想是与原始的时代精神相一致的。它容许其中含有大量的妄念幻想,而少有正确的经历。精神的进步迟早要改变这种理想。但是,骑士理想并没有消失,只是丢弃了其过于虚幻的倾向。骑士精神并未被完全否定,而是摒弃了其虚幻的准宗教的完美性,仅只是一种社会生活的模式。骑士尽管仍是荣誉和光荣的象征,但已不再是信仰的卫护者和被压迫者的保护人。现代的绅士仍与中世纪的骑士观念有着联系。

道德、唯美和社会完美,这一切都是骑士的重荷。受到高度赞誉的骑士制度,无论从何种观点看,都难以遮掩其固有的谬误。它是已落伍的荒谬之物,是一种虚幻的构造,毫无社会作用,毫无道德价值,充满自负和罪恶。即使作为一种唯美的游戏,优雅生活的理想也因其参与者的厌倦而终结。他们转向了另一种简单、静谧的理想。这意味着失望的贵族转向了精神生活吗?有时是这样。许多朝臣和士兵在遁世中结束了一生。然而,更经常的是,他们满足于从其他地方寻求骑士精神未能提供的崇高生活。自远古始,就存在着一种承诺,认为在田园生活中可以获得尘世幸福。在田园中,可以逃避一切纷争,获得真正的幸福。田园是逃避妒忌与仇恨、荣誉的虚名、穷奢极欲和严酷的战争的避难地。

中世纪文学自古典作家那里继承了赞美简朴生活的主题,这可以称为田园情感的另一面。宫廷生活和贵族的自负阻绝了独处、劳作和研究。十四世纪中这一主题在菲利普·德·维特里的《弗兰克·贡蒂埃的故事》中有着典型的表现。维特里是缪克斯(Meaux)主教、音乐家和诗人,还是彼特拉克的朋友。

> 在绿荫下,在欢乐的草地上,
> 在喧腾的溪边,在清冽的喷泉旁,
> 我看到了一块轻便的木板。
> 贡蒂埃和海莱妮在那儿进餐,
> 吃着新鲜的干酪、牛奶、奶油、
> 乳酪、凝乳、苹果、果仁、梅子、
> 梨子、蒜和洋葱,在褐色的干面包上
> 切碎青葱,伴以粗盐,喝着美酒。

饭后他们"彼此亲吻嘴和鼻子,柔软和毛茸茸之处",然后贡蒂埃离开去伐树,海莱妮则去洗刷。

> 我听到贡蒂埃伐树时,
> 感谢上帝赐他幸福。
> "我不知道,"他说,"什么大理石廊柱,
> 闪光的鞍座,饰有名画的墙;
> 我不惧怕巧言令色的叛卖,
> 亦不畏惧金杯里面的毒酒。
> 我不在暴君面前俯首,
> 亦不屈膝下拜。
> 没有侍役的棍棒将我驱赶,
> 没有贪婪、野心,
> 也没有色欲将我引诱。

第十章 田园生活的梦想

> 劳作使我身心自由舒畅;
> 我深爱海莱妮,
> 她亦坚定地爱着我。
> 这就足矣,我们不惧怕坟墓。"
> 于是我说:"呵!做官廷的仆役一文不值,
> 但去做弗兰克·贡蒂埃则价如镶金宝石。"

我们注意到简朴生活的主题已与自然的爱情联系到了在一起。

对于后世来说,菲利普·德·维特里的诗仍经典地表达了乡村情感及因安全、自由、俭省、健康、有益的劳动和夫妇之爱而带来的幸福,并无复杂难解之处。

艾斯塔什·德尚模仿维特里写了许多首诗歌,其中有一首极像维特里的风格。

> 离开我曾长久淹留的
> 君王的宫廷,回到丛林中,
> 喷泉旁,我看到了自由的罗宾,
> 他头戴桂冠;他头上戴着美丽
> 的花束,还有玛丽安,他的爱人……(等等)

德尚扩大了主题,增加了对骑士或兵士生活的控诉。没有比武士的生活更为可怕的了,他每天犯下七重死罪,战争的本质就是贪婪和虚荣。

> 从此之后我将专于中庸之道,
> 所以我决定放弃征伐,劳作为生,
> 战争只是天谴之罪。

中世纪的衰落

大体上,他只是简单地称颂中庸之道。

> 我只求上帝准予此世
> 我能效忠他,赞美他,
> 准予我自给自足,一件外套
> 或紧身上衣足矣。一匹马
> 协我劳作,我会平静地治理
> 我的庄园,满怀善意,毫无忌妒。
> 既不过分富裕,亦无须为食求乞,
> 这是最稳妥的生活。

追求荣名富贵只能带来痛苦,唯有穷人才得幸福,他生活平静,颐养天年。

> 一个劳作的人和一个穷困的车夫,
> 衣衫褴褛地四处奔波,
> 但是他快乐地劳作,以此为福。
> 夜晚他睡得香甜;而这个忠诚的人
> 看到了四个国王的统治完结。

一个劳作的人比四个国王活得都长,这幅画面他极为喜欢,曾屡次提及。

德尚著作的编辑者加斯东·雷诺先生认为这种倾向的诗篇均作于其生命的最后时期。此时,他职位被削,满心绝望,最终认识到宫廷生涯的虚无缥缈。这或许走得太远了,这些诗篇表现得更像是宫廷贵族的由来已久而又相当流行的情感。

第十章 田园生活的梦想

对廷臣生涯的厌弃这一主题受到一批学者的喜好,这批学者在十四世纪末标志着法国人文主义的兴起,并且与教会的上层领袖有着联系。彼埃尔·德·阿伊本人就写了一首诗,与那首关于弗兰克·贡蒂埃的诗篇异曲同工:一个暴君,完全缺少乡野之人的快乐,困于宫廷中在恐惧中度日。在彼特拉克之后,这一主题极适宜于书信体。让·德·蒙特洛尔做过这方面的尝试,尼科莱·德·克莱芒也曾如此做过三次之多。奥尔良公爵的书记官,米兰人安布罗斯·德·米利斯,曾给贡蒂埃·柯尔一封拉丁文书信,在信中这位廷臣劝他的朋友退出宫廷事务。这封信被译成法文,出现在阿兰·夏蒂埃的著作中,名为《元老院》,后来罗伯特·加圭又将它译成了拉丁文。

这一主题甚至被一位夏尔·罗歇福尔(Charles Rochefort)在一首长篇寓言诗中敷陈,这首诗名为《宫廷之谴》,后来被认为是勒内王所做。到十五世纪末,让·米什诺仍咏道:

> 宫廷似海,荣名翻涌如波涛
> 羡嫉似风暴雷霆,愤怒掀起
> 争吵,常使船儿翻沉。
> 叛卖在此寻常事,
> 游往他方寻欢乐。

十六世纪时,这个主题已变得不再新鲜。

对乡野生活和田间劳作的称颂大多并非是真正向往简朴与劳作本身,也不是向往它们所带来的安全与自由,这一理想的真正内容是对自然的爱情的向往。田园理想只是性爱思想采取的田园形式。就像英勇的梦想构成了骑士精神的基础一样,乡村的梦想也不仅仅是一种文学的类型,它体现出变革生活的渴望。它并不止于描写牧羊人的

中世纪的衰落

纯真而自然的生活。人们还希望模仿它,如果不是在实际生活中,至少也要在优雅的游戏中。在厌倦了虚幻的爱情观念之后,贵族们在田园理想中寻找一种补救方法,纯真、易得而又自然、快乐的爱情似乎只存在于村人之中,他们的爱情是真正值得羡慕的幸福。这样,隶农就成了理想的典型。

古老的乡村生活形式还是满足了衰落的中世纪时人们的愿望。人们感到没有必要随着现实生活的变化去改变田园的幻想。对自然的热情并不意味着真正深切的现实感,甚至也不是对劳作的真诚的喜爱。它只是用人造的鲜花来装点优雅的风习,就像人们以前扮演兰瑟洛特和吉内维尔一样,人们现在扮演着牧羊童和牧羊女。

在《牧羊曲》这种描写骑士与乡村少女的轻松冒险的短诗中,田园幻想仍与现实有着联系。但在田园诗自身,其中的情人或诗人也自认为是牧羊人,与现实的联系便消失了。一切都转变为一幅阳光明媚的图景,到处鸟语宛转,芦笛悠扬,甚至悲哀也变为欢声。忠诚的牧羊人总是极像忠诚的骑士。总的来说,优雅的爱情只是变换为另一种声调。

无论何等虚幻不实,田园幻想仍将爱情与自然和美联系起来。田园诗可以使人对自然有更深切的了解,更浓厚的喜爱。文学中体现出的对自然的情感是田园诗的副产品。除了感受到阳光与阴影、小鸟与鲜花的欢乐时所发出的质朴的欢欣之语外,对山水风光和乡村生活的爱恋的描写逐渐发展了。像克里斯丁·德·比桑的《牧羊人的故事》那样的诗标志着田园诗向新的类型的转变。

这样,田园抒情诗就成为一种新的优雅的娱乐,成为骑士精神的补充。一旦这样被接受下来,它又成为另一种面具。田园诗被滥用于各种娱乐,田园的幻想与骑士的浪漫又混合起来。比武大会也进了田园诗,像勒内王的"牧羊人的决斗"。这些田园装扮即使并非真正用来欺骗人们,至少也被认为举足轻重。夏特兰在他的《世界之王》

第十章 田园生活的梦想

中提到勒内王扮演牧羊人：

> 我曾看到西西里王成为牧羊人，
> 和他的贤妻一起，
> 做着牧羊人的活，
> 带着牧羊人的烟草袋、
> 手杖和帽子，
> 徘徊在羊群旁的荒野上。

另一方面，田园幻想又为政治讽喻提供了一种文学形式。我们难以想象有比《牧羊人》这首长诗更为奇特的作品了，这首诗是一名勃艮第的支持者所作，他在田园诗形式的掩饰下，讲述了谋杀奥尔良的路易的故事，以为让·桑斯·保尔开脱，而发泄对奥尔良的愤怒。两个敌对的公爵分别由特里斯蒂弗和莱昂内特代表，他们身处鲜花簇拥的乡村舞会中。特里斯蒂弗—奥尔良抢掠牧羊人的面包、干酪、苹果、果仁、芦苇和铃铛，并用他的大手杖威胁牧羊人。甚至阿金库尔战役也用田园诗的形式来描写。有人会认为这种风格华而不实，但我们或许不应忘记，阿里奥斯托曾使用同一种风格为他的赞助人红衣主教德·埃斯特辩解，而埃斯特并不比让·桑斯·保尔清白。

田园的因素从未在宫廷的庆典中消失过。它既适宜于化装舞会又适宜于政治讽喻。在这里田园观念又与《圣经》的源头联系起来：君王及其臣民由牧羊人及其羊群代表，统治者的责任则类同于牧羊人的责任。米什诺咏唱道：

> 主人呵，你是上帝的牧羊人，
> 忠实地卫护他的牲畜，
> 引其前往田野或果园，

138

> 但绝不能丢失。
> 你会因不辞劳苦而受酬劳,
> 如果不这样,
> 你就会身披恶名。

表现在现实中,这些观念自然地披上了田园诗的外衣。在大胆查理和约克的玛格丽特于 1468 年在布吕赫举行的婚宴上,一名"中间人"称颂其昔日的公主是"高贵的牧羊女,先前眷护着'就在这儿的'绵羊"。1493 年,在瓦朗西安重建被战争摧毁之地时,"全部是用田园诗的风格"来表现的。甚至在战争中,田园游戏仍保留着。勃艮第公爵置于格兰逊面前的投石炮被称为"牧羊人和牧羊女"。菲利普·德·拉维斯坦与二十四名贵族进入阵地,他们一身牧羊人的穿着,带着牧羊人的手杖和烟草袋。

正像《玫瑰传奇》一样,乡村理想亦因与骑士理想相悖而引发了高雅的争论。有关弗兰克·贡蒂埃主题的大量诗作写了出来:每一个人都声称他向往着干酪、苹果、洋葱、褐色面包和新鲜的水,向往着伐木者自由而无拘束的劳作。但贵族们的生活完全不是这样,而怀疑论者则清楚这一虚幻理想的固有的不实之处。维庸揭示了这一点。在《驳弗兰克·贡蒂埃》中,他反对那个理想化的村人和他那玫瑰下的情人:那个肥胖的教士,摆脱了管束,在舒适的房间中品尝着美酒和爱情,有着广阔的田园和舒适的软床,也许还有弗兰克·贡蒂埃的褐色面包和水?

> 鸟儿均从此地飞往巴比伦。
> 吃着这样的食物,哪怕一天
> 我也不能逗留,一个早上
> 也不能逗留。

第十一章

死亡的幻象

　　从未有哪个时代像衰亡的中世纪那样如此看重死亡的观念。《死的诫言》中长久不息的呼唤回荡在中世纪人的生活当中。加尔都西会修士德尼在他的《贵族生活指导》中警醒贵族道："夜晚入睡前,他应当想想,就在他躺下时,不久那奇怪的手就会将他置入坟墓。"在早先的时代,宗教也不断地关涉死亡问题,但当时那些虔敬的文章只谈及那些业已辞世之人。自十三世纪以来,经过托钵僧的广为传布,人应当记取死亡的永恒训诫的教义亦加入了阴沉的合唱而传遍世界。到十五世纪,传道者的宣讲又增添了新的工具来传播这一可怕的思想,这就是流行的木刻。这两种宣讲的手段,布道和木刻,因其面向大众,效果又粗糙,只能以简单和令人震惊的形式表现死亡。所有昔日的修士们关于死亡的沉思冥想,都浓缩在极为原始的形象中。这些总是能深深打动人心的逼真的形象,只是吸收了复杂的死亡观念中的一点因素,即自然万物的暂存速朽。有时,衰落的中世纪的精神看起来似乎只看到了死亡的这个层面。

　　对于尘世荣名之虚无缥缈的无尽怨责有着各种各样的旋律。我们可以区别出三个主题。第一个是这样一个问题:那些曾在世上辉煌一时的人现在何处? 第二个主题是关于人的美好变得腐朽之后的可怕图景。第三个是死亡之舞(death-dance):死神攫走一切,不分年龄,不分阶层。

　　与后两个主题相比,第一个主题只是悲悯而优雅的悲叹。这一主

中世纪的衰落

题最初在古希腊诗歌中形成,教父们对之进行了改造。这一主题又弥漫在基督教国家的文学中,伊斯兰文学也是如此。拜伦(Byron)就曾在《唐·璜》(*Don Juan*)中涉及这个主题。中世纪对它则别有喜好。我们在十二世纪博学的诗歌中可以听到这一沉重的声调:

> 你的光荣何在,巴比伦?
> 那可怕的尼布甲尼撒,
> 强壮的大流士
> 和闻名天下的居鲁士又在哪儿?
> 雷古卢斯何在,罗慕路斯何在,里姆斯何在?
> 那昔日的玫瑰只空留其名,
> 留给我们的只是空名。

十三世纪的方济各会诗歌(如果下面的诗句不是更早的作品)仍然是这些韵律和谐的六音步诗的回音:

> 所罗门何在,他曾那样高贵,
> 参孙何在,那不可征服的世主,
> 还有面目威严的公正的阿布萨龙,
> 和恬美的约拿单,那最可亲的人?

德尚至少写过四首这种主题的诗歌;热尔松在一篇布道文中论及此主题;加尔都西会修士德尼在他的论文《论人之最后的四物事》中亦有此论;夏特兰在他的题为《死亡的脚步》的长诗中亦是如此。奥利弗·德·拉马歇在他的《女士之装饰及凯旋》中哀悼了他那个时代死去的所有公主王妃。维庸在他的《昔日女士之歌》中用叠句表现出温

第十一章 死亡的幻象

柔的新声：

> 那昔日的纯洁究竟回荡在何方？

然后他在《人主之歌》中又广用反语，对当时的国王、伯爵和诸侯说：

> 呵！那我尚不知其姓名的
> 西班牙的公正的国王。

然而，惆怅的追忆和缥缈的感叹都未能强烈地表达出死亡带来的战栗。中世纪人需要更为具体地表现万物的速朽，即表现腐烂的尸体。

在所有的时代，艺术的沉思都曾停驻在骨骸和蛆虫上。很久以来，怨世悲命之文就曾唤起过对腐烂的恐惧，但只是到了十四世纪，绘画艺术才涉及这一主题。为了表现腐烂的细节，需要现实的表现力，而直到1400年绘画和雕刻才具备这一点。同时，这一主题也自教会界传至世俗文学中。到十六世纪时，坟墓的装饰物已变为裸体尸体的可怖形象，尸体双手紧握，双脚僵硬，嘴巴大张，肠子上蠕动着蛆虫。当时人们的想象力嗜好这种恐怖的形象，以此来表现腐烂怎样停止、终结，而鲜花又怎样在此生长。他们并未看得再远一点。

这种与尘世的死亡关系如此密切的思想很难称得上是真正的虔敬。它更像是对极端淫逸的一种非常规的反动，在表现等待着美好的人体的恐怖形象——这一恐怖早已隐藏在肉体魅力的表面之下——时，这些满怀蔑世之念的讲道者确实表现出唯物论者的情感，即美与幸福都毫无价值，因为它们注定要迅速消亡。因厌弃而遁世弃世的思想并非源自基督教的智慧。

中世纪的衰落

很突出的一点是,虔诚地规劝人们思索死亡的意义与亵渎神灵地呼吁及时行乐,这二者几乎同时并存。在阿维尼翁的一所塞勒斯定(Celestines)修道院中有一幅绘画——现已毁坏,一直被认为是其创建者勒内王的作品——表现的是一个死去的女人的身体,站立着,身上遮着寿衣,头上戴着发饰,肠子上蠕动着蛆虫,在画面下部的题献中写道:

> 我曾美艳超群芳,
> 但死后我竟如此模样,
> 我的肉体曾美丽,
> 清新又柔软,
> 现在已尽成尘灰。
> 我的身体曾怡人又欢快,
> 过去总是身披丝绸,
> 现在则是赤身露体。
> 我曾身穿灰色、白色皮裘,
> 我曾身居崇殿高堂。
> 现在我则寄身棺木。
> 我的居室曾饰满精美的挂毯,
> 现在我的坟墓则挂满蛛网。

在这里"死的诫言"仍占着支配地位。但它已不为人觉察地开始转为女人面对自身魅力消失所发出的哀怨,就像奥利弗·德·拉马歇的《女士的装饰及凯旋》中所写:

> 这甜美的面容,这欢快的眼睛,

第十一章　死亡的幻象

记着,它们会失去光泽。
鼻子和睫毛,动人的嘴唇,亦会腐烂。
……如果你能尽养天年,
六十岁已是高寿。
你的美貌会变为丑颜。
你健康的身体会百病丛生。
你在这条下坡路上会越走越远。
如果你有女儿,
你就是她的影子,
她会被殷勤呵护,
而母亲会被抛掷一边。

144

在维庸的诗歌中,所有虔诚的意义都消失了,在诗中,衰老的妓女夸耀着她先前那不容抵御的魅力,对败落的身姿感到深深的悲哀。

那光洁的前额已成什么模样,
那柔顺的头发,卷曲的睫毛,
顾盼的眼睛,美丽的身姿,
我去哪儿找寻那美妙的一切?
那笔直的鼻梁,大小适中,
那小巧的耳朵,紧贴面庞,
那如花的笑靥,那俏丽的容颜,
还有那美丽的红唇?
……
额头已满是皱纹,头发灰白,
睫毛脱落,双眸无光。

对昔日事物的难以忘怀,还以其他的形式表现出来。中世纪人极为推重某位圣徒身死而不朽的传闻,这也体现着同样的情感,比如维特波的圣罗斯(Saint Rose of Viterbo)的故事。圣处女升天而使身体得免腐烂被认为是所有的天恩中最为珍贵的。在各种各样的场合,人们努力推迟腐烂的时间。彼埃尔·德·卢森堡的尸体各部分被涂上涂料,以完好地保存到葬礼举行。吐鲁宾派的异教传道者的尸体——他死于狱中——在宣判前在石灰中放了两周,以与一名活着的异教妇女一起烧掉。

人们重视埋身于故乡之土,这一习惯日益盛行,教会因其与基督教精神相悖则严加禁止。在十二世纪和十三世纪,一名诸侯或贵胄远在异地去世时,他的尸体常被切开蒸煮以析取骨头,骨头将装于箱中运回故土,而其他的部分则不举行仪式就葬在当地。皇帝、国王或主教均要经历此番处置。教皇卜尼法斯八世(Pope Boniface Ⅷ)因这种做法"实属信徒以恐怖无情的方式所做的野蛮无道之举"而加以禁止。但他的继任者有时则特予嘉许。众多在百年战争中葬身法国的英国人得享此特权,尤其是约克的爱德华和苏弗尔克伯爵,他们均死于阿金库尔。另外还有亨利五世本人、在解放奥尔良之际暴卒的威廉·格拉斯塔、约翰·法斯特弗爵士和他的侄子等人。

中世纪晚期,死亡的幻象就其现代意义而言,可以用一个词来概括,即macabre(可怖的)。当然,这个意义经历了漫长的演化过程。但它所体现出的情感,那种骇人而又忧郁的情感,则确是中世纪的最后几个世纪所兴起的死亡观。这个奇特的词十四世纪时出现在法国,词形是macabré,而且无论其词源学的意义是什么,它都是一个普通的词。让·勒费弗尔(Jean Le Fèvre)的一行诗,"Je fis de Macabré la dance"(这就是死神之舞),可能作于1376年,是我们见到的首次使用

第十一章　死亡的幻象

这个词。

到 1400 年,艺术与文学中的死亡观采用了幽灵与幻想的形式。在对死亡的那种原始的恐怖上又加上了新的逼真的战栗效果。可怕的幻象出自极深的心理恐惧,宗教思想立即就把它变为道德训诫的工具。死亡的幻象由此就具有了一种文化的意义,直到它不再时兴,只保留在乡村公墓的墓志铭和标志物上。

死神之舞的观念是中世纪死亡观的核心。其前身是三个死人与三个活人的母题,这一母题出现在十三世纪以前的法国文学中。三个年轻的贵族突然碰到三个可怕的死人,死人讲述了其辉煌的过去,并警告他们小心那即将到来的末日。艺术很快抓住了这一富有想象力与暗示性的主题。我们在比萨的圣康波教堂的动人的壁画中仍可以看到这一点。在巴黎的英诺森教堂的入口处的雕刻作品——这是贝里公爵 1408 年所刻,但没有能保存下来——体现了同样的主题。而细密画和木刻作品则将这一主题广为传布。

三个死者与三个生者的主题将腐朽的恐怖母题与死神之舞的母题联系了起来。这一主题看来也是源自法兰西,但我们并不了解是绘画的内容先于舞台内容还是相反。埃米尔·马勒先生的论文认为十五世纪的绘画和雕刻作品的主题多半来自戏剧表演,但细究起来未免难为信论。然而,或许我们对死神之舞应作例外看待。无论如何,死神之舞像绘画与雕刻一样存在。勃艮第公爵 1449 年在布吕赫让人在他的宫廷里表演此舞。如果我们能通过那流动在移动着的形象上的光影感受到这种舞蹈的效果的话,我们无疑会更好地理解这一主题所带来的恐惧,这无疑胜过借助吉约·马歇(Guyot Marchant)或霍尔拜因(Holbein)的绘画所获得的感受。

巴黎印刷商吉约·马歇在 1485 年用以装饰其第一版《死神之舞》的木刻版画,极有可能是模仿当时最著名的死神之舞的绘画,即,自

中世纪的衰落

1424年以来装饰于巴黎圣童罹难教堂墓园中的那些作品。马歇所印的那些诗行是写在壁画作品下面的,这些诗句甚至可能回溯到让·勒费弗尔的佚诗,看起来他是个拉丁模式的追随者。1485年的木刻只能提供关于巴黎英诺森教堂绘画的模糊印象,这些木刻并非精确的摹本,这一点通过服装可以得知。为了了解这些绘画的效果,我们更应当看一看拉夏斯—迪乌教堂(church of La Chaise-Dieu)的壁画,这些壁画未能最后完成,从而更加突出了幽灵的效果。

我们看到的那个先后四十次返回引领生者的舞蹈者并不代表死神本人,而是一具尸体:生者即将和他一样。在诗行中这个舞蹈者被称为"死去的男人"或"死去的女人"。这是死者的舞蹈而不是死神的舞蹈。戈登·胡德先生的研究初步表明,其原始的内容是一群来自坟墓的死者的圈形舞蹈,这一主题歌德在他的《死者之舞》(Tatentanz)中也曾涉及。那不知疲倦的舞蹈者就是生者将来的模样,是他自己的一个可怕的影子。"这是你自己。"这个可怕的幻象对每一个观众说道。直到这个世纪末,这个舞蹈者的形象,这具空洞而无肉的尸体,才变为一具骷髅,就像霍尔拜因描绘的那样。死神代替了那个死去的个体。

当死神之舞提醒着观众尘世事物的虚无缥缈的同时,它亦宣讲着中世纪所理解的众生平等,死神对世人一视同仁,不分贵贱职业。最初画中只出现男人,但吉约在出版上获得的成功又使他萌生了可怕的舞蹈女人的念头。马蒂尔·德·奥弗涅写了诗歌;一个不知名的艺术家,没有步前人后尘,在画中描绘了被尸体拖拽的一系列女性形象。现在已不可能列举出四十种女性的等级或职业了。继王后、女修道院院长、修女、女小贩、护士和其他一些女性之后,人们有必要回到女性生活的另一方面:贞女、情人、新娘、新婚妇女、有孩子的母亲。在这儿,肉欲的色彩又出现了,这一点我们在前面曾有论及。在哀悼女性生活的痛楚时,仍是惋惜那短暂即逝的欢乐,而"死的诚言"的沉重声

第十一章 死亡的幻象

调与对逝去的美的追忆又混合在一起了。

没有什么比当时流行的一种信念更能清楚地表露出中世纪人对死亡的极度恐惧,这一广为流传的信念认为拉撒路在复活之后生活在无尽的痛苦和恐怖中,因为他害怕再次经过死亡之门。如果正义的人尚如此恐惧,罪孽深重的人怎样安慰自己?什么母题能比诉说死亡的巨痛更为令人悲恸?这表现为两种传统的形式:善终术和 Quatuor hominum novissima,即"等待着人的最后四重经历",死亡是第一重。这两个主题在十五世纪通过印刷出版物和雕刻广为传播。善终术,与"最后四重经历"一样,体现着死亡的巨痛,在这之中很容易看出上几个世纪教会文学所提供的模式。

夏特兰在长诗《死亡的脚步》中,集中了所有上述的母题。他成功地表现了腐烂的形象——悲悼:那些伟人去往何方?——死神之舞的大致轮廓——以及善终术。因为冗长沉重,他往往需要许多行来表达维庸半行就表现出的内容。但在比较二者时,我们可以发现其共同的模式。夏特兰写道:

> 没有一只手或一个部位,
> 不散发着腐烂的气息。
> 在灵魂消失以前,
> 那欲跳动的心脏,
> 耸起了胸膛,
> 几乎触到脊梁骨。
> ——面容已是苍白失色,
> 眼睛深陷头颅,无法说话,
> 舌间粘着上腭。
> 肌肉颤抖,气喘吁吁。

中世纪的衰落

> 骨头松散，
> 全身筋脉欲挣断。

维庸写道：

> 死神使他战栗而失色，
> 鼻歪眼斜，脉搏狂跳，
> 颈项膨胀，肌肉松弛，
> 关节筋骨胀大难耐。

而肉欲的思想又混入其中：

> 噢，女性的躯体，如此
> 柔软，娴雅，珍奇，
> 那些邪恶也在等着你吗？
> 是的，要不你就活着进天堂。

没有哪儿比巴黎圣童罹难教堂墓地集中地唤起死亡恐惧的形象更为惊人。中世纪人热衷于宗教战栗，灵魂中充满恐惧。尤其对于圣徒来说，追忆墓地中死去的先贤及其痛楚的血淋淋的殉道，能够唤醒原初的同情，这种情感对于中世纪是极为重要的。十五世纪对"无辜受难的圣童"(Holy Innocents)尊崇不已。路易十一赐予这座教堂"一个完整的圣童"，装在一个水晶神龛中，坟墓则另外选址。巴黎的一名主教让人将圣童罹难教堂墓地的少许黄土放入墓中，因为他不能葬在那儿。贫富在埋葬时并无差别。尸体在那儿停放时间并不长，因为公墓使用频繁，二十个教区均有权在那儿下葬。因此，为了腾出地方，就

第十一章 死亡的幻象

必须挖出骸骨,很快将墓石卖掉。人们相信,一个人的尸体在这种土地中九天后会腐烂成骸骨。尸体的头盖骨和骸骨堆放在回廊的停尸间中,三面围着,留出一面供众人观看,向众人宣讲平等的教义。高贵的布西科和其他一些人促成了这些"美好的停尸间"的建成。在回廊下,死神之舞展现着其形象和诗行。没有什么地方比这儿更适合死神的形象了。他貌如猿猴,露齿而笑,拽走伯爵和皇帝,僧侣与傻瓜。贝里公爵想葬在此地,便让人在教堂的入口处刻上三个死者与三个生者的故事。一个世纪以后,这一行葬的标志变为一个巨大的死神形象,现在在卢浮宫中只剩下残迹。

这就是十五世纪的巴黎人常去的地方,它是1789年的皇宫的阴郁的对应物。日复一日,人们穿过回廊,欣赏着画像,浏览着诗文,这使他们想到那即将到来的末日。尽管连绵不断的埋葬与掘尸交替进行,它还是成为一个公众休闲和集会的地方。在停尸房前建起了商店,妓女在回廊下徘徊。一个女隐士被囚禁在教堂的一侧。托钵僧前来讲道,游行常在此地举行。孩子们的游行(据某巴黎市民认为达一万二千五百多名)只在那儿集合,手持蜡烛,将一个"圣童"送至圣母院,然后再回到教堂。甚至宴会也在那儿举行。恐惧竟然变得如此熟悉。

创造一个可见的死神形象,这一愿望要求人们必须忽略其他难以直接表现的因素。这样,影响人们思想的就是比较粗糙的死亡观,且仅仅是这些。死神那可怕的形象并不带有眷顾或安慰的情感,全无优雅之声。那种骇人的情感说到底是自寻的和尘世的。它表现的并不是失去亲人的痛楚,它只是对自身死亡的恐惧,且将死亡视为最为邪恶之事。在那个时代的葬仪中,既没有对幸存者的安慰,也没有对摆脱痛苦的渴望。中世纪人的思想并不知道"神圣而深刻的悲哀",或者只有与"基督受难"相联系才了解这一点。

中世纪的衰落

在对于死亡的阴郁悲叹中,真正温柔的声音是极为罕见的。但在事关孩子的死亡时,这种声音倒并不缺少。事实上,马蒂尔·德·奥弗涅在他的"女人的死神之舞"中,就曾让一个小女孩在被死神攫走时对她妈妈说:"照看好我的洋娃娃,我的骨子儿和我的花衣裳。"但这种动人的声音只是偶尔听到。当时的文学对儿童生活关注得那样少!当安托万·德·拉萨尔(Antoine de la Salle)在《弗兰斯尼夫人之安慰》中试图安慰一个刚失去十二岁儿子的母亲时,他只能引述一个更为残酷的例子:一个孩子作为人质而被杀害这样一个令人心碎的故事。为摆脱悲伤,他所能给予的劝告就是摆脱一切尘世情感。多么空洞而干枯的安慰!拉萨尔又加上了一则短故事。这是一个流行的夭亡的孩子的故事的翻版,这个孩子回到他母亲身边,请她勿再哭泣,这样他的尸衣才能干起来。正是从这个简单的故事中——而不是他自己的创造中——突然产生了诗意的温柔和仁慈的智慧,这是我们在可怕的"死的诫言"的嘈杂之声中未能找到的情感。那些时代的民间故事和民歌无疑保留下了上层文学中所没有关怀过的情感。

那一时期的僧俗两界的主导思想,正像文学中所表现的那样,对于死亡所认识到的只是两个极端:对尘世荣耀之短暂的悲悼,以及灵魂得救的欢呼。所有这中间的一切——痛苦、顺从、向往、安慰——则全未表现,而是为被过分强调、过分逼真的死神那可怕而狰狞的形象所吸收。生者的情感则停滞在骸骨和蛆虫所营造的可憎的意象之中。

第十二章

宗教思想的形象化

中世纪末期,有两个因素支配着当时的宗教生活:宗教气氛的极端饱和状态和显著的以形象表达思想的倾向。

个人和社会生活中处处充斥着有关信仰的各种观念。无论多么微不足道的一件事或一个举动都常常与基督和"拯救"有瓜葛。所有的思考都倾向于以宗教来解释私人私事,宗教活动在日常生活中大规模地开展起来。但这种精神的觉醒却导致了一种危险的紧张的情形,因为那种预设的先验情感有时是潜伏着的,而且不管何时出现这种情况,用以激发精神意识的东西都会沦为骇人的鄙俗的渎神之举,沦为一种披着"来世"伪装的惊人的世俗化。只有圣徒们才能具有智性的态度,其先验诸力从不会失效。

中世纪的精神仍是极朴素和易受影响的,它渴望使每一个概念都具体化。每一种思想都寻求以形象来表达自身,但在这个形象里它固定下来而变得死板起来。由于这种以可见形式表达思想的倾向,所有的宗教观念时刻都面临着僵化成为单纯的形式主义的危险。因为思想一旦具有了一个明确的形象化的形式就会丧失它精微、模糊的特性,而且虔诚的情感也易于消失在这个形象之中。

即便像亨利·苏索(Henry Suso)这样一位高尚的神学家,他那种追求把日常生活里的一举一动都神圣化的愿望,在我们的眼中也是濒于荒谬的。当他遵照世俗之爱的习俗向他的未婚妻、向上帝奉献一个花环和一首歌以庆祝新年和五朔节的时候,他很高尚;或当他出于对圣母玛丽亚的崇敬而向所有的妇女致意,而且为了给女乞丐让路而走进泥地里时,他也很高尚。但对于接下去的事我们会怎么想呢?苏索就餐时以三位一体的名义吃掉了四分之三个苹果,又为了纪念"圣母给她羸弱的儿子耶稣一个苹果吃时的那种慈爱"吃掉了剩下的四分之一,而且为此他是连皮一起吃的,因为孩子们吃苹果不削皮。圣诞节过后他就不吃了,因为那时耶稣年纪太小,还不能吃苹果。因为基督身上有五处伤口,他喝酒时也分五口喝,因为血与水从基督一侧流出,他的最后一口是分两次喝的。这实在是把生活的神圣化推向极端了。

就个人的虔诚而言,这种把宗教观念运用到所有事物上和所有场合中的倾向是神圣生活的深刻根源。作为一种文化现象,此种相同的倾向蕴含着严重的危险。宗教对生活中所有关系的渗透意味着宗教领域和世俗思想的不断的混合。圣物将会变得过于平常,人们难以有深刻的体验。各种宗教仪式、图像、宗教性的解释无止境地增长,严肃的神学家们日益警觉到这一点,因为他们害怕质量会因之相应地降低。我们可以在教会分裂时期和所有宗教改革派的作品中以及议事会的报告中发现重复出现的警告:教会正不堪重负。

彼埃尔·德·阿伊极力谴责礼拜仪式和信仰领域中那些不断被吸收进来的新奇事物,他对它们本身稳定的增长的关注要甚于对他们品性虔诚的关注。神之永备的恩泽的各种标志无休止地增多,大量很特别的祝福式和圣礼一道涌现出来。除了遗迹,我们还发现了护身符。供奉诸神的怪异的神殿日益花样繁多起来。无论神学家们如何强调坚持圣礼(sacraments)和神圣之心(sacramentalia)之间的区分,人们总是把二者混为一谈。热尔松讲述了他如何在奥克塞尔遇到了一个极力主张愚人节和圣母受孕日同样神圣的人。尼科莱·德·克莱芒写了一篇题为《论勿创立新节日》的论文,他在文中指责说这些新的习俗中有一些是不足为信的。彼埃尔·德·阿伊

第十二章 宗教思想的形象化

在《改革》中对教堂、庆典、众神、圣日的数目的增长倍感痛心,他抗议大量的肖像和绘画,礼拜仪式的繁琐,抗议采用新的赞美诗、祷词,抗议守夜和斋戒的增多。简而言之,令他警觉的就是繁琐这种弊病。

德·阿伊说,宗教社团太多了,这导致了习俗的泛滥,导致了排他性以及对抗,导致了骄傲和虚荣。他尤其渴望对托钵僧团加以限制,他对后者的社会公益性提出了质疑:他们的生活不利于麻风病院和医院里的病人,以及其他那些真正贫穷和苦难的人们,而他们才是真正有权行乞的人。把恩泽的出卖者们从教会中驱逐出去吧,他们用谎言玷污了教会并使之荒诞不经。四处都建起了女修道院,但却缺乏足够的经费,这将导向何方呢?

德·阿伊并非在怀疑所有这些活动自身的神圣性和虔诚性,他只是对它们无穷的增长感到痛心,他看到教会已被繁文缛节的重负压垮了。

宗教思想有几乎以机械方式增长的倾向。一个特殊的机构建立起来以负责膜拜圣母玛利亚时的每一细节。为了纪念玛利亚的虔诚,她的七件伤心事,纪念关于她的集体庆典,她的姐妹们——另外两位玛利亚,纪念大天使加百列,纪念我们的上帝家谱中的所有的神,还设有一些特殊的弥撒,后来被教会取消了。宗教习俗自发增长的一个怪例可在每周一次的"无辜圣婴受难日"(Innocents' Day)的仪式中见到。12月28日,伯利恒大屠杀的那一天被认为是不吉利的。这种观念是十五世纪流传很广的一种风俗的起源。这种风俗认为,一年中,前一个"无辜圣婴受难日"所在的那个星期中的那一天是个倒霉的日子。于是,人们每个星期都有一天放弃外出旅行并从事一项新的活动,这一天和这个节日本身一样叫做"无辜圣婴受难日"。路易十一一丝不苟地庆祝此节,英格兰爱德华四世的加冕典礼因发

中世纪的衰落

生在一个星期天而重复举行,因为前一年的12月28日也是个星期天。勒内·德·洛林(Lené de Lorraine)在1476年10月17日不得不放弃一场战斗,因为他的步兵们拒绝在"无辜圣婴受难日"遭遇敌人。

我们发现在十八世纪的英格兰又出现了这种观念的某些痕迹,它招致了一篇反对大众迷信活动的论文。热尔松敏锐地察觉到了这些教义方面的赘疣及威胁宗教思想纯洁的危险之处。他认识到了他们的心理基础。根据他的看法,这些信仰是源于大脑受到某种损伤而引起的想象力的混乱,而前者又是由恶魔似的幻觉造成的。

教会一直很警惕,以防教义的真理和那些大量的易行的信仰混淆起来,而且以防大众想象力的丰富会亵渎上帝。但她能够抗拒这种赋予所有伴随宗教思想的感情以具体形式的需要吗?把无限降为有限,令所有神秘之物土崩瓦解,这种倾向是不可抗拒的。教义所规定的至高无上的神秘之物罩上了一层表面性的虔诚的外壳。甚至对圣餐的深深的信仰也发展成了幼稚的想法。例如,一个人在他听到弥撒的那天是不会眼瞎或突然中风的,或者在他参加弥撒的那段时间里,他的年纪并未增大。尽管教会为大众的想象力提供了如此丰盛的营养,但她却不能够声称要把那种想象力控制在一个健康的、极度虔诚的界限之内。

在这一方面,热尔松的例子是极具代表性的。他写了一篇论文,题为《关于好奇心》,指的是那种渴望探究大自然奥秘的研究精神。但他虽然一方面抗议这种倾向,同时却又对在我们看来不恰当的、可悲的好奇心抱有负罪感。热尔松是约瑟神崇拜的伟大推动者,他对此神的尊崇使他渴望了解有关此神的一切事情。他发掘出了约瑟婚后生活的所有细节,他的节欲、年龄,他得知了圣母受孕的方式。各种艺术易于把约瑟描绘成苦役般的、滑稽可笑的漫画形象,他对此怒不可遏。

第十二章 宗教思想的形象化

在另一篇文章里,热尔松沉浸于对施洗者圣约翰的身体结构的思索当中:团体联系的物质基础是怎样的呢?它既不应过分松散也不应过分紧密。

圣母是否在那次超自然的孕育中扮演了积极的角色?或者还有,要不是由于"复活",基督的身体是否早就腐烂了?这些问题是被颇受欢迎的布道者奥利弗·麦拉尔称作可在听众面前讨论的"美的神学问题"。对于圣母之童贞受孕的争议所导致的神学反思和胚胎学反思的混合,对那个时期的思想的震动是如此之小,因此严肃的神学家毫不迟疑地在布道坛上讨论这个问题。

对多种圣物的熟悉一方面是抱有深深的、真诚的信仰的表现,另一方面,无论与上帝的精神联系何时失败了,它又会招致不敬和好奇心,尽管是真诚的,却导致了对上帝的亵渎。在十五世纪,人们常常供奉着圣母的小型雕像,她的身体被打开了,内中展示三位一体的情景。勃艮第公爵的财产目录中提到了一座金制的、镶有宝石的雕像,热尔松在巴黎加麦尔(Carmelite)修道院中也见到了一座。他为此责怪会友,但不是因为这一奇迹的形象是如此粗糙,令他对这种不敬震惊不已,而是因为把三位一体作为玛利亚的子女来表现的异端之举。

所有生活中都充斥着宗教,这种情形达到了如此的程度,以致人们时常会有看不到精神之物与俗世之物的区分的危险。如果,一方面日常生活的所有细节可以提升到一个神圣的水平,那么另一方面,神圣之物由于和日常生活搅到一起而沦为平庸。中世纪,宗教思想领域和俗世所关注的事物间的区分几乎被抹杀了。在有奖彩券的奖品中,各种纵情娱乐的活动占有一席之地,这种情况时有发生。当一位王子庄严地驾临时,人们可能会看到很多街角里设好的一座座圣坛,里面设有一些镇里的珍贵的圣物箱,同时还交替上演一些异教女神们的哑剧或者喜剧寓言。

在这一方面,再也没有比下列事实更具代表性的了。世俗音乐和圣乐在音乐性质上几乎没有任何差别,直到后来的十六世纪,俗乐还可能被不加区别地运用到宗教方面,宗教音乐又运用到世俗方面。众所周知,吉约姆·杜费和其他一些人创作以爱情歌曲为主旋律的弥撒曲,如"我自得其乐"、"如果我脸色苍白"、"武士"。

宗教用语和俗语之间不断地进行着互换。听到有人把"最后审判日"比做一次结账,就如同以前设在里尔的审计室大门上方写着的诗行里的一句:"接着,和着鼓声,上帝会敞开他宏伟的总账房",没人感到受到了冒犯。

另一方面,一场马上比武大会叫做"武器授予的尽情的放纵",就好像是一次朝觐。由于偶然的巧合,法语中的 mysterium 和 ministerium 合成了"mistère"的形式,而这种同形异义的情况在日常用语中肯定使得"神秘的"真实意义被埋没,因为即使是最普通的东西也可能叫做"mistère"。

159　　虽然宗教象征主义把自然与历史的现实表现为各种象征或拯救的标志,但另一方面,宗教性的隐喻也被借用去表达世俗的情感。中世纪的人们怀着对皇室的敬畏之情,毫不犹豫地运用崇拜的言辞去赞美王侯们。在奥尔良的路易的谋杀诉讼案中,辩护律师让公爵的鬼魂对他的儿子说:"看着我的伤口,察看一下其中尤为残忍和致命的五处。"夏隆地区的主教让·热尔曼在《勃艮第的菲利普的美德之书》一书中毫不犹豫地把蒙特罗的受害者比做基督。当皇帝弗里德里克三世送其子马克西米利安去娶北海沿岸的低地国家的勃艮第的玛丽为妻时,莫林奈把皇帝比做上帝。当布鲁塞尔的人们看到皇帝和马克西米利安、菲力普·勒博乌进入他们的城镇而感情脆弱地流下泪水时,又是同一位作者让他们说道:"看看这圣父圣子圣灵三位一体的景象,他向勃艮第的玛丽献上了一个花环,圣母玛丽亚的这形象是当之无愧的'保住贞操'。"莫林奈补充道:"并不是我想把王侯们奉为神!"

尽管我们可以把这些恭维的套话当做空洞的言辞,但它们仍表现出了宗教性的比喻由于其陈腐的用法而导致了自身的贬值。当热尔松自己也认为,他讲道时的皇室听众是些天国的社会阶层当中比其他人地位更高的守护天使时,我们是不能责备一位宫廷诗人的。

宗教用语运用到性关系方面就迈出了由熟悉走向不敬的一步。这个主题上面已经探讨了。《婚姻的十五种乐趣》的作者选定他的题目以和圣母的快乐相吻合。《玫瑰传奇》的作者用神圣的言辞来描绘"肉体结合之不义及永恒爱恋之错失"。没有一种宗教和恋爱情绪相联系的例子比被归于富凯(Foucquet)所绘的圣母像更触目惊心了。这幅肖像是一幅双联画的一部分。这幅双联画以前保存在梅龙(Melun),现在部分保存在安特卫普,部分在柏林。安特卫普那部分画的是圣母,而柏林那部分画着捐赠人——国王的司库艾提奈·谢瓦利埃和圣斯蒂芬(Saint Stephen)。十七世纪,德尼·高德弗洛艾(Denis Godefroy)记录下了一种传统,当时已经很古老。根据这种传统,圣母具有女皇艾格尼·索洛尔(Agnès Sorel)的特征。谢瓦利埃感觉爱上了女皇,他也没费神去隐瞒,但不管怎样,按照当时时尚的规范,圣母还是要被这样描绘:光润凸起的额头,滚圆的乳房与众不同地高高隆起,腰肢修长。圣母脸上荡漾着诡秘的、难以捉摸的表情,红色和蓝色的正义与智慧小天使将她簇拥,所有这一切都给这幅作品蒙上一种颓废不敬的异教气息,尽管捐赠人自己的雕像是显得那么孔武有力。高德弗洛艾在绿色天鹅绒制成的画框上发现了"E's",它们是用金线和银线制成的相思结串起来的珍珠制成。所有这一切都透出一种为文艺复兴时期的人文主义艺术家所难以超越的渎神气息。

日常宗教活动中的不敬几乎是了无节制的。唱诗班男童们在吟唱弥撒时，居然为不会哼唱一首"亲吻我"、"红玫瑰"的世俗歌曲而感到良心的谴责。

弗里斯兰（Frisian）人文主义者鲁道夫·阿格里科拉（Rodolph Agricola）的父亲的一个惊人的渎神事例被记录下来，在他被选举为修道院院长的当天，他得知其姘妇生了一个儿子，便忘乎所以地说："上帝保佑我，今天，我当了两次父亲。"

十四世纪末，大量的渎神现象在世人中间流布，而这其实也是每个时代都有的情况。德尚在下面的字里行间探讨了这一点：

> 在过去的时代，人们曾经
> 文雅地坐在教堂里，
> 用他们卑微的膝
> 匍匐于祭台边，温顺地仰起裸露的头。
> 而在今天，却像野兽，
> 他们来到教堂，
> 头戴帽子和头巾。

尼科莱·德·克莱芒说，没有人在节日里去做弥撒。他们总是最后才去教堂，而且仅仅止于触摸圣水，在圣母像前鞠躬，或者仅仅去亲吻圣像。如果等待圣餐的上举，他们就引以为自豪，似乎他们已经给了基督好处。牧师和他的助手是晨祷和晚祷时仅有的人。乡绅和他的太太总是很晚才起床并梳妆完毕，牧师只好耐心等他们来了以后再开始做弥撒。热尔松说，最神圣的节日，甚至圣诞节之夜，也会在纵情声色、玩扑克、咒骂和各种渎神的举动中过去。当人们被劝诫时，他们

第十二章 宗教思想的形象化

就举出那些有同样行为并视之泰然无事的贵族和教士们来替自己辩解。克莱芒说,节日前的守夜中居然有人唱起猥亵歌曲,甚至在教堂里也是如此。牧师树立了一个在观弥撒时掷骰子的"榜样"。据说道德家都用一种灰暗的色调去描绘事物,但是在斯特拉斯堡的档案里,我们却发现,议会赠给那些在圣阿道尔夫(St. Adolphus)之夜在教堂里"观祈祷"的人以一千一百升酒作为年礼。

加尔都西会修士德尼应郡长之约写作了一篇叫做《论简朴行程》的文章。郡长问他如何防止由抬着圣物的年度游行所带来的放荡与淫逸。"我们怎样才能制止它?"郡长这样问。德尼回答:"你应该相信,市镇议会不会那么容易被说服取消游行,因为游行为镇上带来了巨大的利益,因为镇上的所有人都必须为游行期间的吃住而掏腰包,虽然市镇议员们知道游行已经因为下流语言、恶劣行为和酗酒而变得臭名昭著。"夏特兰曾对那些抬着圣利维恩(Saint Liévin)神龛前往欧塞姆(Houthem)的根特市游行的队伍的堕落场面作了最生动的描绘。在这以前,他说,知名人士习惯于怀着"深沉、伟大的庄重和尊崇"抬着圣体,但是现在,只剩下粗鲁的暴民和品性恶劣的孩子。他们抬着圣体,又叫又唱,"百般嘲弄,全都醉气熏天"。他们都带有武器,"在经过的路上屡屡犯下罪行,就好像有人允许他们那样做。在那一天,他们以圣体为托辞而为所欲为"。

我们已经讨论过人们在礼拜过程中为争论礼仪问题而导致了怎样的混乱。教堂里男女幽会的现象相当普遍,以至于引起了道德家的愤慨。有德行的克里斯丁·德·比桑在诗中让一个恋爱中的人天真地说:

如果我经常去教堂,
那全是为了能看一眼那美丽的人儿,

> 她鲜艳如初绽的玫瑰。

教会经受着比殷勤的男人向自己心爱的人送圣像牌或跪在她身边这种"爱情礼拜"更严重的渎神威胁。据传教士梅诺称,妓女居然也厚颜无耻地来到教堂里寻觅顾主。热尔松说甚至在教堂里或在宗教节日上,竟会售有淫秽画片。显然,青年人遭到腐蚀,但传道活动并没有防治此种尴尬现象的功效。

至于朝圣,道德家和文学讽刺作家怀着同一种看法。人们经常去朝圣"乃出于娱乐"。拉图尔·兰德利骑士天真地将他们归类于那种怀着世俗乐趣的人。他曾将自己著作的一个章节命名为"论喜欢武斗和朝圣的人"。

尼科莱·德·克莱芒声称:在节日里,人们去到很远的教堂,与其说是为了履行朝圣时许下的诺言,毋宁说是为了自己纵情享乐。对所有形形色色的下流淫逸之事来说,朝圣是一个使用它们得以出现的机遇。拉皮条的行当在那里屡见不鲜,人们都怀着色情的目的来到那里。这种事例在《婚姻的十五种快乐》中十分普遍。那些厌倦闺中生活、渴望奇遇与刺激的年轻妻子们常常耍弄心计使丈夫相信他们的孩子病了,原因是他没有去履行妻子怀孕期间许下的朝圣诺言。查理六世与巴伐利亚的伊莎贝拉的婚姻就是在一次朝圣之后缔结的。这样,那些严厉的"现代虔敬"(devotio moderna)的信徒们对朝圣的作用发生怀疑自然也就不奇怪了。肯佩的托马斯(Thomas à Kempis)说,那些常去朝圣的人罕有成为圣者的。他的一个朋友,黑罗的弗里德里克(Frederick of Heilo),写了一篇专题论文《反对朝圣》。

与神圣事物的过分亲近以及宗教与娱乐的不伦不类的混淆所导致的无节制等各种恶习,是深刻的宗教文化与不可动摇的宗教信仰的

第十二章　宗教思想的形象化

总体特征。那些机械地固守着也许已经堕落的日常例行仪式的人,同样也会偶感于传教僧侣的某一句狂热的传道,而突然沉浸于无与伦比的深沉的宗教激情当中。即使是愚蠢的渎圣罪恶也是深植于深刻的信仰中的。这是一种基于上帝无所不在这一认识上的信仰的倒错行为。只有真正大胆的天堂观念才能赋予渎神行径以一种原罪般的魅力。一旦一个誓言失去其具有的上帝召唤的特性,那么宣誓的习惯随之也就变了质,而仅仅成为一种无意义的沙哑呓语。直至中世纪末,渎神仍是贵族的一种大胆消遣。在热尔松写的一篇文章中,一个贵族对农民说:"什么?你把灵魂交给了魔鬼?你居然去反对上帝?——别忘了你不是贵族!"依德尚之见,宣誓的习惯趋于为那些地位低下的人所有。

> 我否认上帝和圣母,
> 只是说说而已,并无他意。

热尔松说,人们以编织新奇和机巧的誓言聊以打发闲长的光阴,谁在这种不敬的艺术上出类拔萃,谁就被视为大师。德尚告诉我们,所有法国人起先跟着加斯科尼人和英格兰人的风尚立誓,后来又跟着布列塔尼人,最后则是勃艮第人。他作了两首套连的歌词,由所有的誓言组成,按当时的时尚编排成曲,最后以虔诚的箴言结束。勃艮第人的誓言是最糟糕的一种,例如"我摒弃上帝",后来又被低调处理为"我摒弃拯救"。勃艮第人有着最可鄙的立誓者的名声,因为其余的民族,比如整个法兰西,比其他国家蒙受了更多的由这种罪恶而带来的痛苦。甚至僧侣也会为温和的立誓而感到有罪。热尔松和德·阿伊明白无误地吁请政府改善各处的严格制度条令,以向这种邪恶开战,但是同时应实施一种从轻的处罚。事实上,一项1397年的皇家律令重新恢复了1269年和1347年的旧有律令,但是不幸的是同时也加强了割唇、切舌的旧有处罚手段。这样,就使时人亲眼目击了由于不敬而导致的神圣恐怖。但是,显然这种律令很难实行。在法令记录本的边缘空白处,有人记载道:"现在,1411年,所有的誓言都已不受惩治地遍布整个王国。"

有着很长一段忏悔牧师经验的热尔松对渎神罪的心理学本质了如指掌。他说,一方面,有一些惯于立誓的人,虽然有过失,但不是立伪誓的人,因为他们无意于立誓。另一方面,我们发现那些本性纯洁、简单的年轻人总是不可抑制地试图亵渎或摒弃上帝。这让我们回想起约翰·班扬(John Bunyan)。他的病症形式即是"表露出渎神的倾向,特别是放弃救赎利益的份额"。热尔松规劝这些年轻人不要让自己过度地沉湎于对上帝和圣人的冥想中,因为他们缺乏必需的精神力量。

在坦白的亲近和有意识的不敬之间划一条分界线是不可能的。早在十五世纪时,人们便嘲弄别人的虔诚,以显示自己是一个思想自由的人。"papelard"这个词意谓"伪君子",它被那个时代平庸的作家频频使用。谚语这样说:"小圣徒老魔鬼",或者用庄重的拉丁音步表示为"Angelicus Juvenis senibus Sathanizat in annis"。热尔松声称:"因为这种谚语,青年人堕落了。厚颜无耻、下流的语言和咒骂、傲慢的神情与手势被鼓励在孩童中间流行。那么,对这种堕落的年轻人,还可期待他们在老年有什么作为呢?"

他继续说,人们不知道怎样在公开的拒斥与愚蠢的轻信之间选择一条中间的、正确的道路,虽然牧师已经为他们做出了榜样。他们把自己的全部信任献给那些常常是病态的疯子们的狂想上,把它当做神圣的启示和预言。与此同时,那些真正有幸携有神圣启示的圣者却总被曲解。他们或被贴上"骗子"的标签,或被冠以"伪君子"的名分。

第十二章 宗教思想的形象化

从此以后,人们便再也不听任何圣者的话,因为他们都被认为是伪君子。

我们可以常常见到对信仰拒斥的个人表达。垂危的船长贝提萨克对他的同伴说:"我已经参与了我的精神生活。凭良心说,我相信我已经深深地触怒了上帝。因为我很长时间与信仰为敌。我不能够相信关于三位一体的任何文字,或者诸如上帝的儿子竟然屈尊进入到一个凡间女人的肉体中这类说法。我要说,我也相信我们死后没有灵魂……从有自我意识起,我就固持这种见解,我也将固执到底。"巴黎市长于格·奥伯雷奥(Hugues Aubriot)是一个狂暴的憎恨教士者。他不相信祭坛的神圣并对之加以嘲笑;他从不过复活节,也不去做忏悔。雅克·德·克拉克讲述道:几个精神健全的贵族拒绝表现出极度的宗教激情。也许,与其将这种拒斥信仰的个案理解为有意识的异教企图,不如将其理解为一种对产生于过分地负荷了宗教形象与观念的文化中的絮絮叨叨的对信仰的急切吁求的条件反射式的反抗。无论如何,他们都不能与下面这些人联系在一起:文艺复兴时期的有知或无知的异教徒,十三世纪以降的那些粗鲁的伊壁鸠鲁主义的信奉者,或者那些超越了神秘主义和泛神主义界线并拥有极端否定性激情的无知异端。

就信仰本身来说,朴素的宗教良心是不需要理智支撑的。仅仅那些可见的圣物的出现就足以建立起一种宗教真理。怀疑从来不会介入宗教图画雕像的具象(如表示三位一体的人形、地狱的火、不计其数的圣徒)和对这些具象的本质的相信之间。所有这些观念都以一种直接的方式转变成信仰,它们畅通无阻地从具象状态过渡到被笃信不疑的状态,就像清晰地勾勒、生动地点彩的图画一样在人们的心智中扎根,并拥有着所有教会给予它们的(教会规定的)本质,甚至除此之外,

中世纪的衰落

还有更多。

现在,当信仰过于直接地与宗教教理的图画式表现相联系时,它就面临着不能在不同宗教元素的神圣性的性质与程度之间做质的区分的危险。具象本身并不教导人们应该去敬慕上帝和尊崇圣徒,它的心理学功能仅限于创造一种深刻的关于本质的信念和生动的崇敬之情。因此,没完没了地警告那些歧视这种崇敬之情的人,以及通过对那些具象的象征意义的精确解释以保卫教理的纯粹性便自然成了教会的任务和使命。没有其他领域比这种由生动的想象力所导致的宗教思想的繁盛所产生的危险更明显了。

现在,教会成功地教导人们,所有给予圣徒、圣迹和圣地的荣耀都必须有上帝作为其对象。虽然"摩西十诫"第二诫"不许制造偶像"已被新法废除或只单独限于圣父,教会仍然意在保持"无崇拜即无崇拜者"的原则原封不动:偶像只意味着去向头脑简单的人展示什么应被信仰。它们是不识字者的书籍——克莱芒这么说。这种思想被维庸经由其母亲的嘴以优美动人的诗行表达出来:

> 我是一个贫穷的老妇,一字不识;
> 我有生以来便不会读书。
> 在我们这儿的教堂,
> 我看到了画中的天堂,
> 一个有着竖琴与琵琶的乐园,
> 我也看到了地狱,恶鬼在其中煎熬。
> 一个使我恐惧,
> 一个给我欢乐。

大众的想象力不加限制地在圣徒传记里天马行空带来了信仰变

第十二章 宗教思想的形象化

质的危险,但教会却忽视了这一方面。大量出现的旨在迎合头脑简单的信徒的图画式狂想,其实更是一个由于介入了个人对《圣经》的理解和阐释而致使人们从纯粹的教理发生偏离的问题。这不能不是令人震惊的:一丝不苟地恪守教条的教会却对那些由于无知而使自己更加臣服于偶像的人表示了极大的轻信与纵容。热尔松说,这足以证明,他们自己以为自己是在遵照教会行事。

这样,在走向中世纪末的进程中,在大众信仰中便出现了一种对于所有与圣徒有关的极端现实主义的观念。圣徒成为当时宗教的极其真切和亲近的人物,以致与那些更加自然的宗教本能密切相关。当深刻的崇敬仍然集中在基督和圣母身上时,另有一种朴实的信仰已经在圣徒身上悄悄凝聚。一切都旨在使他们呈现得更加亲近和更有人生味道。他们像人们一样穿着打扮。每天,都可以在瘟疫缠身、半死不活的病人和香客中间遇到被称为"救世主"的圣罗柯(St. Roch)和圣詹姆斯(St. James)。直到文艺复兴时期,圣徒的服饰都紧随着时代风尚的变迁而变化。也只有在这个时代,神圣的宗教艺术才给圣徒穿上古典的衣装,拉他们走出大众的粗俗低劣的想象力,而进至一个纯净的地域,在这里,大众的狂想不再玷污教理的纯粹。

有关圣徒的明显是世俗的观念,由于对圣徒遗迹的崇拜而得到加强,这种崇拜不但被教会批准,而且成了宗教不可或缺的一个部分。毫无疑问,这种对世俗事物的虔诚依恋必然将圣徒崇拜拉入粗鲁原始的理念中,继而产生极端的令人震惊的后果。在圣迹问题上,中世纪深沉、直接的信仰从来不担心由粗俗对待圣物所产生的幻灭和渎圣。十五世纪的精神与翁布里亚农民的精神大同小异,这些农民在大约公元1000年时,希望杀死圣罗慕得(St. Romuald)那个隐士,以图得到圣徒的骨头;十五世纪的精神与弗沙诺瓦的僧侣们的精神也大同小异,这些人在圣托马斯·阿奎那死在他们的修道院里之后,冒着砍头、油煎的危险保存了这位圣徒的遗体。在 1231 年匈牙利的圣伊丽莎白的遗体告别仪式上，一群崇拜者撕扯掉盖在她脸上的亚麻布。他们割去了这位圣徒的头发、指甲乃至乳头。1392 年，有人目睹法国国王查理六世在一次严肃的节庆场合散发其祖先圣路易的肋骨。他将全部节庆肋骨都给了彼埃尔·德·阿伊和他的叔父贝里公爵和勃艮第公爵，而仅给牧师一块骨头，这样做是为了将他们区别开来，这都是在宴会后进行的。

很可能正是这种对圣徒过于清晰具体的形象勾画和突出的过于世俗、亲近的特征导致了他们神秘性的缺失。幽灵、奇迹、妖怪和幻影在中世纪构成了一个远离圣徒崇拜的诡秘王国。当然，也有例外，诸如圣米歇尔（St. Michael）、圣凯瑟琳（St. Catherine）和圣玛格丽特（St. Margaret）；还有另外一些例子可以加入这些人的行列。但总的来说，这种捉摸不定的场景总是充满了天使、魔鬼、死神的阴影、白衣女人，但是却从来没有圣徒。按照惯例，那些关于特定圣徒的幽灵故事都被怀疑是已经经过了教会或文学的阐释。对恐惧不安的目击者来说，幽灵没有名字，它们几乎只是一个影子。在著名的 1446 年弗兰肯萨（Frankenthal）的幽灵故事里，年轻的牧羊人"看见"了十四个正义与智慧天使，他们"告诉"这个年轻人说他们是十四个"神圣的殉教者"。基督教的图像志赋予他们以独特的、突出的外表。哪里有原始迷信附着于圣徒崇拜，哪里的圣徒崇拜就往往仍保留着本质上是迷信的、无形的、模糊的特性。比如在根特的圣贝特卢弗个案中，有人听见他在圣彼得修道院里"频繁地大声敲打"棺材的侧壁，仿佛在警告灾祸即将来临。

圣徒的轮廓得到清晰地勾画，他的象征物和面貌特征为人所熟知，他被表现于教堂内的绘画与雕刻上，全无神秘色彩。他不能像模糊的幽灵和无名的闹鬼那样激起无限的恐惧。超自然力量的恐

第十二章 宗教思想的形象化

怖来自于其未知的特性,一旦它们呈现出自身鲜明清晰的轮廓,便失去了令人恐惧的魔力。圣徒亲切的身影能令人产生一种类似于在一个陌生城市看到指路警察一样的慰藉。可以这样说,有关圣徒的复杂观念在两种极端情感之间形成了一块平和和虔敬之净土。这两个极端一方面是宗教冥想的狂喜和对基督的爱,另一方面则是恶魔带来的恐怖。这样断言也许不算冒失:排掉过量的宗教激情和恐怖后的圣徒崇拜像有益健康的镇静剂一样平抑了中世纪过分的虔诚和激情。

圣徒崇拜在信仰的更加外在的表现中有着一席之地。它更加附属于大众狂想的影响而并非神学。有时这种来自大众的影响会剥夺掉圣徒崇拜的庄严色彩。中世纪末那个特别的圣约瑟(Saint Joseph)崇拜在这方面是一个特殊的例子。它被认为是对圣母的狂热敬慕的反面。对约瑟的好奇心是一种来自热情的玛利亚崇拜的反应。圣母的形象变得越来越崇高,而与此同时,约瑟却渐渐降为一个漫画式的人物。艺术家把他打扮成了身着破衣的小丑,正像第戎的米修尔·布罗德兰(Melchior Broederlam)在祭坛后面的双联画上所描绘的那样。比雕刻艺术更明确的文学竟也奇迹般地将他描写成一个滑稽可笑的人物。与把约瑟作为有着崇高荣誉的人去崇敬不同,德尚将他处理成一个辛苦劳动的丈夫的典型:

> 你若是为妻子和儿女劳作的人,
> 就应该将约瑟牢记在心;
> 他为他的妻子劳作,神情黯然又伤心,
> 他保护着襁褓中的耶稣;
> 他背着沉重的包袱用脚前行,
> 有很多地方他都被描写成

中世纪的衰落

一个在骡子旁为人逗乐的人。
而他在这个人间却从没有过欢乐。

接着,还有更加过分的诗行描写:

约瑟经历了贫穷,
当耶稣诞生时又是何等的艰辛与痛苦!
千万次约瑟抱着他,以温良待他和他的妈妈。
他带着他们偎依在他的骡子旁,
——我看见画中的约瑟就是以这一副模样,
走向埃及。

画中的好人已然筋疲力尽,
他身着撕裂的长衫和僧袍,
肩头横着磨光的木棍
人间没有欢乐给他,
但人们却说:瞧,那就是有趣的傻瓜约瑟!

这诗行表明熟悉如何导致了思想的不敬。尽管被给予特别的尊敬,但约瑟仍保持了喜剧式的形象。路德的反对者艾克博士(Doctor Eck)坚持说约瑟不应被搬到舞台上来,至少他不该被演成是"煮麦片粥的"。约瑟与玛丽亚的婚姻总是谜一样地引起探索者的好奇心,其中混合了世俗的猜测和忠实的虔敬。骑士拉图尔·兰德利,一个心智平庸的人,以这样一种方式来向自己解释:"耶稣希望玛丽亚应该与那个正直的老头子结婚,因为耶稣希望自己是婚生的而非私生子,这样便可以符合当时的法律,而免去了不少闲言碎语。"

第十二章 宗教思想的形象化

十五世纪一本未出版的书①探讨了灵魂与天国配偶的神秘婚姻,就像那是一场中产阶级式的婚姻。"如果您高兴的话,"耶稣对圣父说,"我将结婚,并养育一群孩子和亲眷。"圣父恐怕出现不合适的婚配,但是天使劝圣父说这桩婚事配得上圣子。于是,圣父应允,说:

  带走她,因为她乐意
  也适合于爱她的新郎;
  现在你要把大笔的资财,
  赠与你的新娘。

这篇未出版的论文中严肃虔诚的意愿是毋庸置疑的。这是一个由无拘无束的世俗狂想所引起的琐碎无聊的实例。

每一个圣徒,因为具有栩栩如生的外表而呈现着自己的个性,故与天使大相径庭,除了关于三个大天使的一些观念以外,其余天使都没有特定的外貌。每个圣徒的这种个性还被他们的功能所强调。由不同圣徒提供援助的特殊化过程很容易将一种机械的因素导入到对他们的崇拜中去。例如,如果人们专门求助于圣罗柯来对付瘟疫的话,那么他个人在治疗方面所起到的作用几乎不可避免地要受到过分的强调,而正统教义所要求的那种观念,即圣徒只有通过向上帝求情才会治愈瘟疫,便会有销声匿迹的危险。这种情况在"殉教者"的例子中尤为显著,他们的人数通常被说成是十四人,有时候说是五人、八人、十人、十五人。中世纪的末期,人们开始崇拜他们,并流行了开来。

  谱系上有五名圣徒,

> 五名女圣徒,
> 晚年得到上帝承认。
> 无论谁,只要他遇到危险,
> 只要他全心呼救,他就能听见
> 她们在为他祈祷,
> 无论处何逆境。
> 明智的人都会去为那五个圣徒服务:
> 乔治、德尼、克里斯托弗、吉勒和布莱斯。

教会曾经认可了德尚诗文中描写的这种大众信仰,并设立了崇拜"十四副圣徒"(Fourteen Auxiliary Saints)的礼拜仪式。他们执行代人祈祷的义务的特性被这样清楚地表达:"噢,上帝!你拥有出色的圣徒,他们都经由你精心挑选,乔治等等这些圣徒有着高于其他一切人的特权。按照上帝的荣耀的诺言,那些需要圣徒帮助的人们的祈祷,都将得到有益的成全。"这样,圣徒就成为无所不在的神圣的代言人。所以,如果由于这些具有特权的圣徒的缘故而忘记了纯粹的教理,人们将不会受到谴责。向他们作祈祷所产生的速效更加抵消了他们作为代理主教的角色和作用。他们似乎靠代理人的力量行使着神圣的力量。这就是为什么自从特伦特会议以后就将"十四副圣徒"的那个制度废除了。赋予他们的超凡功能导致了粗俗迷信的兴起,例如,相信只要看过圣克里斯托弗像——无论是画像还是雕像——就足以免除余生的不幸结局。这可以解释为什么在教堂入口处有不计其数的圣徒雕像。

至于为什么这组圣徒从所有圣徒中被拣选出来,我们应该注意到,他们中有更多的圣徒是以一些非常引人注目的象征物出现于艺术中的。圣阿却留斯(Saint Achatius)头戴荆棘王冠;圣吉勒身后追随着

第十二章　宗教思想的形象化

一只红色雌鹿;圣乔治由一条巨龙相伴;圣克里斯托弗有着硕大无朋的塑像;圣布莱斯则被表现在一个野兽的洞穴中;圣西里尔牵着一头被锁的恶魔;圣德尼则提着他的脑袋;圣伊拉斯谟被绞机绞去头颅;圣艾什塔克(Saint Eustace)在他的牡鹿的角叉间举着十字架;圣潘塔龙(Saint Pantaleon)有一头狮子;圣维图斯(Saint Vitus)住在大釜中;圣巴巴拉(Saint Barbara)举着宝塔;圣凯瑟琳带着她的长剑和车轮;圣玛格丽特也有一条巨龙紧紧相随。很可能,这十四副圣徒使所得到的特别钟爱至少部分地缘于他们各自形象中引人注目的特点。

有几个圣徒的名字与几种疾病有着不可分割的联系,甚至干脆就是疾病的代称。如许多皮肤病被称作圣安东尼的魔鬼,而痛风则是圣摩尔(Saint Maur)的魔鬼。由于恐惧瘟疫而寻求不止一个圣徒的庇护,圣塞巴斯蒂安(Saint Sebastian)、圣罗柯、圣吉勒、圣克里斯托弗、圣瓦伦丁(Saint Valentine)、圣阿德里安(Saint Adrian)都因有这种庇护力而在礼拜仪式、游行队伍和日修会中备受称颂。这里便隐藏着对信仰纯粹性的新的威胁。每当这种掺杂着恐怖情感的疾病一出现在人们的脑海中,立即便有某个圣徒的形象跳出来。圣徒如此轻易地被当做恐惧的对象,以致那些由于圣怒而导致的灾难便归罪于他了。似乎是圣徒的恼怒,而不是他的神圣的公正导致了恶魔的出现并要求平息恼怒。他既然可以消除恶魔,那他为什么不会是恶魔的制造者呢?这种由基督教伦理向异教巫术过渡的观念显得过于简单和幼稚了。如果不谴责教会对纯粹教理与无知者心智的混淆视若无睹,教会是不会真正负起自己的职责的。

很多证据表明人们有时真的将圣徒视为无序状态的制造者,例如将圣安东尼视为火魔的制造者——尽管这种做法不公平。"让圣安东尼烧死我!""愿圣安东尼烧了那可恶的妓院,烧死那畜生!"这是柯圭拉尔(Coquillart)的文字。同样,德尚也在其诗行中让一些穷汉们说:

149

"圣安东尼抚摸着我身上的火,将他的魔鬼卖给了我。"然后一个患痛风的乞丐喊道:"你不能走路了? 再好不过了,你可以免去劳作,圣摩尔不会令你颤抖!"

对圣徒崇拜无甚敌意的罗伯特·加圭在他的《法兰西乞丐玩笑集》中这样描写乞丐:"一个乞丐跌倒在地,嘴里满是散发恶臭的唾沫,抱怨着造成他潦倒如此的圣约翰。另外几个则浑身溃烂,那是因了隐士圣弗亚克勒(Saint Fiacre)的错。噢,你,达米安(Damian)不让他们喝水,圣安东尼烧了他们的关节,而圣皮佑斯(Saint Pius)又使他们跛瘸、瘫痪。"

伊拉斯谟在其《谈话录》中对这种信仰做了一番嘲弄。一个对话人问圣徒他们在天堂里是不是比在俗世间更残忍。"是的,"另一个人回答,"在天堂的荣耀中,圣徒不会去选择被人污辱的地位。有谁在他们的有生之年比圣考恩琉斯(Saint Cornelius)更温和、比圣安东尼更有爱心、比圣约翰更耐心呢? 现在如果他们被不正当地赞誉,他们将施遣何等恐怖的疾疫啊!"拉伯雷申明,那些处于低层次的牧师在向他们的会众布道时,也将圣塞巴斯蒂安视为瘟疫的制造者,而圣欧却皮乌斯(Saint Eutropius)则是水肿病的制造者。昂利·艾蒂安纳(Henry Estienne)以同样的笔调叙述了同样的迷信。就这样,这种思想被确立起来了。

圣徒崇拜的情感成分由于圣徒形象的形式和色彩而被过分的强调,以致美学意义上的感知成了湮没宗教意义的一个永远的威胁。呈现在圣徒脸上的虔诚、华丽的镀金、奢华的衣饰构成了他们栩栩如生的神情,这一切都被一种极具现实主义的艺术重新建构,但却未给教理反思留下立锥之地。宗教的虔诚是一种突如其来的热情迸发,它无视教会为它规定的界限。在大众的眼中,圣徒是活着的,像诸神一样。这样,就不难想象那些严厉的虔敬者,如共同生活兄弟会和温德斯海

第十二章 宗教思想的形象化

姆修道院的修士们,看到随着圣徒崇拜的发展,大众的虔信面临危险。但是奇怪的是,同样的念头也出现在完全是浅薄、平庸的德尚这类人的头脑中:"不要制作金、银、木、石或铜神像,因那将引起偶像崇拜……我正在抱怨的五颜六色和闪闪发光的金子的美会使无知的人确信那就是上帝,他们就会在教堂里树起众多偶像,怀着愚昧的思想将它们崇拜。这是极其不敬的。总之,让我们摒弃它!""王子,让我们只相信一个上帝,让我们爱慕他的完美,不管何方,都永远这样,所有铁的或石的神一概虚妄,让我们摒弃这赝品!"

也许,我们可以将中世纪末对"护卫天使"崇拜的辛勤传播工作视为对混乱的大众圣徒传奇的无意识反拨。大量有生命力的信仰被具体化到圣徒崇拜之中,因而产生了一种对作为崇拜客体和保护源泉的更具精神性的东西的渴求。这样,虔敬恢复了与超自然的神秘的接触。我们又一次发现了为纯粹信仰而不懈斗争的热尔松不停地推介着"护卫天使"的信仰。但是他仍然需要与不羁的好奇以及想象战斗。因为这种好奇与想象易于使虔敬沉湎于平庸琐碎的无价值的细节中。正是由于与天使的话题发生了联系,一些问题才自行凸现。他们永不会置我们于不顾吗?他们事先知道我们将被拯救,还是堕落?基督有守护天使吗?那些反基督者有吗?那些天使没有幽灵的帮助能和我们对话吗?像恶魔引我们进入绝境一样,天使领我们进入福善之地吗?——热尔松下了结论:将这些精致的玄想留给神学家去!让信仰者只需坚持简单和健康的崇拜。

热尔松之后一百年,宗教改革运动攻击了圣徒崇拜,反对的呼声遍布全部改革地区。巫术与魔鬼的信仰存在于所有新教国家的教士和俗人中间,这自然与圣徒崇拜形成了鲜明对比,使得后者不战自溃。造成这种局面的原因是几乎所有有关圣徒的东西已经变成了"死东西"这一事实。在具象、传说和祈祷仪式中,虔敬已丧失殆尽。它所有的内容也都已清晰地表明,那种神秘的对神圣的无限敬畏早已成过眼烟云,永不复返!对圣徒的崇拜不再植根于玄之又玄的领域之内了。就对恶魔的信仰而言,其根基仍像以前一样极为牢固。

当天主教改革要重振圣徒崇拜时,它的第一个任务就是删简它,要砍掉中世纪的想象和严正规矩的繁茂奢华的枝节,要防止这些东西重绽新花。

---

① *Le Livre de Crainte Amoureuse*, by Jean Berthelemy, Bibliothèque Natiònlle, Ms francais, 1875.

第十三章

宗教生活的种种类型

在研究宗教生活的历史时，我们必须提防过于明确地划分界线。当我们仔细审视狂热虔敬与冷漠嘲讽之间极强烈的对峙时，把它们对立起来将很容易解释它们，仿佛它们分成了明确的集团：世俗的和虔敬的、智识者和无知者、改革家和保守派。但是，这样做的话，我们就不足以考虑人类心灵和文化形式的庞杂性。要解释进入中世纪末期宗教生活中令人惊异的对峙，我们必须由判别宗教禀性的某种普遍失衡开始，描绘出个人和群众都易经受的强烈矛盾和陡然转变。

进入中世纪晚期，法兰西宗教生活普遍呈现为一种非常呆板且常是十分松弛的践行，同时交替倾注着时断时续的炽热虔信。法兰西对于一种虔信主义的特殊形式十分陌生，这种虔信主义形式是隐居者有一小圈热心支持者，我们发现这种形式在尼德兰出现：由肯佩的托马斯所统领的"现代虔敬"。而法兰西并没有给这一运动注入活力的宗教需求，即便热心支持者也没有形成一个特别的组织。他们在现存秩序中找到了庇护，或是他们安于尘世生活，并不与信仰群体区别开来。也许拉丁人的心灵比北方人的心灵更易于忍受世俗生活与虔敬生活的冲突。

这一时期宗教生活所呈现出的所有矛盾中，最不可理解的是对教士公开的轻视，这种轻视看来是贯穿中世纪的一股潜流，与对庄严的僧侣制度的极大尊崇形影相随。大众的心灵尚未完全基督教化，粗野的人不喜欢那些未打过仗的纯洁高雅之士。骑士是勇气与爱情的战士,他们的那种封建自豪感在这里与人的原始本能融为一体。而高层教士的世俗化和低层教士的腐败就不用说了。因此,长期以来,贵族、市民和农奴嘲笑、憎恨那些挥霍无度、大吃大喝的僧侣教士,"憎恨"在此是恰当的词汇,因为憎恨是潜藏的,但又是普遍的和固执的。人们从不倦于听到对教士恶行的控告。一个痛斥牧师状况的布道者肯定会博得喝彩。锡耶纳的贝纳迪诺(Bernardino of Siena)说,一旦布道者开始讨论这一主题,听众们就忘记了其他;当会众们由热诚变得冷漠、昏昏欲睡的时候,再没有比这更能有效地唤起注意了,每个人立刻变得专注而且可爱起来。

轻视和嘲讽尤其对准行乞教士阶层。在《百则新奇逸话》中列举的无聊教士种类,诸如为三个小钱埋首书堆的挨饿的随军教士、允诺保佑家中每时每事并换取食宿作为报酬的告解教士等,都是行乞修士。在一套新年祝愿中,莫林奈吟道:

> 让我们祷告上帝,要雅各宾们
> 吃掉奥古斯丁们,
> 要查密里特们
> 被米诺雷特们的绳带绞死。

同时,行乞僧团的恢复引起了公开布道的复苏。这引发了无度的狂热和忏悔,并给十五世纪的宗教生活打上了有力的印记。

这种对行乞修士的特别憎恨,说明了一种极为重要的观念变化。正规的且教条化的贫穷概念,曾为阿西西的圣方济各所激赏,并为行乞僧所遵循,现在它已不再与新兴的社会感受相协调。人们开始把贫穷当做一种社会罪恶而非信徒德行。彼埃尔·德·阿伊反对行乞修士的"清贫"。英格兰进入中世纪晚期时,比其他民族更早地活跃于经

第十三章 宗教生活的种种类型

济事务。一首怪异而感人的诗篇第一次表达出生产性劳动的神圣性的感受,即《威廉关于耕夫农人的想法》。

而修士与僧侣们的恶习与对他们神圣功能的至深崇敬有很大关系。吉尔伯特·德·朗龙(Ghillebert de Lannoy)在鹿特丹看见一位修士竟抬出《统治汇编》来平息一场纷争。

无知民众宗教生活中的突然转变和强烈对比也重现于有教养的人的宗教生活中。启迪常常来如迅雷,就像圣方济各在日常习读中突然聆听到福音书的言辞。一位骑士听到洗礼仪式的宣讲——也许以前他已听过二十次,但这些词句不可思议的德行突然贯注心灵,他发誓从此往后驱散恶魔,谨记洗仪。让·德·布耶尔在作证一场决斗时,交手双方都申誓其对于圣饼的优先权利,而领头人突然领悟到两者之中必有输者,必将受辱,他叫道:"别发誓了,不过是为一笔五百克朗的赌注而决斗罢了,不必立下誓言。"

对于大领主而言,他们狂欢纵乐的生活的基本不健全性也助长了其虔信的时断时续的特征。由于受到某些触动,他们会是虔诚的,但生活过于纷扰了。法兰西的查理五世有时在最激动人心的时刻放弃狩猎而去望弥撒;贝德福德的妻子,勃艮第的安妮,一会儿反感她骑马时拥挤于旁的巴黎民众,一会儿在午夜离开宫廷游乐会去参加塞勒斯定修会的晨祷。她在看望病院的病人时因不适呕吐而早逝。

在十五世纪的王侯领主中,不止一人表现出既虔诚献身又沉迷声色这几乎令人难以相信的特点。奥尔良的路易,一位奢华欢乐的癫狂追求者,竟然嗜好巫术之魅力,并在塞勒斯定修会的公共大堂中设一小密室,在那儿他经受修道士生活的困苦并履行职责,午夜即起,有时一天去望五六次弥撒。

好人菲利普集热情信仰和世俗性于一身,十分动人。这位公爵以其私生子"不可胜数"著称,他的挥霍无度的盛宴、他的强权政治不亚于其性情之暴烈,但他同时又极其虔敬。他习惯在弥撒后长时间待在他的祈祷室内,一周四天靠面包与水生活,在所有圣母玛利亚及使徒节期前夜的守夜时也是如此。在卢森堡奇袭之后,他总是长时间凝神贯注,特别祈祷感恩,以致他的侍从都在马背上等得不耐烦,因为当时战斗并未结束。公爵则在被告以危险时,答道:"如果上帝愿我胜利,他就会扶持我的。"

伏瓦伯爵加斯东·费布(Gaston Phébus, Count of Foix)、勒内王、奥尔良的路易都呈现出种种极为世俗、常不持重的气质形态,却又伴以一种献身精神,这样就免于伪善或顽固之类的非难。这甚至可以看做是在两个道德极端之间的调和之道,几乎不能为现代心灵所接受。而它在中世纪的可能性则基于支配思想和生活的两种观念的绝对双重性。

十五世纪的人们常将对怪诞华丽的喜好与刻苦的献身结合在一起。用有意义的形式和色彩来装点信仰的渴望,这在宗教艺术作品之外也以其他形式展示出来,有时在精神生活本身之中就能发现。当菲利普·德·梅茨勒在策划其拯救基督教界的"受难骑士团"时,他想象了一套色彩的影像。骑士按阶层分别穿着红色、绿色、猩红色、天蓝色的服装,配以红色十字架和同色的兜帽。骑士首领则着全白色。他的骑士团没有成立起来,也没看到这种壮观场面,但他至少能在巴黎的塞勒斯定修道院满足其艺术趣味,那儿是他晚年的栖所。如果说他作为一个在俗修士所追慕的这种骑士团还相当严肃质朴的话,那么修会教堂、当时的王侯陵墓则极为奢华,所有这些都闪耀着金子和宝石的光芒,是巴黎的至美所在。

从奢侈的虔敬到夸张性谦卑的戏剧性展示,只有一步之遥。德·拉马歇回忆起年轻时曾见到雅克·德·波旁,即那不勒斯的名义之王,因圣柯莱特(Saint Colette)的劝诫而弃绝俗世。这位王者衣衫褴褛,推着一种手推车,"并不异于平常拉粪的那种小车",一位文雅的侍

第十三章 宗教生活的种种类型

从紧随着他。拉马歇说:"我在他去过的所有城镇都曾听人讲述过,他总是那么谦卑地往来进出。"

一些圣者关于自己百年之后的丧事都有详细的说明,显示出同样极端的谦卑。受福的彼埃尔·托马(Pierre Thomas)援引阿西西的圣方济各的例子,摒弃常规而要把自己装入一个大口袋中,以绳绕颈,就这样放在地上等死。他说:"把我葬在唱诗台入口处,这样每个人及狗、山羊都可践踏我的身躯。"他的友人和追慕者——菲利普·德·梅茨勒试图在这种狂热谦卑中走得更远。在他临终时,应由一条沉重铁链环绕脖颈;灵魂升天后,应袒裸着被人拽着脚拖到唱诗台前,置于地上,双手交叉,并用三根绳索缚于一块厚木板上。这副"寄生之躯壳"就如此放置,直至人们最终将其抬入墓穴。厚木板将替代"奢华灵柩,那饰有冒渎的和尘世的外套。要是上帝憎厌他,就会让他死于此世之王侯庭院,并在这不愉快的朝圣者的葬礼上无益地炫示"。他仍应被拖拽着,赤裸的"臭皮囊"被扔入墓穴之中。

人们并不诧于听到这位挚信者明确的说明所表达的某些愿望。在后来,这类细节仍一再重申着。但在他于1405年死去时,却被隆重下葬,穿着一身塞勒斯定修会的僧袍,两行墓志铭,可能是他自己的作品,被刻于墓碑上。

关于神圣的理想一直很单一。十五世纪在这方面没带来什么新灵感。随后的文艺复兴对神圣生活的概念也没什么影响。崇高和神秘在变动的时代中几乎保持着完整,未被触动。反改革的圣徒类型仍是中世纪晚期的那些类型,即使身处转变之中,他们在本质上并不异于前几个世纪的那些人。转变大潮的前后,两类圣徒卓然突出:一类是那些言辞炽烈、行动有力的人,如伊格纳斯·德·罗约拉(Ignatius de Loyola)、弗兰西斯·夏佛尔(Francis Xavier)、夏尔·博罗梅奥(Charles Borromeo)都属于早些时候锡耶纳的贝纳迪诺、约翰·查皮斯特拉诺

(John Capistrano)和圣樊尚·费尔(St. Vincent Ferrer)相同的阶层;另一类是那些内聚于沉思玄想或外现于超常谦卑的人。精神的贫困则有如十五世纪的波拉的圣弗兰西斯(Saint Francis of Paula)和受福的卢森堡的彼特(Peter of Luxembourg),以及十六世纪的阿洛伊休斯·贡查加(Aloysius Gonzaga)。

就一种赋予德行与责任的理想形式以幻想的色彩与热诚的调子的倾向而言,将神圣性的浪漫主义与作为一种中古思想成分的骑士制浪漫主义相类比,并不是没有道理的。很明显,这种神圣性的浪漫主义更多地着眼于奇迹和过分的谦卑苦行,而不是非宗教政策之功德的显赫成就。教会有时也认可伟人的行动复活或纯化了宗教文化,而大众的想象在任何时代都更多地受到超自然或非理性的过激行为的影响。

对我们来说,关注某些特质并非无益。贵族的态度在骑士理念之下,精于纯洁且极为苛求,它奔向神圣崇高生活的理想。法兰西的王侯之家在圣路易(Saint Louis)之后又产生了圣徒布卢瓦的查理(Charles of Blois),其母来自瓦卢瓦家族,他因与布列塔尼的女继承人结婚,而卷入一场持续不断的战争,耗去了他大半辈子。而在与让娜·德·潘赛弗尔(Jeanne de Panthièvre)结婚时,他发誓要聚集武器和公国的军队,这意味着与英格兰支持的傀儡让·德·芒福特(Jean de Montfort)作战。这位布卢瓦的伯爵打赌说,此战好比当时最佳骑士与首领之争。他在英格兰度过九年囚禁生活,于1364年在奥莱(Aurai)去世,其时他正与贝特兰·杜·盖克兰和博马努尔并肩作战。

这位王侯的一生几乎是戎马生涯,而他从年轻时就开始过苦行生活。儿童时期他就刻苦研习启蒙书本,极力阻止享受,认为那对一个未来的战士是不适宜的。后来,他惯于睡在婚床旁的稻草上。在他死后,人们竟发现他甲胄下穿的是苦行者常穿的粗布衬衣。他每夜忏

第十三章　宗教生活的种种类型

悔，说基督徒不应在罪中入眠。作为伦敦的囚犯，他习惯于在进入公墓时屈膝而跪，并说"从内心深入"（De profundis）。他请予应答的布列顿（Breton）乡绅则拒绝了，并说："不，那儿躺着的是烧杀我父母朋友的人。"被释之后，他决定完成一段朝圣之旅。他在大雪中赤足而行，从他曾被俘的拉罗柯—迪壬起程，去往特雷居埃（Tréguier）的圣耶夫（Saint Yves）之墓。民众听闻此事，即以稻草毛毡铺路，但侯爵绕道而行，以致伤脚，数周不能行走。

在他死后，他的王室亲戚，尤其是其女婿，国王的儿子安茹的路易努力使之被认可为圣徒。这一议程始于 1371 年的昂热（Angers），到为他行宣福礼而告终。

如果我们相信弗罗亚沙，那么这位布卢瓦的查理似乎有一私生子。"上述这个布卢瓦的路易面向敌人悲壮临刑，被杀的还有其私生子约翰·德·布卢瓦（Jehans de Blois），以及另外几位骑士和布列塔尼乡绅。"弗罗亚沙弄错了吗？抑或我们可以假设虔敬和耽于声色的混杂不悖，这一现象在奥尔良的路易和好人菲利普身上相当明显，而在他身上则达到了更令人诧异的程度吗？但此类问题并不出现在卢森堡的受福彼得（Blessed Peter）身上，这是不同于宫廷圈子的另一种苦行。这位卢森堡家族的年幼子嗣是法兰西和勃艮第显要支脉之后裔，他动人地呈现出威廉·詹姆斯所称的"低智圣徒"的类型。这是一个浅狭的心灵，仅能生活于细致封闭的狂热领域。他于 1387 年十八岁时死去。他幼年时即负有教会的威仪，十五岁即是梅斯的牧师，不久后即成显贵。我们略去在被认可过程中关于其才智的叙述，可以看出他的人格算是相当虔敬。他有肺病的症状，体貌则强健早熟。他自幼就完全献身苦修，当他兄弟笑时，他严厉申斥，因为福音书只告诉我们，主曾哭泣却未曾笑过。弗罗亚沙说："温顺有礼、平和与纯洁无瑕是最大的必需。他把每日的大部分时间用于祷告。他一生中没有别的,只有谦恭。"首先,他尊贵的双亲试图劝他脱离宗教生活。当他说他希望外出布道时,父母告诉他说:"你太高了,每个人都会马上认出你。你受不了寒,不能随十字军宣道,你怎么能那样做呢?""我明白,"彼得说——在此,他狭小的心灵深处仿佛被照亮了一小会儿——"我相当明白,你们想引我偏离正道进入邪途,但我深信,我一旦如我所愿,我将作为良多,令整个世界都知道我。"

当他的苦行品质克服并根绝了所有诱惑,他的双亲为家中有如此年青的一位圣徒而倍感骄傲。想象一下,这个病儿脏得可怕,且满身跳蚤,被看做睿哲之证明,却身处于贝里和勃艮第放纵奢华的宫廷之中。他总是留心己过,每天在一个小本上记录下来,如果因旅行或其他原因而耽搁,他就会为此疏漏而奋笔数小时。人们常在晚上看见他在如豆烛光下读写他的小本本。他午夜即起,并唤醒随军牧师来进行忏悔,有时他冒昧敲门——他们就伸出聋耳倾听他夜间的呼唤。如果他得一听众,便会从小本本上读出他的过失记录。在他生命晚期,他一日听取忏悔两次,还不许他的忏悔者稍离须臾。在他死后,人们发现了满满一箱子记录过失的小册子。

卢森堡人及其友邻当下就要求认可他为圣徒,国王本人在阿维尼翁提出这一要求,得到巴黎大学和巴黎圣母院全体教士大会的支持。法兰西最大的领主安德烈·德·卢森堡(André de Luxembourg)、路易·德·波旁、恩古兰·德·库西(Engurrand de Coucy)在 1389 年都现场作证。尽管因教皇疏忽,认可并未实现(行宣福礼是在 1527 年),但对卢森堡的彼得的崇敬很快树立起来,奇迹在他的下葬地阿维尼翁不断增多。国王建立了塞勒斯定修道院,其后那是巴黎的典范之地,是高贵的神圣福祉之所,而彼得总是以年轻的面目出现。奥尔良、贝里和勃艮第的公爵为修道院奠基。

另一个案有助于说明王侯和圣徒之间的交往:波拉的圣弗兰西斯

第十三章 宗教生活的种种类型

在路易十一的宫廷。这位国王表现出的独特虔诚形态已广为人知,在此只需粗略一提。路易十一"比以往国王更破费钱财,收买上帝和圣母的福物",表现出粗陋的拜圣物主义的所有品性。他对圣物、对朝圣的激情和过程,在我们看来,几无虔敬或尊敬之意。他常常手持圣物,仿佛它们是贵重药品。在临死之际,他向各处索取不寻常的圣物。教皇送给他圣彼得的圣餐布,土耳其皇帝为他收集许多尚存于君士坦丁堡的圣物。在他床边的桌子上是"圣油瓶",瓶子里装有加冕礼用的圣油,以前这还从未留给兰斯城。依照科米内的意见,国王想让油膏涂遍全身以求神效。为了有别于路易在种种圣物上起的誓愿,圣劳德(Saint Laud)十字架也特地从昂热取来以供立誓之用。这都是墨洛温时代留存的特点。

在他狂热的信拜圣物之中掺有好奇求得的收集欲。他与洛伦佐·德·梅迪奇通信谈及圣泽诺波(Saint Zenobo)的指环和一只"神羔",也就是说,其中之一是吃亚洲羊齿植物纤维的羊种,也被称为西徐亚羊(Agnus Seythicus)或鞑靼羊,具有珍稀的药用价值。在普莱西—勒—图尔(Plessis-lès-Tours),圣人们被传唤来为国王祈祷,并与各类音乐家往来。"当时国王有大量为他带来深婉美妙乐器的演奏者,当他在图尔附近的圣柯斯麦(Saint-Cosme)居留时,他们聚集起多达一百二十人,其中还有许多从普瓦登(Poiton)乡村赶来的牧羊人。他们常在国王宅邸前演奏(但他们见不到他),国王也许乐于把这些乐器当做愉悦和消遣以防入睡。另外,他召集大量虔信的愚男信女、隐士和灵物,不断祈祷上帝别让国王死去,让他再活得长久些。"

波拉的圣弗兰西斯是卡拉布里亚的隐士,建立了小兄弟会,在谦卑上远胜于米诺雷特修会的修道士,故完全为王室收罗,在与那不勒斯王的交道未获成功之后,路易的外交却在教皇的干预下,成功地收罗了这位奇人。一位可敬的护送者坚韧地抵抗其意志,将圣弗兰西斯从意大利护送而来。他那刻苦的苦行主义使我们恍见十二世纪的那些奇异的圣徒们,如圣尼卢斯(Saint Nilus)和圣罗慕德。他不注目妇女,从他年少时起就未摸过一枚钱币。他直立或稍有依靠地睡觉,须发不剃,不吃肉食,只吃树根。国王病时,他曾忍痛为圣者求获食物。"德·加内斯先生,我求你给我柠檬和甜柑,以及马斯卡特梨,还有防风草,这是适于既不吃肉也不吃鱼的圣人的,而你将会给我带来很大的愉悦。"宫廷中人称他"圣人",以致科米内都不知其名,尽管两人常见面。讥笑者和怀疑者也称他为"圣人"。国王本人为其物理学家雅克·柯蒂耶(Jacques Coitier)怂恿,派出细作伏于圣人身边,以探虚实。关于他,科米内慎重地有所保留。尽管他宣称从未见过一个人"过如此圣洁的生活,也无人有如此充满神圣精神的谈吐",他还是下定论说,"他仍是活人,所以他仍会改变,或变得更好,或变得更糟,人们对这位号称'圣人'的隐者的到来予以嘲讽,而我将对此保持沉默"。值得注意的是,饱学的神学家,如杨·斯登多克和让·昆丁,从巴黎来与他晤谈在巴黎建立小兄弟会修道院之事,回去时已满怀崇敬。

十五世纪的王侯在政治事务上常咨询幻术师和苦修之士的意见,这是一桩有意思的事。好人菲利普和他母亲巴伐利亚的玛格丽特向圣柯莱特请教,并请她担当法兰西、萨伏依和勃艮第王室之间争议的仲裁者,勃艮第王室虔诚地坚持要求认可她为圣徒。

更重要的是加尔都西会修士德尼在公共领域的活动。他也时常与勃艮第王室接触。由于害怕日益迫近的灾难,如土耳其人对罗马的征服,他力主公爵组织一支十字军,他在盖尔德斯(Gueldors)公爵父子间的冲突中发表过意见。无数贵人、教士和市民都到他鲁日蒙德(Ruremonde)的寓所向他请教。在那儿,他还常常致力于解决道德是非上的疑难问题。

里克(Rickel)的加尔都西会修士德尼,是中世纪末期宗教狂热最

第十三章 宗教生活的种种类型

完全的典型。他的心性范围和多方面的能力令人难以置信。作为一个神学作者,他对于神秘的传达、坚忍的苦行主义、持续的幻觉宗教和神启都投入了巨大的精力。他的著作有四开本的四十五卷,所有的中古神学仿佛众河归一般在他身上汇合。"读了德尼就是读了一切",十六世纪神学如是说。他总结,他定论,但他并不创造。所有他的前辈们的所思所想,在他这儿以简明的风格重述。他独力完成所有著作,一再修订、增补、说明。在临终时,他坦然搁笔,"现在我将进入安然缄默之憩园"。

他从不知休息。每天他都背诵《圣经》诗篇,或完整地背诵,或从一半或从任一词开始。他不停祷告,或在穿衣时,或在投身其他事业时。当别人晨祷之后再次入睡,他依然醒着。为免于种种不便的束缚,他袒露强壮高大的身体。他会说他有一个铁头,一个铜胃。他专挑腐烂的食物吃。

他所成就的庞杂的神学沉思玄想并非宁静平稳的学究生活的产物,而是来自紧张的情绪和激烈的冲击。幻象和神启充满了他的日常经验。迷狂在各种场合降于其身,尤其是在他听音乐时,有时则在听取他明哲意见的显要友人的面前。他幼年在月亮朗照时就起身,以为是上学的时候。他是个口吃患者。他曾看见一死妇屋中充满恶魔,即扔出手杖击打它们。他常与死者交谈。当问及他是否常见亡灵出现时,他答道:"是的,见过数百次。"尽管他常有超自然的经验发生,但并不喜欢谈论它们,并羞于负有"迷狂博士"的美名,这是人们称赏其迷狂而加于这位伟大神学家的。

加尔都西会修士德尼的伟大形象,也未能比路易十一的"奇迹创造者"更能逃脱猜疑和揶揄。尘世的诽谤污蔑包围了他的一生。对于当时最高的宗教显现,十五世纪的心性态度中同时包括了渴慕和怀疑这二者。

第十四章

宗教感受和宗教想象

192　　远自圣贝尔纳(Saint Bernard)温和的神秘主义起,十二世纪就开始倾向于基督受难的悲惨一面,中世纪心灵的宗教感受一直在增强着。人们的心灵中渗透了基督和十字架的观念,幼年的敏感心灵就被灌输了十字架的形象,这股忧闷之情如此强盛,以致遮掩了其他一切影响。当让·热尔松还是孩童时,他父亲就让他背抵墙而立,双手张开,说:"孩子,那拯救你的上帝就是这样钉死在十字架上的。"热尔松告诉我们,他父亲的这一举动一直铭刻于他的心中,随年岁增长而弥深,直至老年,他都为此祝福他那已死于举荣圣架节(Exaltation of the Cross)的虔诚的父亲。圣柯莱特四岁时,就每天听其母祷告悲叹或为基督的受难哭泣,并经受着侮辱、打击和折磨之苦,这些都凝固于柯莱特异乎敏感的心灵中,以致她觉得,她一生中的每一天都充满着钉于十字架之时的沉重压抑。当读到基督受难时,她痛苦不堪。

　　布道者有时会中断讲话而默立,手臂以十字架形式伸开,并保持这姿势达一刻钟之久。

　　人们心中满是关于受难的观念,以致与此相似的细微物事就会泛起有关基督战栗的回忆。贫苦修女负薪去厨房,就想象自己正背负着十字架;无知无识的洗衣妇带桶去饲料槽或洗衣房,就想象来到了基督降生的马厩。

193　　这种极端的宗教感受以种种哭泣显示出来。加尔都西会修士德尼说,献身是一种心灵倾向,它很容易激起虔诚之泪,我们应该向上帝

第十四章　宗教感受和宗教想象

祈求拥有"每日眼泪的洗礼"。它们是祈求者的翅膀,是天使的酒浆,圣贝尔纳说。我们应让自己溶于优雅高贵的眼泪中,为它们准备好,并使自己时时受到超升,尤其是在受难节期间。这使我们想起《圣经》诗篇的话:"我昼夜以眼泪当饮食。"有时它们太轻易地涌出,那么我们宁愿啜泣和呻吟。如果眼泪不涌出,我们也不应勉强,我们应使内心溢满泪水。在其他人面前,我们应避免这些超乎寻常的虔诚表现。

樊尚·费尔羞于每次奉祭圣饼时都热泪盈眶,以致全体会众都哭泣不已。那普遍的哀哭仿佛令人置身于死者之屋。

法兰西的民众热忱并不具有尼德兰那种特别的形式。尼德兰的民众热忱是标准化的,这是指共同生活兄弟会会员的虔诚活动和温德斯海姆会众(Congregation of Windesheim)的教规。这是当时奉行《效法基督》的圈子。荷兰虔信者规定自己遵守的规范,使得他们的虔敬纳入一种程式化的形式,并摆脱了危险的狂热行为,而法兰西的热忱,尽管非常相似,却带有更多的激动和阵发性特点,更容易导致幻想和错乱,情况要不是这样的话,它就不会迅速疲竭了。

热尔松的著述最能使我们注意到这一情况的特点。这位大学校长是他时代中教义和道德的伟大省察者。他那审慎细致而明达的学术心智令人起敬,并适于辨别真正的虔诚和夸大的宗教宣言。这也确实是他心仪的职业。他慈悲、庄严并纯净,一丝不苟地注重良好风范和形式,因此,他常给我们留下谦逊的形象。正因为此,他方能凭其才华从卑劣的环境中升到贵族的心灵。他是一个天生的心理学者,并有良好的风格感受,类似于对正统学说的渴求。

在康斯坦斯会议(Council of Constance)上,热尔松支持荷兰共同生活兄弟会会员而反对格罗宁根的一位多明我会修士(Dominican)指控前者为异端邪说。他仍然充分地意识到了民众虔信过于旺盛会伤及教会的危险,尽管这显得有点奇怪。他经常不赞成在本国宣扬虔信,而要求重视尼德兰的"现代虔敬",在此他脱下了权威的外套。对此的解释是法兰西的虔信没有组织上纪律上的安全保障,以纳入教会所能容忍的范围内。

热尔松说,这个世界已接近终结,仿佛一位年迈昏聩之人,沉迷于种种幻梦和错觉之中,令众人都迷失了真理之路。神秘主义在街巷中流传,许多人耽溺于此,而没有其他适当的发展。过于纵容的放浪、过于延长的守夜斋戒和过于泛滥的眼泪,所有这些都扰乱人们的头脑。要节制、要留心落入魔鬼的陷阱之类的劝诫均告无效。在阿拉斯,他告诉我们,他造访一位妇女,她因反对她丈夫的意愿而连续好几天彻底绝食,这赢得众人的崇拜。他与她交谈,只在她身上发现一种冒渎和妄自尊大的固执,因为她在斋戒之后,吃起来贪婪无餍。她的表情显示出疯狂将临。他还提到一位癫狂妇人的事,她把自己病痛的每一抽搐刺痛都想成是心灵沉沦至地狱的记号。

热尔松并不重视近来广泛谈论的幻觉和神启,哪怕是关于瑞典的布里捷特(Bridget of Sweden)和锡耶纳的凯瑟琳的那些。这类故事他听得太多以致全然不信。某人总是宣称有预兆,自己将成为教皇,某人更是相信自己注定要先成为教皇,然后又变成反基督者,以致他考虑自杀以避此罪孽而拯救基督教世界。

热尔松说,再没有比无知虔信更危险的事了。那可怜的热忱想效法圣母心怀耶稣的狂喜,也强使自己如此迷狂;人们唤起种种想象,却不能区分开真理和愚念,他们把这一切都当做自己兴奋狂热的奇迹般的证据。

专注于宗教沉思也有很多危险,热尔松继续说到,它使人们抑郁或疯狂。他觉察到斋戒和幻觉之间的关联,并洞察到斋戒在巫术实践中所起的作用。

那么,热尔松精妙的心理学所划分的虔敬之人何在呢?什么是神

第十四章 宗教感受和宗教想象

圣且值得称赏的,什么是不被认可的呢？教义学说并未触及此事。对于他这位职业神学家来说,要指出偏离教义是容易的。但他觉得,对待虔敬,应有一种伦理上的考虑来指导我们的判断。而在这个更多分裂、更少审慎融合的时代,这一点被忽视了,变成了一个程度和趣味的问题,以致无善德可言。

中世纪教会容忍许多宗教上的过分言行,只要它们不导致道德和教义上的某种革命性变化。它长期纵容夸大的幻想或苦行,泛滥的情绪尚非危险之源。这样,许多圣徒因其狂热盲信童贞而受人瞩目,圣柯莱特即是一例。她是威廉·詹姆斯所说的"虔诚状态"的一种典型。她极端敏感,既不能近光又怕火热,只能在烛光下生存,她对苍蝇、蚂蚁、蛞蝓之类脏臭之物有一种难以遏制的恐惧。她对性欲的憎恶使她反感那些曾结过婚的圣徒,并使她反对那些失贞的人成为她的信徒。教会还曾赞许这一举动,认为这应受到培养和赞赏。

另一方面,一旦这种守节的狂热不止于自身的纯洁领域,而要求将其原则施于教会和社会生活时,这一感受就变得危险了。偏激者否定有私通关系的教士施行圣礼的效用,对此,教会总是以暧昧的宽泛教义一再否认,并把正式圣礼与施行者的个人品格分开。这使得圣柯莱特知道自己并不足以将此罪恶根除。让·德·瓦伦纳(Jean de Varennes)曾是一个饱读神学典籍的热情布道者,是阿维尼翁的卢森堡枢密主教的神职人员。他看来注定要成为最高的教会神职人员,但他却断然抛弃了所有的圣俸(兰斯圣母院的正规薪俸除外),放弃了远大的生活方式,来到圣里勒(Saintlié)——他的出生地,开始追求一种崇高的生活。"由于他所过的简单、高尚且极为诚实的生活,人们从各地来探望他"。不久他被称为"圣里勒的圣人",被视为未来的教皇、一个奇迹般的存在、上帝的信使。整个法兰西都在谈论他。

在让·德·瓦伦纳身上,要求性贞洁的激情则是革命性的一面。

他将教会的所有罪恶归纳为欲望的罪恶。他一再强调纯贞,这种极端主张不只是针对教士而言。对于私通的教士,他否认其主持的圣礼的效能:这种古老可畏的指责,教会曾不止一次遇到。按照他的说法,一个教士和他的姐妹或一个年轻女人同居一室是不能允许的。此外,他攻击普遍的不道德性,将二十三条不同的罪状都归因于婚姻状态。他要求通奸应按古法惩处,基督如确知通奸女人的罪过,就会下令向她投掷石块。他断言法兰西妇女没有一个是贞洁的,任何私生子都不能过美好的生活并得拯救。他愤慨地劝导人们反抗教会权贵,尤其是反抗兰斯大主教。"一只狼,一只狼!"他对人们喊道。人们太知道这只狼是谁了,不禁兴奋地高呼:"啊哈,一只狼,那高贵的权要,一只狼。"大主教则把让·德·瓦伦纳投入可怕的监狱。

这种愤激导致了对立于教义的反叛性倾向,其缘由则是教会对于宗教想象的过分纵容,尤其是对于圣爱超乎肉欲的想象。这要求热尔松式的心理学敏锐,以便觉察出信仰也会受到危险的道德和教义的威胁。

中世纪末叶宗教生活中最活跃的成分之一,是一种被称为"甜美的神"的精神状态,是对基督愉悦甜美的爱。尼德兰"现代虔敬"的追随者曾对之系统化,并多少使之无害。热尔松并不相信这种爱,曾在其著作《论恶魔诱惑之差别》及其他作品中分析过它。此外,他说:"如果我要列举这种爱的种种愚蠢,一天时间都不够,这实乃一种狂言谵语。这种爱无理且疯乱。"他是由经验知其危险的。他在他的一次经历中认识到这一点。他曾与一位修女有过一种精神上的友谊,起初并无肉体倾向的任何痕迹,也无任何罪过可供猜疑,直至一次分别时,他才意识到这一关系的情欲本质。因此,他从中得出推论,"精神之爱容易沦为完全的肉体之爱",并以此自警。

他说,魔鬼有时以极大的、不可思议的甜美感觉来刺激我们。这

第十四章　宗教感受和宗教想象

很像是虔信的热忱，以致我们追逐这种愉悦总以为是爱上帝，其实只是愉悦和实现了肉体。许多人靠无节制地培养这种感觉来自欺，他们把自己心灵的疯狂兴奋当做神圣热情，这样就可悲地误入歧路。另有些人则奋力以求无知无觉或完全的消极被动，来成为上帝的工具。

这种个人彻底寂灭的感受曾被各个时代的神秘主义者所体会，热尔松作为一个节制审慎的神秘主义支持者，却不容忍这一套。一位女性幻视者告诉他，在对上帝的冥思中，她的精神寂灭了，真的寂灭了，然后又重新创生。"你怎么知道的？"他问她。"我经验到了。"她回答说。这一回答的逻辑荒谬性足以使他证明这类幻想的可谴责的本质。

让这些感受以明确的方式表达出来是危险的。教会也只是容忍它们的想象形式。锡耶纳的凯瑟琳也许会说她的心已被改变成基督的心。而玛格丽特·波丽特（Marguerite Porete）——在巴黎被火刑烧死，是"自由精神兄弟会"教派的拥护者——也相信自己的心灵已寂灭于上帝之中。

对于这些关于人性寂灭的观念，教会所害怕的是其后果，怕它被宗教极端神秘主义者所接受。如果心灵为上帝所吸纳，人就没有意志，不再有罪错，乃至随其肉体欲望行事。多少可怜的无知民众受此教导而堕入极为可憎的放肆之中！每当想起贝加斯人（Bégards）和吐鲁宾人的过分行为，热尔松都感慨精神之爱的危险。他担心真正恶魔般的不恭，像他所提到的：一位贵族曾对加尔都西会修士忏悔，说欲望之罪并不阻碍他热爱上帝，相反，它激励他更急切地寻找并品尝神爱的甜蜜。

只要神秘主义的心荡神移被转化为象征性的热烈的想象，那么，无论其色彩是多么鲜明生动，它们所引起的就只能是一种间接的危险。当它们在图像上变得明确起来，就减少了一些有害性。当时，旺盛的想象力以某种扩展的方式，分散了这一时期最危险的宗教倾向。

它对我们来说会是怪异新奇的。杨·布莱格曼（Jan Bragman），一位荷兰民间布道者，以拟人的形式，把耶稣比作酒徒，而未受惩罚。他看来毫无危险，竟忘乎所以，倾其所有："呵！当爱驱策着他，从高天沦至这底谷，难道他就真的不喝酒吗？"他还看见耶稣在天庭走动，为先知们斟酒，"他们喝得都可以燃着了，大卫捧着竖琴，在桌前踉跄着，就好像他是我主的弄臣"。

不只是滑稽可笑的布莱格曼，就连庄重的吕斯布鲁克（Ruysbroeck）也喜欢用酒徒的形象表现神性之爱。饥饿也常作为一个喻象来表述心灵和基督之间的关系。吕斯布鲁克在《精神婚礼的贺喜》中说："在此开始了一场永恒的从未满足的饥饿，它是一种内在的渴望，追慕爱的力量和创造未来之善的创造精神……那是人中至穷者的经验；因为他们贪食心切，胃口无餍。即使给他们吃喝，也永难满足，因为这种饥饿是永恒的。"在《永恒获救之镜》中，比喻被颠倒过来，饥饿成了基督的："他极为饥饿；他把我们彻底饮用，因为他是一个无餍的贪食者，饥饿无比；他甚至吞食我们的骨髓……首先他准备就餐，由于他的爱，他焚烧我们所有的罪错，然后，当我们被纯化、被爱的火苗烧烤之后，他张开嘴，像一个贪婪的造物要吞噬一切。"

比喻细节上的一点儿小矛盾会使之可笑起来。"你将吃下他，"让·贝特莱密在《爱的敬畏之书》中谈及圣餐，"在火上烤，好好烘焙，别烤焦或烧着了。就好比东方的羊羔在两堆炭火之间烘烤一样，高贵的耶稣也是这样在受难日被置于受难十字架上，被缚于两堆火之间，慷慨死去，带着他对我们心灵和救赎的热心仁爱——他确实是被慢慢烘烤着来救助我们的。"

神恩的注入被描绘成摄纳食物的形象，还被描绘成沐浴的形象。一名修女感到基督血液的汹涌而昏眩，那温暖的红色血液通过五个伤口流入受福的亨利·苏索嘴中并进至他的心房。锡耶纳的凯瑟琳则

第十四章 宗教感受和宗教想象

从基督体侧吸吮血水。其余人,如圣贝尔纳、亨利·苏索、阿兰·德·拉罗柯则饮食圣母的奶水。

布列塔尼人阿兰·德·拉罗柯是位多明我会修士,约生于1428年,他是这种宗教想象的一个典型,既超乎具象也超乎幻象。他是使用念珠的热诚推动者,由这个观点,他创立了"圣母诗篇普世兄弟会"。他对无数幻象的描绘具有过多的性想象的特点,并没有真正由衷的情感。大多数神秘主义的关于饥饿、肮脏和血肉的可怕的激情声调,在此俱告阙如。精神之爱的象征主义经由他之手,已变成一种单纯的机械过程。这是中古精神的式微——我们由此可以直接得出这一观点。

因此,阿兰·德·拉罗柯优美的象征主义显得人为造作。他对地狱的幻觉具有一种可怖的实在性的特点。他看见动物表现出多种罪恶,具有可怕的生殖器,火光冲天,烟笼大地。他看见无耻的妓女衍生悖乱,就吞噬她们,并吐出她们,或又如慈母般亲吻爱抚她们。

这是精神之爱的温和想象的另一侧面。作为幻术之优美甜蜜的必然补充,魔鬼的概念在热诚感悟的语言中寻求表达,人类的想象因而成为一块鬼魅之地。在宁静和"现代虔敬"的温和虔信主义以及衰落的中古精神所产生的黑暗恐怖之间,阿兰·德·拉罗柯构成了其中一环。那种黑暗恐怖是魔法的恣肆,并充分发展成一种致命的神学狂热和严厉仲裁的组成系统。拉罗柯是温德斯海姆修道士和共同生活兄弟会的信友,他于1475年死于他们在泽沃勒(Zwolle)的房舍内。他同时也是雅各布·斯普伦格(Jacob Sprenger)的导师,后者也是一位多明我会修士,是《巫魔之箱》的两作者之一,还是阿兰创立的罗萨雷兄弟会在德国的传播者。

第十五章

衰解中的象征主义

202　　宗教总有转化成图像（images）的倾向。似乎只要赋予其可感知的形式，神秘感就可把握了。以可见之形来崇拜不可名状之物的需要，持续不断地造就着新形象。在十四世纪，十字架和羔羊不再足以表达对耶稣的狂热之爱。另外，对耶稣之名的热爱偶尔也有凌驾于十字架之上的威胁。亨利·苏索把耶稣的名字文在胸口，自诩是一个情人，把所爱之人的名字绣在外套上。在一次催人泪下的布道结束时，锡耶纳的贝纳迪诺点起两根蜡烛，向众人出示一块一码长的木板——天蓝色的底子上，耶稣的金黄色名字为太阳所照闪耀光芒，挤满教堂的教众跪着泪下。这种习俗，尤其随着方济各会的传教士们传播开去。在艺术作品中，加尔都西会修士德尼被描绘成手持木板、双臂高擎的形象。日内瓦的纹章上所刻的冠状的太阳，即源于此种用法。教会当局对此将信将疑，有些议论半是迷信半是崇敬，支持和反对之声同样不绝于耳。贝尔纳迪被传至教廷前，此类标举圣名的举动亦被教皇马丁五世（Martin V）禁止。几乎同时，一种与此类似，也是以具体标志表达对耶稣崇拜的形式，却成功地传入乡间。这就是圣体匣，教会开始也反对此物，除了在"圣体周"外，都禁止使用。后来则把原先的塔形改成光芒四射的太阳，圣体匣变得与那木板十分相似，也像教会反对的那样，刻有耶稣的名字。

203　　象征观念将宗教思想融入了一个巨大的体系——一个每种形象各得其所的巨大体系——之内。如果不是这样，形象的丰富性就会使宗教思想纷纷瓦解，混乱无序。

　　没有比圣保罗的那句格言更能体现中世纪的心态的了："现在我

第十五章　衰解中的象征主义

们是在黑暗中隔窗而望，但此后我们将面面相对。"中世纪人以为，现象界的事物，其功用、意义和位置都将耗散殆尽，但事物的本质却会抵达另一超越的世界。这种想法在日常事物中有更深的意义，我们对此是颇有同感的：雨打密叶、灯映桌台，总会随时唤起宗教信仰之外的意味。这样的感受也具有异样的病态压抑的形式，以致所有的事物都布满了令人困惑的谜面，欲求圆解其意则需不计代价。有时候，它们提供了宁静感和确凿的保证，使我们确信我们的生活，并卷入到这世界隐含的意义之中。感知能力越是凝神于"全一"（the absolute One），就越感到万物生发，也就越容易从对一个清晰瞬间的体察步入到永恒的程式化的信仰之中。"培养我们与造物之力息息相关的感受，我们就更能直近万物。自然的表象并不流变，但其内涵表述却流动不居，它是死的却又是活的，其间差异就好比面对同一个人，是怀着爱心还是麻木漠然。……当我们在上帝中目睹万物，并向他贡奉所有，我们就将领略普遍且超然的意义表述。"①

这就是象征主义生发的心理基础。在上帝那里，没有什么是虚无的，圣英纳勒尤斯（Saint Irenaeus）如是说。所以，确信万事万物之中存在一种先验意义的信念寻求表达自身。言及神性形象，必会关涉到一个恢宏庄严的体系，而所有的事物都由神来获得意义。这个世界就像一个巨大且整合的象征体系一般呈露出来，就好比一座理念构筑的大教堂。这是对世界极富韵味的构想，宛如复调音乐表达的永恒和谐。

有证据表明，在中世纪，象征主义的态度远比因果求证或遗传学的态度更为确凿。但这并不是说，后来形成的把世界看做是一个进化过程的理解模式，在当时完全不存在。中古思想关注事物的原初含义，并力求理解它们。但是，由于缺乏经验方法，甚至也不注重观察与分析，要求证事物的内在联系，就只能借助抽象的推理。所有的观念一个源自另一个,仿佛一张衍生的新网。一株树或一系列谱系的意象,就足以解释因果来源和现状。例如,《正义与法律起源之树》就以树的无数枝丫来比喻那些法规。由于这种粗糙的方法,进化论者认为,中世纪看待事物乃是略取大意、武断而又没有效果的。

就因果方面来看,象征主义的出现就像一次思想的短路。它不是沿着隐逸迂回之路寻求两事物之间的因果关系,而是跳跃式地,不问因果,但求其意义和最终的联系。只有被证实这两样事物具有普遍意义上的共同本质,这样探求出来的联系,才会是令人信服的。用实验心理学的原理来说,就是所有基于相近原因的精神上的关联,都会迅速建立起一种本质而神秘的联系。看起来,这种精神的功用似乎相当贫乏,但是,你从伦理学的角度来设想,就会看到这显示的是具有自身最原初的功效。因为普遍缺乏对于不同概念之间精确分野的感知与把握,由此产生最初的思想的那些特征,所以这些思想有这样的倾向,即将所有与之有关的观念都溶入一件明确的事物之中去。这种倾向就与象征的功能十分接近了。

但是,若不用现代科技的眼光来看,象征主义会更受欢迎。若是我们考虑到,象征主义是与那个被中世纪称为现实主义,又被现代哲学称之为柏拉图式理念主义的概念密不可分地联系在一起的话,我们就不那么觉得其表面上的随意和贫瘠了。

象征中的相似,是建立在共同的特征基础之上的,并预先假定这些特征就是事物的本质。比如在中世纪,看到玫瑰在刺丛中开放,马上就会联想到贞女和殉道者在其迫害者中的傲然荣光。这其中相似性的产生,是因其同样的特征:玫瑰的美丽、温柔,它的纯洁及色彩,正与贞女如出一辙,而花的红色,恰如殉道者之血。但是,如果联结两个象征概念术语的东西是两者都具有的某种共同本质,那么,这种相似性就有了一种神秘的意味。换言之,要是红色和白色的概念不过是基

第十五章 衰解中的象征主义

于物理光量之类的差异,原始人、儿童和诗人们也就不会着迷入神了。

而现在,温柔、美丽与纯洁如其所示,都已成为实体,随之而来的,凡是美丽的、温柔、纯洁的东西,都必是同源共性的,它们在上帝面前都有共同的本质、同样的存在理由和意义。

我们(在学理层面上)指出了象征主义和现实主义的紧密联系,所以我们应当小心,不必过多地考虑二者在一般概念方面的争论。我们都知道,现实主义宣称"普遍性居先",又由本质与先在的意义推出一般观念,它经过一番斗争才得以在中古思想中占据统治地位。无疑,还有唯名论者(nominalist)的存在。但我们似乎不能斗胆宣称,激进的唯名论只是对中古精神之基本倾向的空洞驳斥与反应。在哲学原则上,现实主义与唯名论早已相互作了必要的妥协与让步。十四世纪新的唯名论,即奥卡姆论者(Occamists)或近代人物,只是改变了极端现实意义上的某些不足之处,除了理性的哲学玄想之外,它并未触及此世信仰的相关领域。

由此,我们探讨现实主义的信仰,它主要是一种有关这整个时代的心性态度,而非哲学意见。在这样一种更广泛的思考中,现实主义与中世纪文明有着内在关联,并主宰了思想和形象领域的所有表达方式。毫无疑问,新柏拉图主义强烈地影响了中世纪神学,但这并不是"现实主义"普通思想倾向的唯一原因。就中世纪观念而言,每一原初心态都是"现实主义的",它独立于所有哲学影响之外,对于这种心态来说,每一名称都成为一个实体,并把某一形态投射到天堂之中,而这种形态大多都将成为人间的形态。

所有中世纪意义上的现实主义都导致了一种神人同形同性论。它把一个实际存在归结为某一观念,人们总想目睹活生生的观念,这种效果只能通过拟人化来达到。由此产生出寓言,这不同于象征主义。象征主义表达两概念间的某种神秘联系,而寓言赋予此联系以可见的形式。象征主义是思想的深层的功能,寓言则相对肤浅。它只有助于象征意识表达自身,但同时,它用形象来活现观念,也就增加了一些危险。象征的力量很容易在寓言中丧失掉。

因此,寓言一开始就具有它自己的标准程式、表面结构和具体形象。但中世纪文学却把它当做一个没落古远时代的遗腹子,马提尼乌斯·坎培拉(Martianus Capella)和普鲁登提乌斯(Prudentius)曾是典范。寓言总难免陈腐之气,但它能满足中世纪心灵的极其郑重的渴求。否则,还有什么能解释对这种文体的长久偏好呢?

现实主义、象征主义和拟人化的寓言——这三种思想模式组成光的洪流,照亮了中世纪人的心灵。象征主义对世界的解释,其伦理及美学价值是无法估量的,象征主义还兼及自然与历史,塑造出一个比现代科技可能提供的更具活力的统一体。象征主义想象了一个有着无可挑剔的秩序的世界,有着建筑式的结构、等级森严的层层依附关系。每一种象征关系都含有层次上的差异:两件同等事物之间极难有象征关系,除非它们由较高层次上的第三者才会产生关联。

象征主义思想设想了事物间无穷无尽的关系。每事每物,都可能因其不同的特性而被纳入到各具其意的概念当中,而每一特性,又会有好几种象征意义,甚至多达上千种,这时也就不顾及尊卑了。胡桃可以意指基督,甜果核代表他的神性;绿色多汁的外衣一如他的人性胸怀;木壳之中,镶着那具十字架。如此这般,思想因之而获永久的意义。被逐级膜拜直至最高形态的象征,这些事物因神性的庄严宏大而荣耀于世。每块珍贵的石头,在其自身的华质之外,还会以其象征意义而异彩纷呈。玫瑰与处贞的相似远远不止于诗意的比较,而在于揭示的共同本质。每有观念浮现脑海,象征主义则以其逻辑创造其间的和谐。任一特质都在这种理想的和谐状态中溶化,而传统的概念之严格与精密,也因某些神秘特质的出现而冲淡缓和了。

第十五章 衰解中的象征主义

持续的一致性贯穿着所有精神领域,《旧约》里隐含着《新约》的许多特点,而世俗的历史,则是两者的投射。围绕每一个观念,许多其他观念汇集起来形成一种均匀对称的图案,一如万花筒里之所见。其实,所有的象征都围绕着圣餐的神秘而集聚。在这儿,不止是有象征的相似性,还有同一性:圣餐即为基督,而吃圣餐的牧师,就成了基督真正的墓地。

这个世界本是令人生厌的,象征的意义使其变得可以接受。每一事物、每一特性的异同,都与至上之神存有奇妙的关联,并因此而高贵。波纳温彻拉(Bonaventura)就象征性地把手绢等同于永生一代和圣言之尘形,并等同于与上帝、心灵的结盟。甚至尘世之爱也与神性之爱有着象征的关系。沿此思路,所有个体的苦难都只是神受难的影子,所有德行都是对至善的部分认识。象征主义就这样把个人的苦难与德行提升到普遍的意义上,构设出一个平衡那种强烈的宗教个人主义的有益体系。那种个人主义沉迷于个体拯救——这是中世纪的特征。

宗教的象征主义还提供了多种文化上的优越之处。它使得固有教义的文字变得严格且明晰,象征所构成的繁茂意象也有某种音乐般的美妙,它以其完美和谐弥补了逻辑表述上的缺陷。

象征主义使得宗教概念得以向艺术极大地展示其丰富宝藏,赋予艺术以色彩及有韵味的表达形式,还使艺术具有了朦胧的内涵,由此,那最深沉的直觉感受泛出了难以言传的美感。

但在中世纪晚期,象征主义这种思想模式渐渐呈露出衰解的迹象。以象征关系构造的宏大的宇宙体系已历久而成形。然而,象征的习惯仍然维持着,时不时添加的新形象不过是些呆滞的花朵,象征主义其实一直有一种机械的倾向。一旦它被当做原则接受下来,它也就变成一种劳作的产品,而非热情诗意的表达;还由于某些微妙的原因,它就演变成了思想的痼疾,将思想导向颓败。

象征性一体化的产生多基于数量上的相等。通过大量概念系列之间的联系,我们除了看到这种算术练习之外,就再也看不到别的东西。十二个月与十二门徒,四季之于四福音书,一年就好比基督。还有一大串与"七"有关的固定系列:七种德行与祈祷圣主者的七个恳求、圣灵的七件礼物、七福和七篇忏悔诗。这一大串"七"又与耶稣受难的七个时刻及七件圣事相关联。每一个"七"又用来反照七种致命之恶,这恶又被描述为七种动物和七种疾病。

像热尔松这样的良知导师——上述例子就是引自于他——也倾向于强调这些象征的道德及践行价值。而在阿兰·德·拉罗柯这样的幻想家那儿,则有美学成分大行其道。他的象征性玄想极尽精细之能事,以致多少流于做作。为了使一个象征体系中包含十五和十,以代表一百五十遍万福玛丽亚的祈祷(Ave)和十五遍主祷文的祈祷(Pater)的循环,他向罗萨雷兄弟会修士提出建议,把十一天界与四要素合在一起并乘以十个类型(代表本体、性质等),得出一百五十种天然习性。沿袭此法,用十条戒律乘以十五种德行,凑成一百五十种道德习俗。为了得出十五德行这个数,他在三种神德、四种红衣主教之德之外,又算上七种首要德行,这就有十四种了;还有另外两种:修道生活与忏悔。这样就是十六种,多出了一种。但主教系列中的克制与首要德行中的禁欲是同一的,最后还是得出十五这个数。其中每一德行都是一位在主祷文(Pater Noster)的一个部分中有其婚床的王后。而十五遍万福玛丽亚的祈祷,既代表圣母的十五种美德,又代表十五种宝石;它能避开十五种罪恶,又代表这罪恶的动物。这还可指称别意:满承祝福的一株树上的枝条,一截楼梯的阶梯。这里仅举两例。"Ave"一词既意味圣母的贞洁,又表示钻石;它可避开"傲慢",或代表"傲慢"的狮子。"Maria"一词指她的智慧,也指红宝石,可以避开"嫉妒"及其象征黑狗。

第十五章 衰解中的象征主义

有时,阿兰在他那十分繁复的象征体系中纠缠得也稍嫌过分了些。

事实上,象征主义已经穷途末路了。寻找象征事物或寓言形式,已变成一种毫无意义的智力游戏。浅薄的幻想依赖于单一的类推。神圣事物倒还有些许精神价值。而一旦涉及尘俗或简明的道德事例,象征主义的衰竭就十分明显。在《爱之缘由》中,弗罗亚沙把爱的种种细微之处比做一副钟表的不同组成部分。夏特兰和莫林奈则在政治意象中施展其才,用三种等级代表圣母的资质。帝国的七个选民意指七种美德,在1477年仍向勃艮第家族效忠的阿托瓦和埃诺的五个小镇,则是五个明睿的贞女。实际上,这时的象征主义已本末倒置了,用较高层次的事物来象征较低层次,这些作者们只是用宗教概念作为装饰点缀,以达到提高世俗之事的效果。

热尔松所作的《道德奉献》中,拉丁语法有时与神学混为一谈:名词词组代表一个人,代词则表示他是罪人。此类想法中,最不济的要数拉马歇的《贵妇盛装及凯旋》。在这本书中,每种女性服装都意指一种德行。这个主题,也被柯圭拉尔做过发挥。

> 拖鞋带给我们健康
> 它去除疾病,极富裨益,
> 要对此权威命名,
> 我就称之为人情人性。

由此及彼,则鞋意指爱护和勤劳,长袜与坚毅、吊袜带与决心之间都有了象征关系。

显然,对于十五世纪的人们来说,这种文类并不像对我们这样显得愚蠢。否则,他们不可能对此那么狂热。由此可知,对于衰败中的中世纪心灵,象征主义和寓言还没有丧失它们存活的意义。象征和拟人化的倾向如此情不自禁,以致几乎每有所思,均赋予其形象。每一理念存在都被看做是一实体,每种性质都是本质,它们也就立刻被个人化的想象大加关注。加尔都西会修士德尼在其灵启中,把教会完全看做一种具体形态,仿佛它是再现于舞台上的一则寓言,他的灵启之一还有关未来的教会改革,并恰如十五世纪神学的希冀所求:一个涤除自身罪污的教会。这个净化了教会的精神之美以其超凡脱俗的形式、奇饰异彩的形象呈现于他的幻象之中。另有一次,他看到了毁败的教会:丑陋而虚弱。上帝警示他,教会将要发言,德尼也就真听到了来自体内的声音,就仿佛来自教会本身。假想的形象已足以直接激起联想的渴望,所以寓言并不需要再作详释。宏美的外观足以显示精神的纯洁——在此,思想被纳入了一种意象,就仿佛被纳入了一段旋律。

让我们再回想一下《玫瑰传奇》中的寓言角色。对于我们来说,还得努力勾画一下"美好的迎候"、"痛苦之境"、"谦求者"的形象,而对于中世纪的人们,这些形象本身就有十分生动的审美意义和情感价值,它几乎可以把人们带到那些罗马人抽象设立的神性水平之上,比如"惊悸"(Pavor)、"苍白"(Pallor)和"和谐"(Concordia)等。在衰解的中世纪心灵中,"柔软的思考"(Doux Penser)、"羞愧"(Honte)、"回忆"(Souvenirs)等都被赋予了半神性质。否则,《玫瑰传奇》就不具备可读性了。其中的比喻之一,更是从其原意演变成了具体的意义:爱情用语中的"危险"(Danger),意味着妒忌的丈夫。

寓言常被用来表达一种尤其重要的思想。在向好人菲利普提交的一份强烈政治抗议中,夏隆主教就采用了寓言形式,并在1437年的圣安德鲁日(Saint Andrew's Day)交给了赫定公爵。其内容是:"忍耐之记"被逐出圣国之后,先逃到法兰西,其后又到了勃艮第宫廷,他不但了无慰藉,还饱尝"王侯的侮辱、辩护人的虚乏、侍从的嫉恨、臣民的勒索";他无法顾及

第十五章 衰解中的象征主义

"慎待之侯"之类的原则,不得不抽身远去。简言之,所有政治上的争执都不再形诸报章,而是使用"活剧"的形式。这确实是造成深刻印象的方法,它表明寓言还有某种暗示力量,而这对于现实主义来说则很难做到。

那位"巴黎市民"在他的日记中是一个平庸人物,不修边幅。但一旦涉及那桩恐怖事件——即1418年6月巴黎的勃艮第谋杀者时,他马上改用了寓言形式,"'龃龉'女神原是住在'邪见'塔里,这时她露面了,还惊动了'暴怒'这个疯女人,以及'贪妄'、'狂热'和'报复',她们操起各种家伙,毫无羞耻地驱逐了'理智'、'正义'、'神念'和'温厚'"。他对于所犯暴行的记叙也是用象征手法:"然后,狂暴的'疯狂'、'谋杀'和'杀戮'肆意横行,将能找到的狱中囚犯全部屠戮致死……'贪妄'女神撩起裙子,把系在腰带上的儿女'掠劫'、'偷盗'全都放出。……此后,'疯狂'等人便在'暴怒'、'贪妄'和'报复'等女神指引之下,杀进了巴黎的各个大监狱。"

作者在此为什么要用寓言呢?是为了给他的叙述增添一些肃穆,以区别于他日记中记录一般事件的笔调。他感到有必要严肃地看待这些暴行,它们远不只是个人的犯罪行为。寓言当能表达他的这种悲剧感受。

寓言体正是这样极大地打动了我们,它的力量主宰着中世纪的心灵。也正因为这样,那传统形象被虚幻不实外衣笼罩着的"活剧"中的寓言,还多少可以令我们忍受。十五世纪披挂着它的寓言形象,圣徒们也沾染此习性,并不断为每一思想的表述创造出新的拟人形象。为了给沉溺于宫廷生活的纨绔子弟们讲讲道德故事,夏尔·德·罗歇福尔在其《宫廷之妄滥》中,发明了一套新的拟人形象——如同《玫瑰传奇》中那样。这些暗淡的创制品,如"愚昧的轻信"、"荒唐的炫耀"等,堪称勾画当时贵族的小画像。时代本身并不需要高迈累赘之物,它只需贴身衣裤,而这些寓言的平淡乏味之处正是它们的活力所在。

我们当能理解,人之为人在于他的德行或情感。但中世纪精神却毫不犹疑地展示出完全非个人化的观念。四旬斋的拟人化是一个 1300 年以来就广为人知的典型。我们在一首诗《卡勒塞姆与查勒杰之战》中发现这个主题,后来的皮特·布勒盖尔(Peter Breughel)以此为题,用疯狂的幻想来描绘形象。一则流行的谚语就说:四旬斋的蛋糕烤于复活节之夜。在德国北部的一些小镇上,有一种叫"四旬斋"的玩偶就挂在教堂牧师的席位上,并在复活节前的星期三弥撒时拆卸掉。

那么,人们形成的圣徒观念和纯粹象征拟人形象观念之间有何差异呢?无疑,前者是教会认同的,亦有历史的人物和木石雕像;而后者源于生动的幻想。当然,我们可以质问,"美好的迎候"之类的民众形象是否并不曾像圣巴巴拉和圣克里斯托弗那么真实地出现过。

另一方面,中世纪的寓言与文艺复兴时期的神话体系并无真的不同,反倒互有融合之处。神话角色在文艺复兴前便存在,维纳斯和命运女神(Fortune)并未消失过。而寓言在十五世纪之后很长一段时间内仍有活力,在英国文学中就极为繁盛。在弗罗亚沙、道克斯·森普朗(Doux Semblant)、瑞弗斯(Refus)、丹吉尔(Dangier)和艾斯康迪(Escondit)的诗歌中,都竟相采用阿特洛波斯(Atropos)、克罗梭(Clotho)和拉刻锡斯(Lachesis)之类的神话形象。起初,这些形象不如寓言那么绘声绘色、栩栩如生,除了是古典形象之外,只是显得笨拙暗淡。但渐渐地,文艺复兴的感情带来了彻底的改观。比较起来,寓言拟人已暗淡恍惚,而奥林匹亚和仙女似则更近于古风的诗意荣光,并日渐发扬光大。

象征主义,以及作为其补充的寓言体,最终都变成了一种智力游戏。象征的心智阻碍了因果律思想的发展,因为在前者看来,因果和缘由关系是不重要的。因此,两位杰出人物和两柄剑的神圣象征,一

第十五章 衰解中的象征主义

直封锁了对教皇权威作出历史而公正的评价之路。将教皇和国王比作太阳与月亮,或是使徒赠赐的两柄剑,这对于中世纪心灵来说不啻是强烈的对照;它展示出的是两种力量的神秘根源,并直接确立了圣彼得的优先性。而但丁,为了探究教皇首要地位的历史根源,就得首先排拒象征主义的侵入。

过不了多久,人们一定会意识到象征主义的危险。而寓言的随意乏力,也使得它了无趣味,被搁置一旁,以免妨碍新思想的产生发展。路德痛斥经院神学的杰出人物,如热尔松、波纳温彻拉、吉约姆·杜兰和加尔都西会修士德尼。路德感叹道:"这些寓言考究,真是过于无聊之人的所为。你会觉得玩弄这些空洞寓言的把戏很难吗?谁又会弱智到真的不能一试呢?"

象征主义,正如音乐一样,对于那些难以觉察的隐秘联系的形象化传达,终究不够完美。"眼前是镜中之谜。"人们感到面对一个难解之谜,却仍用一个形象去解释另一个形象,就仿佛要努力辨清那镜中之花。象征主义,好比是在现象界这面镜子前举起的又一面镜子。

---

① 威廉·詹姆斯:《各种宗教经验》(*Varieties of Religious Experience*)第474页。

第十六章

现实主义的效用

216　　所有可考虑的事物都已采用了意象的形态:概念几乎全部依赖于想象而产生。但现在,一种过分系统化的唯心主义(idealism)——这就是现实主义在中世纪的意思——使这个世界的观念造成了某种刻板的印象。理念(ideas),一向被当做整体,并因其与"全一"(the Absolute)的关系而具有德行上的重要性,它很容易在思想天穹的固有星群中安顿自身。局面一旦形成,理念就遵循纯粹演绎的原理应用于分类、亚属和辨异。除了逻辑法则之外,就永难指明分类中的错谬,这也就导致了价值自身运作及系统之确定性上的心灵自欺。

　　在中世纪,人们如想了解事物的本质或理由,他们既不会探究它,去分析其结构,也不去追索其起源。他们只会仰首天空,相信自有理念昭示。如问题牵涉到政治、社会与道德,则第一步就将它归约于其普遍原则。即便是十分琐碎寻常的事物,也得经过这一关。巴黎大学就曾讨论过这样一个问题:"是否可以对预科学位考试征收费用?"校长以为可以。但彼埃尔·德·阿伊则持反对意见,他不凭法律或传统来展开争论,而是从《圣经》中的一条戒律入手:贪婪乃一切罪恶之源。于是他依据纯粹经院式的条文证明前述征课行为实乃亵渎圣职,是异

217　教的、悖离自然与神意的。这也正是我们现代人在阅读中世纪文献时总那么殚精竭虑、难辨其由的原因:他们由天意神辞所指引,一开始就在道德规范和《圣经》条例中迷失了自身。

　　这种深奥系统的唯心主义又处处捉襟见肘。每一行业、爵衔与社

第十六章 现实主义的效用

会阶层,都有一个理想而又界限分明的划分。每一个体要做的就是各尽其能以寄身于此。加尔都西会修士德尼在《论主教之生活及统治》《大教堂教士》等一系列论文中,曾一一道明——主教、大教堂教士、牧师、学者、王侯、贵族、骑士、工匠、丈夫、寡妇、少女、行乞修士——这既是他们的职业责任,也需赖此为生,才能顾及其他。但德尼对道德观念的阐释却抽象而宽泛,他并不因此而将我们带入他提及的那种生活中去。

这种把一切都归约到某一普遍类型上去的倾向,可以看做是中世纪精神的一个根本缺陷,因为这就不能获得辨明和描述个性特点的能力。由此推断,文艺复兴作为个人主义之序幕的这个众所周知的概括确有道理。但说到底,这种比照尚不确切,并容易产生误导。中世纪仍有细察属性特点的能力,人们一定注意到了,中世纪的人们忽视事物间的个性和细微差别,以求能符合一般原则,这种心态趋向是中世纪唯心主义的结果。人们总是有一种急切的需要,尤其想看出普遍的意味,想寻求与"全一"的同一,与道德理想和事物终极意义的结合。重要与否的标准是非个人的,思想不是为了探寻对个体的了解,而是关注着模式、典范与规程。

关涉到世界或生活的每一观念,在一个巨大理念等级体系中有其固定位置,在其中它又与更高和更普遍的秩序中的理念相关联,它立足其中,仿佛臣属。中世纪心灵的正当事务就是分列等级,把所有概念一一展示,仿佛它们是结构严整的庞然大物。因此,为了考察一个概念本身,就须将它从其所属的理念纠结中剥离出来。当有人谴责浮尔克·德·图卢兹(Foulques de Toulouse)不该布施一位阿尔贝根西亚(Albigensian)妇女时,他答道:"我不是在布施异教徒,而是布施给一位可怜的妇女。"苏格兰的玛格丽特——法兰西王后——吻了入睡的阿兰·夏蒂埃,她的辩词是:"我吻的不是一个男人,而是咳唾成珠的珍贵嘴唇。"这是同样的心灵转变,它在高玄的神学思索领域划分出上帝的两种意愿:一种是居先的意愿,意欲拯救众生;另一种则是作为结果的意愿,仅只限于选民。

要不是经验观察的介入,附属与划分的习性将历久而自动失效,会仅仅变得工于计数排列,而无所他事。把主题纳入善恶的范畴是再方便不过的事了。每一罪恶之起因、种类和流毒都有固定的数目。按照加尔都西会修士德尼所说,有十二种愚蠢,每一项都由《圣经》文本和象征符号予以确定并详解,以致整个论述就仿佛一个饰有塑像的教堂入口,罪恶之轻重则从七个方面来考察:于神、于罪人、于事、于周遭环境、于动机、于其性质及后果。然后,其中每一项再被分成八或十四项。另有六个弱点会诱人行恶,如此等等。这种道德的系统化在佛教经籍中也有不同寻常的划分。

如果这些臆想没有指出罪错的严重后果及导致的严厉惩罚,那么,这些过于冗长的分类和罪恶剖析就将导致罪恶意识的弱化,而非应有的增强。所有的道德观念都被过于夸张地使用,它们总处于与严肃神性直接相关的位置,即使最轻微的罪错也事关广宇。没有一颗人类心灵能充分地意识到罪恶是多么严重。圣徒与正义、天国与自然、低等动植物与无机体都为降于罪人之身的报复而哭号。德尼通过细致描绘恐怖形象,极大地惹起了对罪恶及地狱的惊惧。而但丁则以美触及了地狱的黑暗:弗瑞那达(Farinata)和乌戈利诺(Ulgolino)的英雄气概之美、路西法的庄严凝重之美。但那位僧侣缺乏诗人的雅致,他只勾画出一幅煎熬受苦的图景,正是他的笨拙造成了图景的恐怖。他说:"让我们想想吧,一只炽热的炉子,炉中一个永不得释的裸身之人。难道看一眼还不够吗?这个人看上去多么悲惨!想想他如何在这炉中挣扎屈伸,他将如何咆哮呼救,他还是活着的;想想吧,当他意识到这无法忍受的惩罚将永无休止,他该是多么痛苦悲惨啊!"

第十六章 现实主义的效用

可怕的寒冷、可厌的虫螨、恶臭、饥渴、黑暗、锁链、难以言表的肮脏污秽、无尽的哭喊、恶魔的现身，德尼向我们展示的这一切就如同噩梦一场。更不堪忍受的还有心灵的折磨：悲伤、恐惧、永离上帝的空虚、无以表述的对神的怨尤、对受福选民的嫉妒。脑海中翻涌着这种种罪错，而又不自觉地与种种永恒渴慕相对比，这就更把人推向恐怖的极点。

这些细节都出自《初学修女进餐四重唱》一文。这篇文章是温德斯海姆修道院用餐时的必读文章。这真是一种调味品！但中世纪人喜欢的就是剧烈的泻药。他就像一个过久地服用英雄主义药方终归无济于事的病人，只有最猛烈的药剂才有疗效。为了让德行之光独放异彩，中世纪人不厌其烦地做出夸大之举，对一个冷静的道德家来说，这已大可视之为一幅讽刺画了。圣吉勒祈求上帝不要让他的箭伤痊愈，这适可称为此类用心的典范。节制的标准模式是圣徒们总在食物中拌入灰烬，故意睡在妇人身边以考验自身的坚贞和圣洁。圣尼科莱（Saint Nicholas）在节日拒服母乳，而圣夸利柯斯（Saint Quiricus）（一个殉道者，约在三岁或九个月时）拒绝接受行政长官的安抚，而被扔入深渊——如果这些还算不得惊人之举，那就得因其过于年幼而另行分类了。

回过头来，我们就看到，正是占据统治地位的唯心主义使人们领略了那超常剂量的德行之高妙。德行作为理念被接受，其本质中夺人眼目的完美放射光芒，远比其在日常生活中平凡实际的操作要绚烂耀眼得多。

最能体现极端唯心主义者（hyperidealist）心态的基本特征的——这就是中世纪所谓的现实主义——是它那种把具体事物归为抽象概念的倾向。尽管哲学意义上的现实主义从不认可这种唯物（materialist）倾向，并极力避免其后果，但无可否认，中世纪思想时常

220

会屈从于从纯粹唯心主义滑向一种神奇理想的倾向。这时,抽象概念总想变得具体。这清楚地表明,中世纪与一种非常遥远的文化有着纽带关系。

大约在 1300 年,关于基督和使徒们超凡之身的经典条文确立下固定的格式。这种观念本身由来已久,即只要是基督神奇之体——教会——的一员,他也就同属忠贞信仰的行列。但是,十三世纪之前并没有那种方式——由汗牛充栋的典籍层层架构,只有教会才能条陈细列其义。哈勒的亚历山大(Alexander of Hales)最先在技术意义上使用"经藏"(thesaurus)一词,并自此流传下来。教义学说也曾遭到反对,但最终并未失败且传散开来,1343 年的克莱芒六世(Clement Ⅵ)的敕书条令则把它们正式固定下来。这样,经典即采用基督向圣彼得吐露的大写字母形式,并日有所增。由于愈来愈多的人向经藏中求取公正义理,它所具有的价值也就日益提高。

在伦理学中,物质(material)的概念更近于恶而非善。教会一直明确指出,恶不是一个事物或实体。但是,当每件事都同样出现并诱使人们作此构想时,怎样才能防止错谬呢?原初的直觉看到恶的腐败与污秽,必会起而除之,这种直觉由以下原因又日益加强:对罪恶的极端系统化论述、对罪恶的形象再现以及教会本身的感召力量。加尔都西会修士德尼试图使人们意识到,只是为了便于比较,他才把恶称为一种发烧症、一种冷酷卑劣的幽默感,但他徒劳无功——民众思想并不理睬教条主义者的限定。在英格兰,法律术语虽在条规之纯粹性上不及神学要求得那么急切,也还是毫不犹豫地把重罪与败血的概念联系到一块:这就是现实主义概念的自发形式。

另有一个特别之处是,教义本身也要求这种完善的现实主义观念,就是说,也要考虑救世主之血。信仰被物质化了。圣贝尔纳说:一滴珍贵的血液,就足以拯救这个世界,但它也流得太多了,正如圣托马

第十六章 现实主义的效用

斯·阿奎那在一首圣歌中吟唱的那样：

> 虔诚的饲血者,我主耶稣,
> 用你的血液荡涤我吧,我是不洁的,
> 而你的血,一滴就足以把这世界
> 从所有的罪恶中拯救。①

---

① 比较马洛(Marlowe)的《浮士德博士》(*Faustus*)："看,基督的血流向天穹！这血中的一滴就可拯救我。"

第十七章

逾越想象力之局限的宗教思想

222　　想象力总在奋力传达那不可名状之物，要赋予其形状、形象，但却屡屡失效，人们总是为了呼唤"全一"，而寄希望于空间无限延展性的术语，却又屡次失望。自伪狄奥尼修斯（pseudo-Dionysius the Areopagite）起，神秘主义的作者们就已积累了庞大与无限的概念。而要追索万物永恒之因，则是无止境的探寻。神秘主义勉力以求带有暗示意味的意象。加尔都西会修士德尼就说，想象有一座高与天齐的沙山，即使十万年采撷一粒沙砾，这座山最终仍会消失。但是，纵使经历如此的时空变迁，地狱的折磨依然一仍其旧，甚至不会比这世界变化伊始时更接近终点。否则，亡灵们要是得知，沙山竭尽之时将是它们得救之日，那对它们将是多么巨大的安慰啊。

　　为了加深恐惧感，想象力成了可怕的资源，而尘世生活则总被表述得单调无聊。人类语言并不能提供"至福"的景象，它除了刻意加强观念之外，别无他事，只有不充分的至上物。而有了高、宽及无穷的观念又有何益？人们永远不能进而超越意象，那把无限转为有限的制品，也弱化了我们对"全一"的感受。每一种知觉表述总会丧失其当下的力量，每一归属于上帝的特征，也总会有损于他的尊严。

223　　所有时代的不同种族当中，总有精神超越所有意象的艰苦努力。因此，神秘主义可说是普遍永久的现象。但是，对于想象力的依赖并未立刻被全然放弃。种种表述模式的不足已逐渐为人所接受。首先，象征主义的繁复意象被抛弃了，过于具体的教义程式也被避免。但对

第十七章 逾越想象力之局限的宗教思想

"全一之在"(Being)的冥想仍与延展或光的意绪相关联。只是这些意绪转变成了自身的否定性对立面——静寂、虚空、玄渺。然而,这些前前后后的概念,历经转变仍有不足,人们一直试图使它们相反相成。最后,对于神性观念就只能表达成纯粹的否定。

当然,意象遭抛弃的各个成功阶段,实际上并不严格地遵循年代顺序。所有这些都曾为伪狄奥尼修斯(Denis the Areopagite)所涉及。在加尔都西会修士德尼以下一段言论中,我们能发现更多的此类表达模式的汇集。在一次启示中,他听见上帝动怒的声音。"僧侣听到此回声,浑身一凛,感到自己进入巨大光束之中,甜美无比,沉浸于深沉宁静里,他以一种隐秘的无声呼唤,祈求神秘而无处不在的不可以理智接受的上帝:啊,至敬至爱的上帝,您即光明,您的选民沐浴此光芒,安乐地休养生息。您好似至广之沙漠,永难横越,虔诚的心灵在此将涤除杂念,为高处之光所照亮,为神圣之慕拜所激发,超越于是非,泰然于祸福。"

在此,我们先看到了光的意象,然后是安息以及沙漠,最后则是相反相成的对立。神秘主义的想象以一个十分醒目的概念和沙漠的意象相叠加,也就是说,平展的延展性——如同深渊之纵深,或深度的延展性。这种无穷的空间感令人晕眩。德国神秘主义——例如吕斯布鲁克——就极为灵活地运用过这种强烈的意象。

麦斯特·艾克哈特(Master Eckhart)论及"深不可测的、无形无体的、寂寥荒漠的神性"。而吕斯布鲁克说,福祉"是如此浩广,上帝即匿身于所有受福之人中……它无形无知,永失自身"。另一处则是:"紧随其后的是第七层境界……其时,我们达到超越一切知识学问之状态,我们发现我们已处于渊深无底的无知无觉之中,其时,我们忘却万物及上帝之名,我们最终沉浸于永恒无名之状态,我们丧失自身……其时,我们冥思所有受福之精神,它们都天然迷失、狂喜,丧失其超然本质,沉醉于无迹无知的黑暗之中。"

他们总是无望地尝试着废除意象,达到"虚寂的状态,那仅是意象之缺如"——而这才是上帝之所授。"上帝掠空所有的意象,使我们重回原初之所在,在这种状态下,我们只感到荒漠寂寥之全一,无形无象,乃至与恒在同一。"

加尔都西会修士德尼认为,对于上帝的冥想,否定性的表述要比肯定性的更为中意。"因为,当我说上帝是善,是本质,是生命,我好像是说明了上帝是什么,好像他与某一具体之物有着某些相似之处,他好像是确定的。但是,他实乃不可思议、不可知解、不可言喻,他全知全能,难拟难测,并与他的创造物相脱离。"正是这个原因,才称为"融合的智慧":无理性的、迷狂的、愚蠢的。

无论德尼还是吕斯布鲁克,他们都谈到了光转变为黑暗(这一主题始于《旧约》,被伪狄奥尼修斯所发展),并一再谈及无知、无助及死亡,他们从未能逾越意象。

不用比喻的手段,就难以表达一个想法。所有企图超脱意象的努力都注定要失败。只用否定性言辞来谈论我们心底最热切的意愿,并不能满足心灵的渴慕,而当哲学无法表述时,诗歌就再次降临。神秘主义总是从象征主义之繁茂崇高、令人返思的眩晕的高度,来重新探寻道路;而甜美的抒情作品,如先前的法兰西神秘主义者圣贝尔纳以及维克多派(Victorines)的作品,则在所有言述之源耗散殆尽时来弥救资助。色彩和形象的寓言手段在传达内心狂喜时又被启用。亨利·苏索看到他的终身伴侣"恒慧"(Eternal Wisdom)时说:"她飞入高天,缥缈入云,如晨星闪耀,旭日生光;她的王冠永在,她的衣衫美轮美奂,她的谈吐甜蜜,她的亲吻令人喜极;她若隐若现,忽远忽近,时高时低,她仿佛触手可及却又难以把握。"

教会总是担心神秘主义的泛滥,这是有理由的。因为,沉溺于冥

第十七章　逾越想象力之局限的宗教思想

思之烈焰,吞噬种种形式和意象,也就必然会吞卷所有程式、概念、教义和典仪。然而,正是神秘主义传达的本质赋予教会以安全保障。神秘主义要提高狂喜之澄明,要在冥思之孤峰上踟蹰并脱离种种形式和意象。要品味唯一绝对原理的合一,这些对神秘主义来说都是极为难求难得的纯粹神恩的时刻。因此,神秘主义者不得不离开峰顶,确实,仍有极端人士及其追随者"新派赶潮者"(enfants perdus),偏邪古怪,奉扬泛神论。但其他人——正是在这些人中,我们能发现伟大的神秘主义者——并未迷路,他们回到了等待他们的教会里,并以其精明智慧的神奇体系掺入到礼拜祷文之中。它给每个人都提供了手段,使人们在某一特定时刻能极为安全地感知神圣原则,免除了个人越轨的危险性。它精简了神秘主义的冲动,这也是它长久存在的原因,它避免并克服了外在放纵的神秘主义及其危险。

"融合的智慧是无理性的、迷狂的、愚蠢的。"神秘主义的这一路径导向无限并深入到无知觉状态。由于否定所有神性与其名称、形式的肯定性同一,即使是超越的运作也被废弃不用。艾克哈特说:"所有造物只是虚无;我不认为它们有些许存在:它们是虚无。没有本质即虚无。因为所有造物的存在,都依赖上帝的显现。"激烈的神秘主义意味着回返到前一智识水平的心性生活中,而这将使得文化横遭毁灭。

然而,神秘主义依然为文明孕育出丰硕果实,其原因在于它的发展总是逐级上升的,而在其初发阶段,它不失为精神发展的有力因素。冥思玄想要求严格的道德文化完美为前提条件。温文尔雅、节制欲望、简朴、克制和艰苦践行都在神秘主义圈子里营造出一派和平热忱的气氛。所有伟大的神秘主义者都赞美谦卑的劳作和慷慨仁慈。在尼德兰,这些神秘主义的普遍特征——道德主义、虔诚主义,都成了一场十分重要的精神运动的精粹。在神秘主义的酝酿阶段中,含有少量激进成分,却含有大量的广义神秘主义成分——即"现代虔敬"。它放弃追求孤独的受福狂喜的瞬间,而代之以持续的、集体的沉着热忱。这种热忱产生于纯朴的小镇居民与弗莱特豪斯(Fraterhouse)和温德斯海姆修道院的友好交往之中。他们的神秘主义是在具体细节上的。他们只是"一刹那被照亮"。但是,正是在他们当中活跃的这种精神为世界产生了一部作品,这也是衰解的中世纪心灵为后世献出的最为丰富的言辞表述:《效法基督》。肯佩的托马斯既不是神学家,也不是人文主义者,亦非哲学家、诗人,甚至很难说是一个真正的神秘主义者。但他写下的这部书却抚慰了后世。也许正是在此,中世纪心灵的丰饶想象力达到了最高的境地。

  肯佩的托马斯将我们领回到日常生活之中。

第十八章

思想形态与实际生活

一个时代的思想观念的特殊形态不应仅从神学和哲学沉思中展现出来的去研究,也不应只研究信条的概念,还要研究其在实用才智及日常生活中表现出来的面目。我们甚至可以说,某一时代精神的真实面貌,在看待和表达琐碎、平常之事的方式中比在哲学和科学的高妙形式中能得到更为确切的展示,因为,至少在欧洲,所有学术思考都要以极端繁琐的方式追溯到希腊、希伯来,甚至巴比伦和埃及的源头,然而在日常生活里,一个种族或一个时代的精神体现得质朴而又自然。

表现出中世纪高深思考之特性的那些精神习性和形态在日常生活的范围内几乎可以完全得到重现。正如我们期待的,在这里,原始的唯心主义——学院称之为现实主义——也是一切精神活动的基础。顺其自然地接受每一种观念,赋予它某种规则,把它视为一个统一体,然后将概念加以综合、分类,把它们列入一个等级分明的体系,总是由它们构筑起"大教堂",即便在实际生活中也是如此,这就是中世纪思想观念的运作方式。

所有在生活中占有固定的一席之地的事物都被认为具备在神学谱系中存在的依据。最平常的风俗与最崇高的事物一起分享这一荣誉。可以在处理法庭礼仪的规则中找到一个非常简单的例子,这个我们在别的方面已经涉及,阿莉娜·德·波蒂埃和奥利弗·德·拉马歇认为它们是由古代君王审慎制定的明智法律,世世代代将永具约束力。阿莉娜谈到它们仿佛是谈论世代智慧的神圣纪念碑,"并且我听古代懂得……的人这样说",等等。她心怀悲痛目睹着颓败的迹象。多年以来佛兰德斯的妇女在生产以后,产床总被人挪到火炉前,"对于此事人们大肆嘲弄",因为以前从未有过此事。我们到了什么地步?"但是现在每个人都做他想做的事:有鉴于此我们肯定觉得一切恐怕只会更糟。"拉马歇严肃地提出这个问题,为什么"果实表面"还附有"蜂蜡"呢?也就是说,在他的属性中,为什么还有亮光呢?他相当严肃地回答说:因为蜂蜡是从花朵中提炼出来的,而果实也来自于它:"所以这简直是命中注定之事。"

在实用或仪典的问题上,中世纪当局为每种功能都设立了一个特定的机构,因为它把功能视为一种观念并且认为那是一件很实际的事情。英格兰国王的"大卫队"中包括一位显要人物,他的职责是当国王经过海峡或晕船时扶住国王的头。有个叫约翰·贝克的人在1442年担任此职,他死后则传给他的两个女儿。

风俗也是一样,有一种非常古老非常原始的风俗,是要给没有生命的物体取一个适当的名字。在近来战争中给那些大宗枪炮取名时,我们亲眼看到了这种风俗的重演。在中世纪它发生得频繁得多,比如《武功歌》里英雄们的剑,十四到十五世纪战争中的石炮,都有各自的名字:"奥尔良之犬"、"瘦子"、"自由民"、"重创"。一些非常有名的钻石至今还以其专名著称,这也是一种曾普遍流行的风俗的遗存。大胆查理的几颗珠宝都有名字:"圣洁"、"三兄弟"、"圣殿"、"弗兰达球"。如果说,甚至到现在,船只还有名字,而大钟和多数房舍却没有,原因在于船只仍保存着某种人格化因素,它也表现于英语中对船只的女性化用法。在中世纪,使物品人格化的倾向要强烈得多,每座房子每口大钟都有名字。

第十八章　思想形态与实际生活

在中世纪的观念里,每个事件每种情形,不管是虚构的还是史实,都趋向于具体化,变成一则寓言、一个范例、一种证据,以便作为一个常备的实例应用于普遍的道义之真理。同样,每种意见都变成一条宣言、格言或一份文本。因为处理圣典、传说、历史、文学的每个问题都提供了许多例子或类型,一起构成某种道德宗派,而问题正是从属于它的。如果想要让某人原谅一次冒犯,所有《圣经》上关于原谅的事例都向他列举出来;如果要劝阻人结婚,所有古代的不幸婚姻都被一一引证。为了使自己免于因谋杀奥尔良公爵而被责难,让·桑斯·保尔把自己比做约伯,受害者比做押沙龙,认为自己和约伯一样无辜,因为他并没有无视王家的警告在公开场合行动。"就这样善良的约翰公爵得出了此案的道义结论。"

中世纪时,每人都乐于在严肃的辩论中引经据典,以求有一个可靠的基础。1406年,在巴黎国家议会上讨论关于分裂的问题,有十二人或同意或反对效忠阿维尼翁教皇,这些人都引用了《圣经》原文。异教的演说家也不比传道士逊色,纷纷选用他们的经典。

1408年3月8日在圣保罗殿进行的一场著名论辩中,以上提到的特点成为鲜明的时尚。在一群高贵的听众面前,传道士和诗人让·彼提(Jean Petit)长老,想要洗清勃艮第公爵所受起诉的谋杀罪,而公爵本人已在忏悔中供认不讳。这是政治罪行辩护的一个杰作,运用完善的技巧和庄严的风格来引证经典:一切罪恶的根源在于贪婪。整场辩护以学术化的周密计划机巧地安排妥当,并以《圣经》引文加以补足,对圣典和历史上的例子乃是以一种恶魔般的热情加以生动说明。在列举出应施予勃艮第公爵荣誉的十二条理由(例如,热爱法国国王并为之复仇)之后,彼提长老从他的引文中得出两条教训:贪婪造成背叛者,造成卖国贼。背叛和谋反被一再区分,并由三个例证来说明。路西法、押沙龙和阿泰利亚作为叛徒的原始模型浮现在听众的脑海当中。八条真理被提出来判别暴政，谈到其中之一，他说，"为了向十二使徒表示敬意，我用十二条理由来证明这一条真理"。于是他引用三句博士的话、三句哲学家的话、三句法学家的话和三句圣经上的话。从这八条真理又得出八条推论，以第九条作结。借用引喻或暗示，他使那个野心勃勃的堕落的王侯更加疑虑重重：他对"灯火化装舞会"之难所应负的责任，在那里年轻国王的那些伪装成野蛮人的同伴悲惨地死于大火，国王本人则侥幸逃脱；他在塞勒斯定修道院策划趁他与"巫师"菲利普·德·梅茨勒谈话之机谋杀与投毒的阴谋。公爵对于向亡魂问卜巫术的喜好臭名昭著，这为描述生动的恐怖景象提供了一个机会。彼提对那些奥尔良与之商谈的恶魔更为熟悉，他知道他们的名字和装扮。他甚至给疯国王的谵语附上了不祥的意义。

这一切构成了三段论的大项，小项便紧随其后。立足于上升到基础伦理学层次的一般命题（它已巧妙地唤起令人战栗的恐惧感），直接的指控就在狂热的仇恨和诽谤之流中爆发出来。辩护长达四个小时，最后让·桑斯·保尔宣布："我担保你。"辩护为公爵及其亲属写在四页昂贵的纸张上，以镀金和小饰物装饰，用模压皮革装订。它也备以出售。

让每个个别案例都具备道德裁判性质或成为一个典型，以使之成为内容切实、毫无异议之事，简言之，成为思想的结晶，这种倾向在谚语中找到其最普遍最自然的表达。谚语在中世纪的思想当中起着非常实际的作用。每个国家都有几百条谚语在通用，绝大多数是生动而简洁的。它们通常带有讽刺的调子，重点不离和善与顺从。我们从中发掘到的智慧有时是深刻和充满善意的。谚语从不鼓吹反抗。比如，"大鱼吃小鱼"，"衣着褴褛的人总是站在顶风的位置"，"不做正事就无纯洁可言"，"必要时也可求助于魔鬼"，"没有哪匹马的马蹄铁永远不会掉"。在德育家对人类堕落的悲叹之上，谚语反而加以超脱的微

第十八章 思想形态与实际生活

笑。谚语总是掩饰邪恶。现在它是天真的异教徒,如同福音一般。一个较多运用谚语的民族可以较少地耽于废话,因此可以避免许多混乱的争吵和空话,把争论留给有文化的人们,满足于靠谚语的权威来判断每一件事。所以谚语中的思想结晶对于社会是不无益处的。

天然单纯的谚语和那一时代的普遍的文学精神是完全一致的。作家所达到的水平只不过比谚语略高一筹。弗罗亚沙的格言读来常像变调的谚语:"它这样和武艺相关,有时候你会失去,下一次你又赢回","没有不会令人厌倦的东西"。像杰弗里·德·帕里(Geffroi de Paris)那样运用确定不疑的谚语而不冒险表露自己的道德判断会更安全,他用谚语来润色自己的韵体编年史。当时的文学中有许多每章都以谚语作结的歌谣,比如阿兰·夏蒂埃的《弗热尔歌谣》、柯圭拉尔的《厄科的抱怨》和让·莫林奈的几首诗,更不必说维庸的全由谚语构成的著名歌谣。罗伯特·加圭写的《德·奥西雷圣殿骑士的往事》的一百七十一章几乎全部用貌似谚语的短语结尾,虽然其中绝大多数在最有名的谚语集中都找不到。那么是加圭创作出来的吗?如果我们看见谚语从个别人的头脑当中产生出来,就应更为关注地指出谚语在当时充满活力的作用。

在政治演说和布道中谚语运用得十分频繁,热尔松、让·德·瓦伦纳、让·彼提、吉约姆·菲拉特(Fillastre)、奥利弗·麦拉尔都煞费苦心地用最普通的谚语来增强他们的论据。比如,"谁对一切保持沉默,谁就不会为任何事烦恼","修饰得漂亮的头必定头盔戴得糟","运气一般的人从困境中也得不到什么收获"。

和谚语相关的另一种形式的思想结晶是座右铭,衰败中的中世纪以显著的偏爱培养着它。座右铭不同于谚语这一种日常运用的明智之谈,它是针对个人的劝诫和准则。选用一条座右铭就是选择了一个人一生的训诫语。座右铭是象征和标志,用金色字母标在每一件衣服与物品上,它必定发挥着不同寻常的充满暗示的影响力。这些座右铭的道德基调多是表示顺从,正像谚语和希望寄语那样。座右铭应该是神秘的,如"何时它会?""早晚要来到","向前","下次更好","悲伤多于欢乐"。更多的则求助于爱:"我再没有别人","如您所愿","牢记","多数好过全部"。如果是这类性质的座右铭,就被佩在盔甲上和马衣上。那些刻在戒指上的是更熟悉的语句:"你拥有我的心","我渴望它","永远","一切献给你"。

对座右铭的补充还可在徽章里找到,像奥尔良的路易的节杖图形中写着"Je l'envie",这是一句赌博术语,意思是"我挑战",对此让·桑斯·保尔同等地回答道,"Ic houd",就是说"接受"。另一个例子是好人菲利普的燧石与钢铁图形。经由徽章和座右铭,我们进入了纹章学思想的领域,关于它,心理学尚可大书一笔。对中世纪人来说,盾形纹章远不止是虚荣心和家族利益的问题。在他们的观念中纹章图形的地位几乎相当于图腾。骄傲、抱负和忠诚献身的全部意义集中在雄狮、百合花和十字架的象征上,它们便是这样用图像的方式表达出复杂的精神情境。

中世纪发展起来的决疑精神是分离统一体中每一事物的倾向的另一种表现。它是占支配地位的唯心主义的又一后果。每个出现的问题必有其理想的解决办法,只要在一般规则的帮助下查明所讨论事件与终极真理的关系,它就会变得明显。决疑法统治着思想的各个部门,如道德和法律,仪典和礼节事务,锦标赛和竞技,还有特别重要的爱情等方面。我们已经谈到勇敢的决疑法对战争法则的源起所施予的影响。让我们从奥诺莱·勃内(Honoré Bonet)的《战争之树》里引用更多例子。一位教士应该援助他的父亲还是援助主教?在战争中丢失盔甲的人一定要使用很好的借来的盔甲吗?节日可以打仗吗?吃饭之前还是之后打仗好?

第十八章 思想形态与实际生活

没有什么比战俘更有助于说明决疑法的特征。当时，抓获贵族和富裕的俘虏是军事人员的主要目的所在。在什么形势下可以免于被俘获？一次安全的行动价值如何？一个逃跑后又被抓住的俘虏属于谁？如果他的对手给他带上铁链，这个俘虏可以趁假释逃跑吗？或者当他的抓获者忘了要求他发誓的时候可以？在《青春》中两个队长在主帅面前争讨一个俘虏。"我先抓他的，"一个说，"抓住他的胳膊和右手，还把他的手套拽脱了。""但是，"另一个说，"他用同一只手对我发了誓。"

除了唯心主义之外，一种顽固的形式主义是上述所有特点的基础。固有的对于超验现实的信仰带来这样的后果，每个概念都是严格定义和有限的，孤立的，既然它具有可塑的形态，这形态正是十分重要的。根据既定的法则，不可饶恕的罪行和可饶恕的罪行被区分开来。在法律上，过失首先是由行为的性质来证实的。古代的那条审判格言"行为裁判人"并未丧失其力量。原始的法律不知道故意行为和无意行为之间的区别，并且对失败的犯罪企图不加惩罚。虽然法学很早以前就从原始法律的极端形式主义中解放出来了，然而严格的形式主义的迹象还是大量地存在于中世纪末期。有一条长期有效的规则就是，在一套誓言中有一点言词的疏忽便使它变得无效，誓言乃是神圣之事。十三世纪有个例外，一个外国商人因对该国语言掌握不熟练，被特许承认其誓言中的不正确言词不会使他丧失应有的权利。

对与荣誉有关的一切事均极端敏感，这是普遍的形式主义的一种后果。一个贵族因为给他的马衣装饰上盾徽而受到责备，因为，如果马这样无知的畜生在厮打中竟被绊倒的话，盾形纹章就会拖到沙地上，从而给整个家族带来耻辱。

一切与报仇、赎罪、挽回受损的荣誉等相关的事情都是非常正式的。在十五世纪的法国和荷兰风俗中，报仇的权利是非常重要的因素之一,这种权利多少要按照固定的规则来行使。它并非总是促使人们用暴力进行复仇的那种狂怒,可以是依照很有规则的计划寻找弥补被侵犯荣誉的机会。它毕竟是流血事件而非杀戮,有时会很小心地只伤到对手的脸部、胳膊和大腿。

正式寻求的这种满足是象征性的。在十五世纪的政治协议中,象征性行为占了很大部分:拆毁让人回想起罪行的房屋,建立纪念性十字架或小教堂,命令堵塞一个门道,等等,更不必说为死者赎罪的行列和人群。1469年路易十一在鲁昂和他的哥哥重新和好之后,所关心的第一件事就是拿到那个戒指——那是利西厄主教在查理缔结婚姻成为诺曼底公爵时交给他的——当着显贵们在铁砧上敲断了。

让·德·鲁耶的编年史记录了这种对象征和形式的渴望的一个惊人例子。有一位劳伦·圭亚尼尔1478年被错判绞死在巴黎。他已经获准缓期行刑,但是赦免令来得太晚了。一年以后,他的兄弟获准将他的尸体荣誉地安葬。"棺材前走着上述城区的四个哭丧人大声号啕,在他们的胸口上是那个圭亚尼尔的纹章,棺材四周点着四支蜡烛和八支火把,由身穿丧服佩戴上述头饰的人秉着。葬礼就这样进行着,穿过巴黎城……到了圣安东尼门,那具尸体被放到一架披盖黑布的马车上,运到普罗万去安葬。其中一个在尸体前面的哭丧人叫道:'善良的人们,为已故的劳伦·圭亚尼尔的灵魂祷告吧,他生前是普罗万的居民,不久前被发现死在一棵橡树下面!'"

中世纪末期的思想状况,在我们看来常常表现出不可思议的肤浅和脆弱。事物的复杂性以令人震惊的方式被忽略掉了。它始终以单个例证的力量毫不犹豫地进行归纳。它对错误的判断应负极大的责任。不精确、轻信、变化无常、前后矛盾,是中世纪推理的一般特点。所有这些缺点都根植于根本的形式主义。要解释一个情况或一桩事件,一个原因便足够了。若要选择,必是最普遍的动因,最直接或最显

第十八章 思想形态与实际生活

著的动因。比如对于勃艮第人的公众情绪,只有一个理由可能促使勃艮第公爵去谋杀奥尔良公爵:他要对假想的王后与奥尔良的通奸复仇。在每场争论中,人们会漠视事情的全部特点来顾全某些重要性被随意夸大的因素。因此在当时的观念中,对一个事实的陈述总好像是原始的木刻,有着简单有力的线条和分外清晰的轮廓。

这就是简单化的思维习惯。考虑不周的归纳,在当时文学作品的每一页都展现出来。从一个记录古代英国人公平的例子,奥利弗·德·拉马歇得出结论说,那个时期的英国人是有道德的,并且正因此得以征服法国。某个特定事例的重要性被夸大,因为它是被理想化的眼光看待的。此外,每个事例都可与庄严的历史相提并论,从而拔高了它的意义。1404 年一队学生在巴黎遭到袭击,两个人受伤,第三个人的衣服被扯破。这足够使大学校长因义愤和简单的类比而失去自制,"孩子,可爱的门徒,无辜的羔羊",从而把这件事和伯利恒的残杀事件相类比。

如果对每个特定事件来说,一个解释很容易被接受,并且一旦接受就毫无阻碍地深入脑中,那么错误判断的危险是极大的。尼采说避免错误判断是不可能的,而很可能我们所嫉妒的过去时代的热情生活乃是部分地受错误判断所赐。在我们自己的时代,当需要一个民族全力以赴时,也需借助错误判断之利。中世纪的人们生活在持续的精神危机当中。他们一刻也不能缺少这种世俗的错误判断。在十五世纪,如果勃艮第公爵的案件可以使如此多的法国人首先遭受到效忠观念的破灭,其次产生对国家的敌意,这种政治情感只能解释为一整套情绪化的观念和混乱的思想。

正是抱着这种见解,荒唐地夸大被杀敌人的数目这种普遍的、常见的习惯值得思索。夏特兰在戈佛(Gavre)战役中估算公爵一方损失五名贵族,与之相对的是根特反叛者一方损失两万至三万人。

中世纪的衰落

最后,我们对中世纪晚期作家奇怪的轻率说什么好呢?他们常给人完全缺乏才智的印象。有时他们好像满足于给他们的读者提供一系列含糊的画面,觉得没有什么需要认真思考。对外在环境的肤浅描写,是我们从弗罗亚沙和蒙斯特莱之流作家那儿获得的全部,和希罗多德(且不说修昔底德)相比,他们的叙述毫无条理,空洞无物。他们对本质的和偶然的事物不加区分,其缺乏精确性是可悲叹的。蒙斯特莱在场目睹了勃艮第公爵接见圣女贞德,那时后者是一个俘虏,他却记不起都说了些什么。托马·巴赞本人领导了复兴的全过程,在他的编年史中却说,贞德出生在沃克莱尔(Vaucouleurs)而非多姆雷米,并说她是被鲍迪利柯(Baudricourt)本人带到图尔去的,鲍迪利柯被他称作小城主而不是首领。关于她和法国皇太子第一次见面的日期也有三个月的误差。奥利弗·德·拉马歇作为仪式主持人和无可挑剔的朝臣,总是把公爵的家谱弄得混乱不堪,以至于把查理和约克的玛格丽特的婚礼说成是发生在1475年诺伊斯(Neuss)包围战之后,虽然1468的婚礼他本来在场。甚至科米内也不能避免惊人的不准确。

轻信和缺乏批评精神是极为普遍、众所周知的,简直无须引用例证。不用说,在此因博学的程度而有很大不同。巴赞和莫林奈把流行的相信大胆查理会回来的信念看做一种传说。南锡战役之后十年,人们还在借钱给他,期望他在回国时偿还。

> 我看见了一件亘古未有的事情:
> 一个死去的人复活了,
> 在归途中他一掷千金。
> 有人说:他还活着;
> 另一个人说:那只是风。
> 所有善良的不怀妒意的心灵,

第十八章 思想形态与实际生活

常为失去他沉痛地哀悼。

被生动的想象力、天真的唯心主义和强烈的感情所支配的衰落中的中世纪,它的思想易于相信每一个涌现到脑海中的想法。一种观念一旦获得一个名字和一种形式,其真理性就足以确定,它就溜进宗教形象的体系当中分享其可靠性。

一方面,它们的清晰轮廓和经常拟人化的特点给予观念显著的稳定性,另一方面,概念的意义在太活跃的形态中始终有丧失的危险。艾斯塔什·德尚的寓言体讽刺长诗《婚姻之镜》的主人公叫做法兰克·倭戎,"愚蠢"和"欲望"建议他结婚,"科学的积累"劝阻他。如果我们问自己,德尚想用这个抽象的"法兰克"来表达什么,看来他的观念摇摆于单身汉无心的冒昧和带有哲学意味的自由意志之间,拟人化多少容纳了那种使它产生的观念。同中心人物的性格一样,诗歌的道德基调也是犹豫不定的。对宗教婚姻和静思生活的虔诚赞颂与惯常的对妇女和女性道德的粗俗嘲弄形成奇怪的对照。作者有时让"愚蠢"和"欲望"的嘴里说出绝对的真理,虽然他们的角色是魔鬼的辩护者,很难判断哪里是诗人本人的确信,他到底又有几分严肃。

要清楚地区分开严肃成分、装腔作势及游戏成分,是一个和中世纪全部思想状态相关的问题。我们看到它的出现与骑士制度有关,与爱和虔诚的形式有关。我们不得不始终记住这一点:在比我们的时代更原始的文化阶段,常常缺乏真实确信和伪装之间的分界线。现代观念中所谓伪善的东西在中世纪可并不一定是伪善。

忽视观念的轮廓清晰的形式,平衡的普遍缺乏,堪称那一时代的精神特征。这一点在迷信领域尤其能感受到。在巫术的问题上,怀疑和带有盲目轻信的理性主义解释交替出现,我们永远不能准确地说出这种信仰的真诚程度。菲利普·德·梅茨勒在《朝圣老者之梦》里说他自己从一个西班牙人那儿学习过魔术手法,在十多年间他不能成功地忘掉他的不名誉的知识。"他不能自觉地从脑海中根除上述违背上帝的迹象和后果。"最后,"由于上帝的恩典,靠着忏悔和忍耐的力量,他从这种与基督的灵魂为敌的巨大愚昧中挣脱出来"。

在1461年那次可怕的迫害巫师的恐怖运动中(它被称为"阿拉斯迫害"),民众和地方法官都非常怀疑所宣称的罪行的真实性。在阿拉斯城外,雅克·杜·克拉克说:"一千个人里也没有一个人相信他们真的行过以上巫术。在这些地区从来没听说发生过这类事情。"但是,这个城市遭受了严重的后果:人们不再庇护其商人,不再信任他们,因为害怕被指控为巫术,紧接着就可能被没收全部财产。一个审问官声称可以凭肉眼发现有罪的人,还进一步说没有一个行巫者会被错判——后来他发疯了。一首充满憎恨的诗歌指责迫害者因为贪婪而掀起了这场运动,主教本人也把这场迫害叫做"由一些邪恶之徒策动的事件"。好人菲利普征求了卢汶学院的意见,几个院士宣称巫术不是真的。公爵尽管具有复古倾向,却不迷信,为此他把"金羊毛骑士团"的司玺官派到阿拉斯去。于是行刑和监禁停止下来。后来,所有的行动都被取消了,为这事小城以欢乐的宴会来庆祝,会上演出了教谕道德剧。

在空中飞行和在女巫安息日纵欲只是魔鬼劝诱可怜的蠢妇人所造成的幻觉,这一观念在十五世纪已经广泛流传。弗罗亚沙描绘了那件发生在一位加斯东贵族和他熟悉的叫"霍顿"的恶魔之间的令人震惊之事(在这里他在叙述的生动准确方面有超水平的发挥),认为这是一桩罪过。但是它是一桩由魔鬼造成的罪过,因此理性主义的解释终归半途而废。只有热尔松能够提出大脑受损的设想,其他人都把自己限制在凶暴表象的假说里。马丁·勒费兰克(Martin Lefranc),劳桑那(Lausanne)教堂的教长,在那本1440年题献给好人

第十八章 思想形态与实际生活

菲利普的《捍卫贵妇者》一书中,为这种观念作了辩护。

> 有生之年我不相信,
> 一个妇人的身体可以像画眉或鹡鸟一样
> 飞过空中,战士立刻说,
> 当这可怜的妇人躺在床上,
> 为了睡眠和休息,
> ……敌人却从不躺下小睡一刻,
> 来到了她的身旁。
> 阴险地在她面前唤起幻觉,
> 她以为她在做或想做的事只是梦境。
> 也许老太婆会梦见骑在猫或狗的身上去赶集;
> 但是当然什么也没发生;
> 并且也没有一根拐杖或木头送她走出一步。

242

一般地,对于超自然现象的思想态度是犹豫不定的。理性的解释、心怀怯意的轻信和对凶残诡计的猜疑,轮流占支配地位。教堂尽最大努力和迷信作战,修士理查是巴黎受人爱戴的传教士,让人把给他的曼德拉草拿去烧掉,"许多愚昧的人小心地收藏它们,极真诚地信仰这种废物,真的,他们坚定地相信,只要有它(只要它被整洁地裹在丝质或亚麻的包里),他们有生之年就不会有穷困之厄"。

教条主义的神学总是热心于反复灌输信仰与迷信的区别。加尔都西会修士德尼在他的论文《反对迷信生活》中说,祝辞和魔咒本身并没有效果,只在被谦卑的祈祷者把全部希望交付给上帝而虔诚地念着的时候起作用。

243

但是既然大众的信念赋予它们神奇的功用,最好是由教士来阻止这类行为。

　　很不幸,教堂对纯洁信仰的热情没能影响那些魔鬼迷。它自己的教义就妨碍它根除这一信念。因为它合乎规范,由圣奥古斯丁和圣托马斯的许可而得到巩固:世上所有可以被看见的事,都可能是魔鬼做的。德尼接着我们刚才引述的主题说,魔咒常常在缺乏虔诚的时候也发生作用,因为恶魔参与了此事。这种模棱两可给大量不确定之事留下了余地。对巫术的惧怕以及盲目、暴烈的迫害,继续使那个世纪的思想气氛更为阴沉。迫害的理论及行动受到官方的批准,到十五世纪的最后二十五年产生了《巫魔之箱》一书,它是由两个德国多明我会修士奉教皇英诺森八世1484年的训令而写的,于1487年问世。

　　因此,到中世纪末期,这种黑暗的欺骗与残忍的制度发展到顶点。所有中世纪思想的缺陷和严重谬误的内在倾向都促成了这一制度的建立。十五世纪像传播可怕的疾病一样,把它传给了下一个世纪,在相当长一段时期,无论古典文化、新教改革还是天主教的信仰复兴,都无力甚至无心去治愈它。

第十九章

艺术和生活

如果1840年一个有修养的人被要求用几句话刻画出十五世纪法国文明的特色,他的回答很可能大大得益于从巴朗特(Barante)的《勃艮第公爵争斗史》和雨果的《巴黎圣母院》中获得的印象。它们所展现的画面是阴沉不祥的,照不进一丝安宁和美丽之光。

今天重做的实验会得出一个相当不同的结论。人们现在会去向圣女贞德和维庸的诗作请教,但首先应向艺术品请教。所谓的早期佛兰德斯和法国大师——凡·艾克、罗吉尔·凡·德·威顿(Rogier van der Weyden)、富凯、梅姆林(Memling)和雕塑家克劳斯·斯勒特(Claus Sluter),以及音乐大师们,支配了他们那个时代的普遍观念。画面的色调完全变了。浪漫主义所设想的极为残忍与苦难的景象(它的主要资料来源是编年史),就得让位给充满纯真朴实之美、充满宗教热情和深沉神秘的平静图景。

艺术品给我们的有关一个时代的印象总是比阅读编年史、文献甚至文学所发现的要明朗和欢乐得多,这是一个普遍现象。造型艺术从不悲叹。即使在表达悲伤或痛苦时,它也将其转入哀歌的范畴,其中灾难的苦涩滋味已经消失。而诗人和历史学家,述说着生活中无尽的悲痛,总是保持着直率的尖酸刻薄,复活往日苦难而刺目的现实。

我们对从前时代的感性认识,比方说我们的历史器官,变得越来越形象化。今天大多数受过教育的人都是更多地靠观看古迹(原物或复制品)形成他们对埃及、希腊及中世纪的概念,而不是靠阅读。我们

中世纪的衰落

关于中世纪的观念的变化,不应归于浪漫感觉的减弱,而应归于以艺术鉴赏代替了理智的评价。

从艺术作品的冥想中得到的关于一个时代的幻象总是不完全的,总是太讨人喜欢,因而难免有误,必须从多种意义上进行修正。以正在讨论的这个时期为限,我们首先必须考虑到这个事实,从比例看,保存下来的文献要比艺术品多得多。衰退中的中世纪文学,除少数例外,就我们所知是相当全面地保留下来了。我们有所有流派的作品,最高尚的和最通俗的,严肃的和喜剧的,虔诚的和异教的。我们的文学传统反映了那个时代的全部生活。然而,书写传统还不止于文学:无数的官方档案使我们能够让这个画面达到近乎完全的准确。

相反,艺术的天然局限是一种对生活的不太完整、不太直接的表达。还有,我们只是拥有它的一些特定的零碎之物。教会以外的艺术所存甚希。异教艺术和实用艺术只留下了一些稀有的样品。这是非常严重的缺乏,因为它们正是最清晰地向我们揭示出艺术产品与社会生活关系的艺术形式。为数不多的祭坛和坟墓在这方面对我们教益甚少,那个时代的艺术对我们来说仍然是远隔历史之物。真的要理解艺术,形成一个有关艺术在生活中的作用的概念至关重要。因此,仅仅去观赏幸存的杰作是不够的,所有已经佚失的作品都需加以关注。

当时,艺术还被包藏在生活当中,它的作用是用美来装点生活中被选定的形式。这些形式是引人注目、有说服力的。生活中有大量礼拜仪式:圣餐、一天中规定的祈祷时刻、一年中的教会节日。生活中所有的工作和快乐,不管是属于宗教、骑士制度、商业还是爱情的,都有它们引人注目的形式。艺术的任务是用趣味和颜色装饰所有的概念——对艺术的渴求不是出于它本身,而是用它所能达到的辉煌来装扮生活。艺术还没有像那时那样,是一种步出常规生活在沉思冥想中消磨时光的方法,它必须作为生活的因素之一,作为对生活的意义的

第十九章　艺术和生活

表达来享受。不论是为了支持虔敬行为的推广还是作为尘世欢乐的伴随之物，它都不被看做纯粹的美。

理所当然地，我们可以大胆申论，中世纪人只懂得实用艺术，他们需要艺术品只是为了让它们对实际用途起辅助作用，他们的目的和意念总是越过纯粹的审美价值。我们应该说对艺术本身的喜爱不是因对美的渴望的觉醒而出现的，而是作为艺术产品过剩的发展结果。在王侯贵族的宝库里，艺术品堆积成丰富的宝藏。它们不再应用于实际生活，而作为奢侈和珍奇之物受到观赏，于是产生了文艺复兴自觉地发展起来的那种艺术品位。

在十五世纪的伟大作品中，特别是在祭坛上和坟墓里，物品的性质比美本身更为重要。需要美是因为物品是神圣的，或因为它被指定了庄严的目的。这种目的多少总是实用性的。三联画是为了加强盛大节日的崇拜及保持对虔诚的捐献者的记忆。凡·艾克兄弟绘的《上帝的羔羊》祭坛画只在重大节日开放。有实际目的的不仅是宗教画。城镇法官下令用著名的审判的画面来装饰法庭，以严肃告诫法官履行他们的职责。它们是热拉尔·大卫的《康拜斯的审判》，藏于布吕赫；迪克·布斯（Dirk Bouts）的《奥托皇帝的审判》，藏于卢汶；还有已经佚失的罗吉尔·凡·德·威顿的那幅画，曾经收藏在布鲁塞尔。

下面的例子可以有助于说明所描绘的主题的重要性。1384 年，在勒林海姆（Lelinghem），法国和英国举行了一次会谈，目的是达成停战。贝里公爵让人在将会见对方出席谈判的王侯的小教堂光秃秃的墙上挂上表现古代战役的挂毯。但是兰开斯特公爵戈特的约翰（John of Gaunt）一走进来看见这些画，就要求必须撤掉这些有战争的画。因为向往和平的人们眼前不应该有战争和毁灭的图景。挂毯被换成一些象征受难的乐器的作品。

就肖像来说，主题的重要性和艺术价值密切相关。作为纪念品和家传之物,有些甚至到现在还保持着部分道德含义,因为决定其用途的情感仍像从前一样亲切生动。在中世纪,订制画像的目的多种多样,但我们可以肯定,出于收藏艺术名作的目的是极其少见的。除了为满足家庭的感情和骄傲,画像还能使订了婚的人熟悉起来。1428年,好人菲利普派去向葡萄牙公主求婚的大使就携同杨·凡·艾克前往,以便为公主画像。宫廷编年史喜欢保留关于王族未婚夫看到一位不知名公主的画像即坠入爱河的传说——比如英国的理查德二世在向法国的小伊莎贝拉求婚时年仅六岁。有时甚至传说选择是由比较不同人的画像决定的。在为查理六世择偶时,根据圣德尼的修士的意见,可供选择的是巴伐利亚、奥地利或洛林的一位女公爵。一位有天才的画家被派到这三个宫廷里去,三幅画像呈送给国王,他选择了巴伐利亚年轻的伊莎贝拉,认为她最美。

没有什么地方比陵墓艺术品有更重要的实用性,那是那个时代最重要的雕刻领域。拥有一个死者肖像的愿望是如此强烈,甚至在坟墓修建之前就要求有。在一位有军衔的人的葬礼上,或者用一个活人或者用一个雕像来代表他。在圣德尼为伯特兰·杜·盖克兰举行的葬礼上,四个从头到脚全副武装的人骑在四匹装备周全披着华丽马衣的战马上,犹如死者生前的样子进入教堂。对1375年波利格纳克(Polignacs)家族的一次葬礼仪式的描绘展示了更多细则:"为在葬礼上扮演死去的骑士付出皮装费用(Blaise)六先令。"在皇家葬礼上,用穿着礼服的皮革人像来代表死者,人们费尽心机做到逼真。有时送葬行列里有不止一个塑像。威斯敏斯特教堂的参观者们都知道这些肖像。也许十五世纪从法国开始的制作丧礼面具之风就起源于此。

既然所有的艺术多少都是实用艺术,艺术家和工匠之间的区分就尚未产生。为佛兰德斯、贝里或勃艮第宫廷服务的大师们,每个都是有着显著个性的艺术家,不把自己限制在绘画和手抄本装饰的范围

第十九章 艺术和生活

内。他们的工作不外乎给雕像上色,画盾牌和给旗子染色,或给比武大赛和典礼设计服装。因而第一任勃艮第公爵的宫廷画家米修尔·布罗德兰在他的岳父佛兰德斯伯爵家族中任职以后,完成了为伯爵的宫殿上五张雕花座椅的装饰工作。他修理和绘饰了赫定城堡以令人吃惊的方式弄湿来客的一些机械装置。他为公爵夫人的马车做了一些修饰,指挥了公爵 1387 年集合在斯鲁伊斯准备发起对英国远征的舰队的豪华装饰,然而这次远征没有进行。在婚庆和葬礼上,宫廷画家们也被安排了类似的任务。塑像在杨·凡·艾克的画室里上色。他本人为菲利普公爵制作出一种地图,上面城镇和乡村都画得惊人得准确。雨果·范·德·戈埃斯(Hugo van der Goes)设计招贴画大肆宣扬罗马教皇在根特的一次恩惠。1488 年当马克西米利安大公还是布吕赫的囚犯时,画家热拉尔·大卫被派去用画装饰他监狱的边门和百叶窗。

在十五世纪所有名家的手工制品当中,只有一部分特殊性质的作品幸存下来了,一些陵墓,一些祭坛画和肖像,无数抄本绘画,还有一些工艺品,包括宗教礼拜器皿、僧侣服和教堂摆设。但是经过长期的损耗,除了木器和烟囱,简直没留下什么。如果我们得以把杨·凡·艾克及罗吉尔·凡·德·威顿的沐浴图、行猎图和他们的《圣母怜子》及圣母像比较的话,关于十五世纪艺术我们能多了解许多。我们缺少的不仅是世俗画,而是我们几乎不能形成实用艺术的整体概念。所以我们没法去比较保存下来的教士制服和被毁坏了的缀着珍贵宝石的小铃的宫廷服装。我们没能亲眼目睹装饰得灿烂夺目的军舰,关于它抄本绘画只给我们作了惯常而笨拙的描绘。一般说来,弗罗亚沙对美的印象是不太敏感的,在他描绘一艘露出甲板的舰船的壮丽时却极为欣喜。船上饰有纹章的华丽长旗从桅杆上漂到水面上来。菲利普·勒·哈尔蒂的那艘由布罗德兰装饰的船被绘成天蓝色和金色,巨大的

中世纪的衰落

盾形纹章环绕着船楼的顶篷，船帆上点缀着雏菊和公爵及夫人的首写字母以及座右铭"Il me tarde"（它承载我）。贵族们在挥霍钱财装饰船队上互相竞争。弗罗亚沙说画家们过了一段春风得意的日子，因为画家的人数不足，贵族对他们有求必应。照他的说法，许多贵族都把船桅全部用金叶子覆盖。居伊·德·拉特雷莫瓦花了两千英镑装饰。"所有这一切都是由可怜的法国人民来负担的。"

这些佚失的装饰艺术品首先向我们揭示的是过分的奢侈。这种品质是那一时代的特点，它还会同样地在我们拥有的艺术品中被发现。但是既然我们只是为了美的缘故才研究它们，我们对其灿烂华丽的因素漠不关心，它们不再使我们感兴趣，而在当时却是人们最引以为荣的。

衰亡中的中世纪勃艮第—法兰西文化倾向于以豪华取代美，这一时期的艺术恰恰反映了这种精神。以上我们引用的是那一时代精神运作的特征：力图给每个概念以特定形式，满脑子的系统安排的图像和形态——所有这些都在艺术中得到重视。这里我们发现了不使任何事物脱离形态、图像和装饰的倾向。建筑的艳丽风格好像一位风琴手的独奏没完没了。它无穷尽地分解所有的外形因素，把所有细节交织起来，每一条线都有一条与之相反的线。形式的发展消耗了理念，装饰的过度膨胀遮蔽了所有的线和面。"怕留空隙"（horror vacui）的观念盛行，已是艺术衰落的征兆。

这一切意味着浮华和美之间的界线被抹去了。装饰不再是为了增加一件事物的自然的美，异常繁冗的装饰有使美窒息之虞。越是远离纯造型艺术，这种外形装饰花纹的滋蔓就越被强调。这一点可以清楚地在雕塑中看到。在单个图形的创作中没有形态的滋蔓："摩西之井"的雕像和陵墓中的"普鲁伦特"（plaurants）像多纳太罗（Donatello）的人像一样朴素。但是当雕塑用于装饰时，我们立刻发现它畸形发展。在看到第戎的圣龛时，每个人都会对雅克·德·巴尔查（Jacque de Baerze）的雕塑与布罗德兰的画作之间存在的不协调感到震惊。为画而画的绘画简明素朴，相反，目的在于装饰的浮雕却复杂而繁冗。我们注意到绘画和挂毯也有同样的悬殊。织物艺术，即使在描绘风景和人物的时候也因技术限制保持着装饰性构思和趣味，我们发现了同样的对于过分装饰的需求。

在服装艺术方面，纯艺术的基本因素即韵律与和谐都消失了，因为华丽和装饰成了唯一的目标。骄傲和虚荣带来了与纯艺术不相容的肉欲成分。没有一个时代曾目睹过像 1350 年到 1480 年间这样奢华的风气。这里我们可以观察一下那个时期美感的无限膨胀。衣服的所有样式和尺寸都被可笑地夸大。女式头饰采取高高的锥形头饰（hennin）式样，它是一种从小套头帽演变而来的头饰样式，把头发包在头巾下面。高高隆起的、炸弹开花式的前额发式很时髦，低领服装使其显得更加突出。男式服装还有更为古怪的形式——特别长的鞋尖，叫做"poulaines"（尖长的翘头鞋），这种鞋尖是尼克波利斯的骑士必须截去的，以便逃跑；饰有花边的腰部；球状的袖子高耸在肩头；过长的"houppelandes"（宽袖长外套）和过短的马甲；圆柱形或尖尖的无边帽，头巾披在头上，样子好像一朵鸡冠或一团燃烧的火焰；礼服上装饰着数以百计的宝石。

放肆的奢侈趣味以宫廷盛宴为顶点。每个人都读过关于 1454 年在里尔举办的勃艮第人节日的描绘，那一次客人们宣誓开始十字军东征；还有 1468 年在布吕赫的那次大胆查理和约克的玛格丽特的婚礼。很难想象出比这种傲慢华丽的粗鲁表现同凡·艾克兄弟、迪克·布斯和罗吉尔·凡·德·威顿的甜美安详的画作更为悬殊的对照。没有比那些由围绕整个管弦乐队的巨大馅饼、装配齐备的船只、城堡、猴子、鲸鱼、巨人和矮子组成的宴后游艺更乏味和丑陋的了，还有所有寓

中世纪的衰落

言中的荒唐行为。我们很难做到不把这些娱乐看做不可思议的低劣趣味的展览。

然而我不能夸大十五世纪艺术两极之间的距离。首先,认清那时社会中节日的作用是很重要的。它们还保持着原始社会节日的某些涵义,是其文化的最重要表现,是集体娱乐的最高形式和团结一致的声明。在社会大变革的时代,像法国大革命时期,我们看到节日重新发挥了这种社会的和美学的功能。

只要乐意,现代人可以自己去随意寻找他喜欢的消遣——书籍、音乐、艺术或大自然。另一方面,在较高级的娱乐对大多数人来说既不多也难以得到的时候,人们便感觉需要像节日这一类的集体欢庆。日常生活的愁苦越是深重,陶醉于美与快乐的刺激就越强烈,没有这些生活会变得无法忍受。十五世纪的深刻的悲观主义,是持续的抑郁的牺牲品,它不能放弃这些辉煌庄严的集体欢庆所表现的对生活之美的强调和肯定。书籍昂贵,乡村不安全,艺术稀少——个人是缺少消遣形式的。所有的文学、音乐和美术娱乐都多少与节日有关。

节日作为文化的因素,还需要狂欢以外的东西。不论赌博、饮酒和爱情的一般快乐,还是如此这般的奢侈和壮丽都不能组织起节日庆典来。节日需要风格,如果说现代的节日已经丧失了文化价值,那正是因为它们已经丧失了风格。在中世纪,宗教节日因其在本身礼拜仪式基础上形成的高贵风格,长期支配着集体娱乐的形式。民间节日在歌舞方面有它自己的独特之美,这也是和教堂节日相结合的。直到十五世纪,一种独立的有自己风格的市民节日形式才从教会节日中解脱出来。北部法国和荷兰的"修辞家"(Thetoricians)是这种发展的代表。直到那时,只有王侯的宫廷才可以举办有风格的世俗节日,因为他们有丰厚的财源和社会观念的特许。

然而宫廷节日的风格不能总是远远次于宗教节日。对后者,共同

第十九章 艺术和生活

的敬仰和欢庆通常是崇高思想的表达,连那些频繁和过分的滑稽剧细节也不会破坏它们带来的优雅和庄严。另一方面,世俗节日所赞美的理念不外乎骑士制度和斯文的爱情。无疑骑士制度的礼节之丰富足以给这些节日一种庄严古远的风格。骑士爵位授予礼,立誓仪式,修士会会议,马上比武的规则,表示致敬、效劳和先后次序的礼仪,司玺者和使者的全部庄严举动,纹章和盔甲的耀眼光辉,等等,但这还不能让所有的渴望得到满足,人们期待宫廷节日呈现英雄生活之梦的全部。在这里风格减弱了,因为在十五世纪对骑士制度的嗜好仅仅表现于有名无实的惯例及文学当中。

对里尔和布吕赫惊人的节日庆典的筹划可以说是实用的学问。冗长的实际演出摧毁了迄今残存下来的虚无缥缈的幻想的文学魅力。这些庞大的露天表演组织得庄重如一,实在是勃艮第的风格。公爵的宫廷似乎已经在同北方的接触中丧失了法国精神的特色。为了准备里尔宴会——它是一系列贵族宴会的圆满结束,贵族们轮流竞赛彼此的豪华。好人菲利普任命了一个委员会,由金羊毛骑士让·德·朗龙主持,公爵最信任的顾问安东尼·德·克罗伊和大臣尼科莱·罗兰本人经常出席这个委员会的会议,奥利弗·德·拉马歇也是其成员之一。当后者在他的回忆录中写到这一章时,一种敬畏的感情仍然控制了他。"因为伟大和荣耀的成就值得长久的名望和永远的记忆",所以他开始叙述这些难忘之事,在这儿无须重述,它载于历史文献《市镇旧事》。

254

人们甚至从海外赶来参观这豪华的景象。除了客人以外,许多贵族观众出席了盛宴,在大部分时间里都化了妆。开头每个人四处走动观赏固定的展品,然后开始了所谓"甜食",也就是名人表演和生动的舞台造型。奥利弗本人在"神圣教会"里扮演了重要角色,他出现在一座塔里,这个塔置于由高大的土耳其人牵着的大象背上。桌子上堆满了奢侈的饰品,还有赶造并装饰好的马车,环绕着树木的有泉水的草地,岩石和圣安德鲁的塑像,有仙女墨利亚的吕齐尼昂的城堡,风车附近的猎鸟场景,有野兽盘桓其中的树林,最后还有一座有风琴和唱诗班的教堂,唱诗班的歌声与一个"馅饼"里的二十八人的管弦乐队音乐声交替响起。

我们的问题是要判断这些笨家伙所见之物的品味高低。无疑这些"甜食"的神话与寓言题旨并不使我们感兴趣。但是这种艺术表演的价值如何呢?人们最想要的是奢侈和盛大的排场。1468年布吕赫宴会上象征戈库姆的塔有四十六英尺高。拉马歇说到一条塑在那儿的鲸鱼:"当然这是一件好玩意儿,因为里面有四十多个人。"人们也被机械工艺的奇观所吸引;逼真的鸟从一条赫克勒斯所征服的龙嘴里飞出来,还有类似珍奇之物,对我们来说,它们没有一点艺术性。喜剧因素也是非常低级的:公猪在戈库姆塔里吹喇叭,或者山羊唱赞美诗,狼吹奏长笛,四头大驴子作为歌手出现——所有这一切都是向大胆查理表示敬意,他是一个很好的音乐家。

然而,我不想说这些自命不凡的、滑稽的珍奇物品中没有一件艺术杰作。我们不要忘了享受这些庞大装饰的正是凡·艾克兄弟和罗吉尔·凡·德·威顿的赞助人——罗兰公爵本人;还有比尤纳的祭坛和欧坦的祭坛的捐献者让·舍弗洛(Jean Chevrot),他曾委托罗吉尔绘制《七圣礼》(现藏安特卫普)。更重要的是,是画家们亲自设计了这些展品。如果记载没提到杨·凡·艾克或罗吉尔为类似节日服务,他们确实给马米翁(Marmion)和雅克·达雷(Jacque Daret)两次节日取了名。为了1468年的节日,整个画家公会都被征用了,他们被匆忙地从根特、布鲁塞尔、卢汶、台洛蒙、蒙斯、昆斯罗伊、瓦朗西安、杜埃、康布雷、阿拉斯、里尔、伊珀尔、库特雷、奥登阿德等地传召到布吕赫工作。要相信他们的手工作品很粗陋是不可能的。装饰着公爵产

第十九章 艺术和生活

业纹章的三十艘船只,穿着民族服装,"拿着水果篮子或鸟笼子"的妇女的六十幅画像……我倒愿意用不止一幅平庸的教堂画换来这些画看看。

尽管有自相矛盾的危险,我们可以进一步声称,要彻底理解克劳斯·斯勒特的艺术,就不得不考虑这种已经消失得不留一丝痕迹的展示艺术。

在所有艺术形式中,陵墓雕刻是最为其切近目的所束缚的。承担公爵陵墓工作的雕刻家没有创作美丽作品的余地,他们不得不去强调已故王侯的荣耀。尽管画家总是可以自由地驾驭他的想象力,从不会被迫用受托的工作来严格限制自己。另一方面,很可能这个时代的雕刻家很少做定制任务以外的工作。而且他的艺术母题是数量有限并严格限定于传统的。不错,画家和雕刻家同样是公爵家族的仆人,杨·凡·艾克和斯勒特及他的侄子克劳斯·德·维尔弗(Claus de Werve)一样,有"家童"的头衔,但是对后两者来说,工作分量比画家要实在得多。这两个伟大的荷兰人全被勃艮第公爵独占了,他们被法国艺术生活不可抗拒的吸引力吸引过来。克劳斯·斯勒特住在第戎的一座房子里,公爵已交付他自由支配,在那儿他生活得像个绅士,同时又是宫廷的仆人。他的侄子和继承者克劳斯·德·维尔弗是为王侯服务的悲剧型艺术家;年复一年地羁留在第戎,以图完成让·桑斯·保尔的陵墓,而资金却永远不凑手。他眼看自己以辉煌开端的艺术经验糟蹋在无结果的等待之中。

所以当时的雕刻艺术是十足的依附艺术。另一方面,雕刻通常很少受时代趣味影响,因为其方法、材料和主题都受到限制,只有很少的主题可以更换。当一个伟大的雕刻家出现时,他随时随地创造着最适度的纯粹和朴素,我们称之为古典。人体及服装只容许很少的变化。不同年代的雕刻杰作都很相似,而且对我们来说,斯勒特的作品也具有这种雕刻的一成不变的品质。

然而,通过更仔细地察看,我们会注意到斯勒特的艺术尤其受到时代趣味的显著影响(不可称作勃艮第趣味),乃至到了雕刻品性所允许的极限。他的作品没能完好如初地保存下来,没能如这位名家的愿。我们必须描绘"摩西之井",因为1418年罗马教皇的使者对任何来虔诚参拜它的人都许以恩惠。要知道这井是残缺的,它是耶稣受难处的一部分,瓦卢瓦王朝的第一位勃艮第公爵打算用它来装饰尚普摩尔的加尔都西会修道院。它的主要部分即钉在十字架上的基督、圣母玛丽亚、圣约翰和玛丽·马格德林诸像在法国大革命以前就已不存在了,剩下的只有台座和环绕着的六位先知,是他们预言了耶稣的死,还有一个由天使支撑着的楣柱。整个结构是最高程度的一场演出、一种展示,和舞台造型、宴会及名人的入场典礼密切相关。在这儿,所表现的对象有选择地借自基督降临的预言。像那些"角色"一样,围着这井的人像都拿着写有预言典籍的卷册。雕刻上的铭刻文字很少会如此重要。在这里我们只能充分认识到展示出神圣庄严的词句的惊人艺术。《出埃及记》第12章第6节:"在黄昏的时候,以色列全会众把羊羔宰了。"《诗篇》第22章第16、17节:"他们扎了我的手、我的脚。我的骨头,我都能数过,他们瞪着眼看我。"《耶利米哀歌》第1章第12节:"你们一切过路的人哪,这事你们不介意吗?你们要观看,有像这临到我的痛苦没有?"以赛亚、但以理、撒迦利亚都宣布了主的死亡。好像一首六人合唱的挽歌缭绕在十字架上。作品的精华正在于这一特点。把注意力引向经典的手势被极力强调,他们的脸上带着如此强烈的悲痛表情,整个雕刻有丧失那种标志雕刻之伟大的平静的危险。它太直接地诉诸观众,和米开朗基罗的人物相比,斯勒特的人物太富有表情,太个人化。如果由先知支撑的受难像不止是给我们留下基督的威严十足的头与躯干,这种富

第十九章 艺术和生活

于表情的特点还会更明显。

尚普摩尔的受难像的壮观特色在作品的奢侈装饰方面显得非常突出。我们应当描绘出它全部的绚烂多彩,因为艺术家让·马洛尔(Jean Malouel)和镀金工人科隆的赫尔曼(Herman of Cologne)毫不吝啬于鲜艳色彩的光辉灿烂的效果。台座是绿色的,先知的斗篷是金色的,他们的红色与天蓝色紧身短上衣上点缀着金星。以赛亚是所有人当中最阴郁的一个,穿着一件金线织成的衣服。开阔的空间填满了金色阳光和首写字母。豪华的纹章不但出现在人像下的圆柱周围,还刻在十字架上面,全部是金色的。十字架末端的形状好像柱头,带有勃艮第和佛兰德斯的盾徽。人们还能要求有更好地表达公爵的虔敬精神的证据吗?作为一件无可比拟的稀奇之物,汉纳昆·德·哈歇特(Hannequin de Hacht)制作的一副镀金黄铜眼镜架在耶利米的鼻子上。

伟大艺术沦为被王侯赞助人的意愿所控制的奴役状态是悲剧性的,但它同时也因伟大雕塑家努力使其摆脱束缚的英勇努力而得以弘扬。这些环绕石棺的"普鲁伦特"的人像长期以来成为勃艮第陵墓艺术的强制性主题,这些哭泣的人物不仅意味着一般的悲伤,雕刻家必须对有权贵出席的葬礼给予忠实的描绘。但斯勒特和他的后学者的天才,把这种主题转化为艺术中所知的最深刻的哀悼表情,是一曲石头葬礼进行曲。

尽管如此,我们认为这位艺术家是在与他的赞助人的缺乏优雅趣味作战,果真是对的吗?很可能斯勒特本人就认为耶利米的眼镜是一桩非常愉快的发现。在当时的人们当中,艺术趣味和寻求稀奇、辉煌之物的热情相一致。在他们的朴素观念中,他们可以把稀奇当做美来享受,纯粹的艺术品和奢侈品与珍奇之物同样受到瞻仰。在中世纪过去很久以后,王侯的收藏品还是不加区分地由艺术品、贝壳、头发做的

中世纪的衰落

259 小玩意儿、著名矮人的蜡像和类似物品构成。在赫定城堡,与艺术宝藏并列在一起的玩具小发明非常之多,通常置于王侯的游艺园里。卡克斯顿(Caxton)看见一个用描绘着金羊毛英雄伊阿宋的画装饰的屋子。作者不知是谁,但很可能是一位杰出的名家。为加强效果,附加了一种能模拟电闪雷鸣和雨雪的机械装置,是为了纪念美迪亚的魔法。

设计王侯们入场仪式的排场,也是极尽创造性想象之能事。当巴伐利亚的伊莎贝拉1389年进入巴黎时,有一只金色鹿角、脖子上挂着花环的白鹿,站在"正义之榻"上,转动着眼睛、鹿角、四足,并举着一把剑。在这位皇后经过通往圣母院左侧的大桥时,由精心设计的器械将一个天使从一个塔里降下来,通过点缀着百合花徽的覆盖大桥的蓝色塔夫绸吊帘的通道,在皇后的头上戴上一顶皇冠。然后天使又被"拽回去,就像它是自动地返回天堂一样"。好人菲利普和查理八世也遭遇到同样的"袭击"。勒菲弗尔·德·圣雷米十分羡慕那种有四个号兵和十二名贵族骑在工艺马上的排场,"以这样的方式迈步并旋转跳跃真是令人赏心悦目"。

260 时间这个破坏者使我们很容易从所有这些华而不实和稀奇古怪的装饰品中分离出纯艺术品,前者已完全被淘汰了。我们的美感所坚决要求的这种分离对于那个时代的人并不存在,他们的艺术生活仍然包含在社会生活的形式当中。艺术是从属于生活的,它的社会功能会增强小教堂、捐献者、赞助人和节日庆典的重要性,却不会使艺术家变得更重要。现在要彻底认识艺术的地位和范围几乎是不可能的。艺术所处的物质环境以及艺术品本身,都留存得太少,因此少数无价之宝为我们揭示出宫廷与教堂状况之外的私人生活情况。在这方面,没有别的画可以和让·阿尔诺芬尼(Jean Arnolfini)及其妻子的画像(杨·凡·艾克绘,收藏于国立美术馆)相比。这位名家这一次不必描

第十九章 艺术和生活

绘神圣人物的庄严和渲染贵族的骄傲,在这儿他自由地追随着自己的灵感:画他朋友的结婚场面。被画的人是谁?真是那个卢卡的商人,在佛兰德斯叫做让·阿尔诺芬尼的人吗?杨·凡·艾克对这副面孔画过两次(另一幅画在柏林),我们不能想象出一张不那么意大利式的面孔,但是这幅画登载在奥地利的玛格丽特的清单上,"赫尔诺·勒菲尼和他的妻子在卧室",不容怀疑。但可能画中人是凡·艾克的朋友,他本人用灵巧优雅的签名方式把标题写在画中的镜子上以资证明:杨·凡·艾克在此,1434年。

"杨·凡·艾克在此。"人们会想,这只是刚才发生的事,他的声音好像回荡在这房间中。只有伦勃朗能再次体验得到所有这些亲切感和深沉的宁静,它们从画面上散发出来。那种我们依稀知道并在其众多精神表现形式中徒然地寻找的一个时代的宁静的黄昏时分,突然在这儿展现出来。最后,这一精神展现了它的欢乐、朴素、尊贵和纯粹,同当时崇高的教堂音乐和动人的民歌谐调一致。

或许我们可以想象出一个逃离热情的宫廷生活的喧闹狂欢与粗鄙的杨·凡·艾克,一个心地单纯的梦幻者凡·艾克。不需费力便可想象这位公爵的私人侍者,违心地为大领主服务,忍受着一个伟大艺术家不得不使自己的崇高艺术理想沦落为替节日设计机械装置的嫌恶的滋味。

但是,没有什么能证明我们所形成的关于他个性的设想是对的。我们所敬仰的这种艺术,在引起我们反感的那种贵族生活气氛中十分繁盛。我们所知的十五世纪画家生活的点滴显示出他们是那个世界和那些国家的人。贝里公爵和他的艺术家们关系很好。弗罗亚沙看见他在他富丽堂皇的"耶夫尔河上的梅恩"(Mehun sur Yevre)城堡里和安德烈·比尤纳夫(André Beauneveu)亲密地谈话,林堡三兄弟,杰出的写本装饰家,前来觐见公爵,带来了一本形状令人惊讶的新装饰

中世纪的衰落

的写本作为新年礼物,后来发现这是"一本用一段白木做的,画成书的模样的假书,里面没有书页也没有字"。杨·凡·艾克无疑常常在宫廷内走动,公爵委托给他的秘密外交使命需要的是一个老于世故的人。而且,他被看做有学问的人,阅读着古典作家的作品,并学习几何学。他不是趁一时的兴致,以希腊字母 Als ik Kan(既然我可以)来掩饰他谦逊的意愿的吗?

在我们看来,十五世纪的知识生活和道德生活好像被清楚地分成了两个部分。一方面是宫廷、贵族和富裕的中产阶级的文明:炫耀的、傲慢的和贪婪的,情欲热烈的和奢侈的。另一方面,是《仿效基督》、吕斯布鲁克、圣柯莱特以及"现代虔敬"的平静领域。人们会乐于把凡·艾克兄弟的宁静而神秘的艺术纳入第二个领域,但其实它更属于第一个。虔敬的人们和当时兴盛的伟大艺术几乎没有关系,他们不赞成多声部音乐,甚至不喜欢风琴。温德斯海姆修道院的规定禁止转调唱法的艺术加工。肯佩的托马斯说:"如果你不能唱得像夜莺和云雀那样好听,就像乌鸦和青蛙那样唱吧,依照上帝的意愿去唱。"杜费、比斯努瓦、奥根海姆的音乐都是在宫廷的小教堂里发展起来的。至于绘画,"现代虔敬"的作者们没有谈到,那超出他们所思考的范围之外。他们要保持书本的朴素,不加修饰。他们很可能把《上帝羔羊》祭坛画仅仅看做引为骄傲的作品,对乌德勒支主教堂的塔楼也是这样认为的。

262　　大艺术家们通常为虔诚市民以外的圈子工作。凡·艾克兄弟及其追随者的艺术虽然兴起于市区,并且受到市民阶层的促进,却不能称为布尔乔亚艺术。宫廷和贵族显示出强大的吸引力。只有王侯赞助人才能使写本绘画上升到高雅艺术的境界,林堡兄弟及制作"图林日课书"的艺术家们堪称典型。大画家的雇主除了王侯以外还有世俗的或宗教的大领主,并且有许多勃艮第时代的暴发户,他们全都被吸引到宫廷方面来。这一时期法兰西—佛兰德斯艺术与荷兰艺术的差

第十九章 艺术和生活

别,其根本就在于后者仍保留着令人回想起偏远小镇的那种简单淳朴,比如荷兰艺术的发源地哈勒姆,甚至迪克·布斯也去南方的卢汶和布鲁塞尔作画。

在十五世纪艺术保护人当中,应提到的有图尔内主教让·舍弗洛,一个盾形饰标志着他是那件动人而虔诚的作品《七圣礼》(现藏安特卫普)的捐献人。舍弗洛属宫廷高级教士一类,他作为公爵的亲信顾问,对"金羊毛骑士团"事务和十字军东征充满热情。另一类的代表是彼埃尔·布莱德林(Pierre Bladelin),从现藏柏林的米德尔堡祭坛上可以看到他严峻的面容。他是那时最大的富豪,从故乡布吕赫的收税官的职位上升到公爵的总出纳。他为公爵的财务引进了节制和俭约。他还被派到英国去赎回奥尔良的查理。公爵希望让他掌管对土耳其远征的财务。他把令时人视为奇迹的财富用于筑堤和在佛兰德斯修建一座新的城镇,把它命名为米德尔堡,仿效泽兰的那座同名城镇。

其他的著名捐献者有朱多库斯·法特(Judocus Vydt)、教士凡·德·佩尔(Van de Paele)、克罗伊家族、朗龙家族等,他们都属于那个时代非常富裕的阶层,无论是贵族还是平民,是门第古老还是新发迹的。他们当中最有名的是掌玺官尼科莱·罗兰,他是"从小人物中涌现出来的"法官、财政家、外交家。1419年至1435年间诸公爵之间的重大条约都是他的功劳。"他总是独自决定每件事情,而且苦心经营把一切事务揽在自己身上,不管是战争的,和平的,还是财务的事。"通过并非无可怀疑的手段,他聚敛了无数钱财,花在各式各样的虔敬行为和慈善捐助上。但是,人们仍然憎恶地谈到他的贪婪和骄傲,一点也不相信那种令他有虔诚表现的宗教感情。在杨·凡·艾克为他的故乡欧坦作的画中,以及罗吉尔·凡·德·威顿作的指定给他在比尤纳的慈善收养院的那幅画中,我们看见这个人虔诚地跪着,活脱脱一个凡夫俗子。"他总是在大地上收获,"夏特兰说,"至于大地,那将是他永远的住所。在世间,他的可以理解的过错和他的谨慎使他谦卑,当他不能对之划出界线时,他的老迈年岁会向他显示终结的来临。"这一点被雅克·德·克拉克以下言辞所证实:"前面提到的这位掌玺官是这个国家的聪明人中最有名的一个,至于说到宗教,我将保持沉默。"

那么,我们要在捐献者罗兰大臣拉维尔热(La Vierge au Chancelier Rolin)的脸上寻找伪善的表情吗?让我们在对他宣判之前,牢记那一时代其他多数人的宗教品质的离奇之谜。他们都是严肃虔敬与过分骄傲、贪婪与色欲的结合体。一个已逝去的时代的这些品性是深不可测的。

在十五世纪艺术所表达的虔敬中,极端的神秘主义和极端粗俗的实利主义会合在一起。其中所描绘的信仰是如此直接,以致没有什么世俗图像会显得太耽于声色或太沉重而不适于表现它。凡·艾克给他的天使和神人们披盖上沉重坚挺的锦缎,金片和宝石熠熠闪光——他没有必要画上巴洛克风格的飘动长袍和伸展的肢体也能令人想起天国之域。

但是这种艺术和这种信仰都不是原始的。在用"原始"这个词来标明十五世纪的名家时,我们有被曲解的危险。他们在纯编年史意义上是原始的,对我们来说,他们是最早的,我们不知道更早的画。但如果给这个叫法附加上一种原始精神的含义,那就大错特错了。因为这种艺术所指明的精神,和我们在宗教生活中指出的一样:是一种比原始精神颓废得多的精神,一种通过想象力对宗教思想精心加工甚至分解的精神。

在相当早的时期,神圣人物被看做无比遥远:刻板而令人畏惧。后来,从十二世纪以后,圣贝尔纳的神秘主义给宗教引进了一种感情因素,它有着无限生长的可能性。在一种新的过分的狂热虔敬中,人们对借助想象力分享基督的痛苦感到厌倦。他们不再满足于僵硬和静止的图像,罗马式艺术赋予基督和圣母像以无比遥远的特征,想象力从世俗真实中吸收来的所有形式和色彩都过分丰富地用在神圣人

第十九章 艺术和生活

物之上。一旦释放出来,这种虔诚的嗜好就进入整个信仰领域,并且赋予每件神圣事物以复杂精细的形状。

最初,口头表达领先于绘画和造型艺术,当文学开始描绘基督教故事有关身体和精神上所有细节的时候,雕塑仍坚持从前的僵硬外形。一种伤感的自然主义兴起了,最早是圣波纳温彻拉所写的《基督的沉思》提供了范例。基督的诞生、童年时代,下十字架,每个情节都获得一个固定的形式,一种鲜明的色调。阿利玛西的约瑟(Joseph of Arimathea)怎样登上梯子,他怎样紧按着主的手以便拔出铁钉,都描写得极为详尽。

同时,到十四世纪末,绘画技巧已经大大进步,在描绘这些细节的艺术方面远远超过了文学。凡·艾克兄弟天真而纯净的写实主义是绘画表达的一种新形式,但是从普遍的文化立足点看来,它只是中世纪思想的另一种明确倾向的表现,这一倾向我们在衰落中的中世纪的精神的各个方面都可注意到。这种写实主义不是像一般所认为的那样,宣告了文艺复兴的来临,而是中世纪思想根本形式的继续发展。使每一神圣理念转变为精确图像的渴望,给了它独特的轮廓清晰的形式,我们在热尔松身上、在《玫瑰传奇》中、在加尔都西会修士德尼那里所看到的这种形式支配着艺术,如同它支配着大众信仰和神学一样。凡·艾克兄弟的艺术结束了一个时代。

第二十章

美　感

266　　对一个时代的艺术的研究将会是不完整的,除非我们努力探明这种艺术怎样为它的同时代人所欣赏:他们赞赏什么,他们以什么标准来估价美。当前对于过去年代的美感方面所做的研究是最不完全的,以言辞表达美感的需求和才能都是最近才发展起来的。究竟十五世纪的人们对其时代的艺术所抱持的是何种倾慕之心呢?一般地说,我们可以断言,有两种事物会给他们特别深的印象:首先是主题的庄重和圣洁;其次是惊人的精湛,完美自然地呈现所有细节。因此我们发现,一方面是一种宗教欣赏而非艺术鉴赏;另一方面是一种天真的惊奇,也几乎不能算做艺术情感。第一个给我们留下关于凡·艾克兄弟和罗吉尔·凡·德·威顿绘画的批评资料的,是一位十五世纪中期的热那亚学者,巴托洛梅奥·法齐奥(Bartolommeo Fazio)。他所谈到的多数画作都已佚失了。他赞美圣母美丽贞洁的形象,加百列大天使的头发"胜过真发",施洗者圣约翰的克己面容上表现出神圣庄严,以及栩栩如生的圣杰罗姆。他赞赏杰罗姆密室的透视图,一条从裂缝中照入的光线,一位在沐浴的妇女身躯上的水珠,一幅由镜子映照出的图景,一盏燃着的油灯,一幅绘有山脉、森林、村庄、城堡、人物和远处地平线的风景画,还有那面镜子。他用以表达其热情的措词只是一种天真的、迷失在无比丰富的细节当中的好奇心,远不能判断整体的美。这就是一个尚属中世纪的头脑对中世纪作品的鉴赏。

267　　一个世纪以后,文艺复兴胜利之时,正是这种细节刻画的精致被

第二十章 美 感

指责为佛兰德斯艺术的主要缺陷。照那位葡萄牙艺术家弗兰西斯科·德·荷兰达（Francesco de Holanda）的说法，米开朗基罗说过以下的话：

"佛兰德斯绘画比意大利的绘画更能取悦所有的虔敬之徒。后者不能引出泪水，前者却使人们泪如泉涌。这不是这种艺术的优点的效力。唯一的原因是虔诚观众的特别感受力。佛兰德斯绘画取悦妇女，特别是年老的和特别年轻的，还有修士和修女，最后还有老于世故却不能理解真正和谐的人。佛兰德斯画家在画所有事物时，严格然而靠不住地描绘着事物的外表。画家们偏爱选择能唤起虔诚的狂喜的主题，比如圣徒或先知的人像。但是大多数时候，他们画有大量人物的所谓风景画。虽然眼睛得到了愉悦的印象，但这些画既谈不上艺术也谈不上理性，既不匀称也不成比例，既没有价值的选择也不富丽堂皇。简言之，这种艺术没有力量也没有个性。它只是同时详尽地复现许多事物，其中任何一样都足以唤起一个人全部的关注。"

这是米开朗基罗判定的中世纪精神本身。那些他称为虔敬者的是具有中世纪精神的人。对他来说，古代的美已经变成一种小人物的、弱者的美。不是所有他的同时代人都跟他想的一样。在北方，许多人仍然崇拜他们祖先的艺术，其中有丢勒和昆丁·梅特西斯（Quentin Metsys），还有杨·斯柯莱（Jan Scorel），据说他吻过《上帝羔羊》祭坛画。但是米开朗基罗的确代表了反对中世纪的文艺复兴。他对佛兰德斯艺术谴责的内容是衰落中的中世纪的本质迹象：强烈的多愁善感，把每件事物看做独立实体的倾向，迷失在概念的复杂性当中。文艺复兴精神是与此对立的，而且像通常所发生的那样，它只是通过暂时贬低前代的美与真理，来实现它的崭新的艺术与生活观念。

审美快感的意识及其表达发展得非常迟缓。像法齐奥这样一位十五世纪学者在努力表达他的艺术赞叹时，不能超出于平凡的惊叹之辞,还缺乏一个特定的艺术美的概念。艺术的沉思冥想所带来的美感总是立即消失在虔诚情绪或一种模糊的幸福感当中。

加尔都西会修士德尼写过一篇论文《论优美雅致和美好自然》,标题中的两个词的差异立刻就暗示了他的观点:真正的美只属于上帝,世界只能是 venustus——漂亮的。所有造物的美,他说,都不过是从至高无上的美的源头流下来的支流。就其分享了神圣的大自然的美,从而达到了与它一定程度的和谐来说,一种生物可以说是美的。作为美学的起点,这是伟大和崇高的,可以成为分析美的所有特定表现的一个很好的基础。德尼并不是这一基本观念的发明者,他依据了圣奥古斯丁、伪狄奥尼修斯、圣维克多的于格(Hugh of Saint Victor)和哈勒的亚历山大的观点。但是他一旦真的试着来分析美,观察和表达的不足就显露出来。他从前辈那里借用了尘世美的例子,特别是从于格和圣维克多的理查德(Richard of Saint Victor)那里:一片叶子,色彩变幻的骚动不安的大海等。他的分析非常肤浅。草是美的,因为它们苍翠;宝石是美的,因为它们熠熠闪光;人体、单峰骆驼和双峰骆驼是美的,因为它们适合于本来的目的;大地是美的,因它漫长广阔;天体是美的,因为它们浑圆而发光;山脉是可赞美的,因为它们体积巨大;河流是可赞美的,因为它们源远流长;田野和森林是可赞美的,因为其面积辽阔;泥土是可赞美的,因为其重量不可计数。

中世纪理论把美的观念降低到完善、合乎比例和光彩夺目。圣托马斯说,三件事是美所必需的:首先是完善,根据这一观点,不完善的东西是丑的;其次是正确的比例或者说和谐;最后是光彩,因为我们把任何有鲜明色彩的东西都叫做美的。加尔都西会修士德尼试图应用这些标准,但没能成功:应用美学很少会成功。当美的观念被赋予如此多理智的内容,心灵立刻从世俗之美过渡到天使、天国或类似的抽象概念之美就不足为奇了。在这个体系中没有艺术美这一概念的立

第二十章 美 感

足之地,甚至在与音乐有关的方面,人们可以料到,也不会使人联想到特定性质的美的观念。

音乐感立即被吸收到宗教情感中去。德尼永远不可能去赞赏音乐与绘画里处于神圣事物之外的什么美。

有一天,他进入黑特根波赫(Hertogenbosch)的圣约翰教堂时,里面正在演奏着风琴,他立刻被美妙的音乐所感动,陷入一种长时间的狂喜。

德尼是那些反对把新的复调音乐引进教堂的人物之一。他说,被打断的歌声好比是破碎的灵魂的先兆,它像是男人的卷发或妇人的打褶的长袍,完全是无益的东西。他不是说不虔诚的人会因美妙的音乐而陷入沉思,因此教堂容许有风琴是对的,但是他不赞成只为迷住听众特别是取悦妇女的艺术性音乐。有些在旋律部分演唱的人使他确信,他们体验到某种令人愉快的骄傲,甚至是一种心底的动情。换言之,要描绘音乐情绪的确切本质,他只能找到那些意味着危险罪恶的言词。

从中世纪早期以来,许多关于音乐美的论文问世,但是这些照古代音乐理论写成的论文很难理解,不能告诉我们中世纪的人们究竟如何欣赏音乐。在分析音乐美时,十五世纪的作家也不能超出他们欣赏绘画的那种含糊和天真。正像表达对绘画的印象一样,他们只是赞美处理手法的高尚特性和再现自然的完美程度。所以在音乐方面,只有神圣的庄严和模仿的独出心裁受到欣赏。中世纪精神很自然地将音乐情绪看做天上的欢乐的回声。诚实的演说家莫林奈像大胆查理一样是音乐爱好者,他说:"因为音乐是天国的回声,天使的声音,天堂的欢乐,是空中的希望,教堂里的风琴,小鸟的歌唱和所有郁闷而绝望的心灵的娱乐,是对魔鬼的困扰和驱逐。"当然,他们没有放过音乐情绪中的欣喜若狂。彼埃尔·德·阿伊说:"和谐的力量如此之大,它可以使灵魂远离其他的激情和烦恼,甚至它自身。"

对艺术中模仿因素的高度评价使音乐承担了比绘画更大的风险。十

270

四和十五世纪的作曲确实因对写实音乐的渴望而受到损害,比如像"卡克西亚"(Caccia,意为"捕捉"),通常用猎犬吠叫和号角齐鸣的狩猎来表示。在十六世纪初,尧斯昆·德·普勒(Josquin de Prés)的一个学生约那昆写了几首这种类型的"创意曲",其中,表现了马里尼昂战役、巴黎街头的叫卖声、鸟儿的歌唱和妇人的闲聊。很幸运,那一时代的音乐灵感极为丰富生动,没有为矫揉造作的理论所束缚,杜费、宾歇瓦(Binchois)和奥根海姆的杰作就摆脱了这模仿的花招。

取代美的观念的是尺度、秩序和一种模糊的得体观念。某些别的方法至少满足了更深刻的审美直觉:把美降为闪光和灿烂夺目。给宗教事物的美下定义时,德尼总是把它们比做光。智慧、科学、艺术都是许多光明的实体,以它们的光辉照亮了理智。

这种用光来解释美的倾向起源于中世纪思想的显著偏爱。当我们把对美的定义放到一边,来检查那个时代自发地表达出的美感,就会注意到中世纪的人们想要表达美的欢愉时,他们的情绪总是起因于对灿烂光华或活泼姿态的感觉。

比如,弗罗亚沙通常对纯粹美的印象不太敏感。他没完没了的叙述使他没时间注意到美。然而,有一两个场景不会不使他狂喜:有塔楼和长旗的海上船只,装饰华美、色彩斑斓的纹章在阳光下闪闪发亮;或者一队骑士在行进中,头盔和胸甲以及长矛尖上反射出闪烁不定的阳光,还有他们那色彩鲜艳的三角旗和大旗。艾斯塔什·德尚表达过对转动的水磨与闪烁在露珠上的一线阳光之美的感觉。拉马歇曾被日耳曼和波希米亚贵族马队的金发映照着阳光的美所打动。这些美感的展示是重要的,因为在十五世纪它们就尤为罕见了。

对所有光辉灿烂之物的喜好还表现在日常的华丽而俗气的服装上,特别是在长袍上缝缀过多的宝石。在中世纪之后,这种装饰为缎带和玫瑰花饰所取代。至于听觉领域,这种对灿烂夺目之物的偏爱就

第二十章 美 感

表现为对叮当声和咔嗒声的天真喜爱。拉海尔(La Hire)穿着一件全身缀满牛铃般小银铃的斗篷。在 1465 年的一次入场典礼上,领主撒拉查(Salazar)由二十个全副武装的人陪同,他们的马具上都装饰着巨大的银铃。夏罗莱和圣保罗伯爵的马匹也作同样的装饰,还有 1461 年路易十一进入巴黎时,克罗伊的领主也是如此。节日时,常常在衣服上缝缀叮当响的弗罗林金币和英国金币。

要判断当时对颜色的喜好的特点,还需要进行多方的统计调查,包括绘画的色彩标准,也包括服装和装饰艺术的色彩。也许服装该是显示色彩趣味的最佳线索,因为它最自然地展现其自身。现在,除了教堂法衣以外,我们只有那时期的少数实物样品。另一方面,对比武大赛和节日穿的服装的描绘却非常之多。下面的概述只提供了一个暂时的印象,它是在仔细查阅那些描述后写成的。应该注意到,这里所指的礼服和奢华服装,在颜色上不同于日常服装,但却更自由地显示出美感。当我们查阅科得尔先生发表的关于十五世纪巴黎一个名裁缝的描述时,发现那些安静的颜色如灰色、黑色和紫色占了绝大部分,然而在节日服装中,最强烈的对比和最鲜艳的颜色都用得很多。红色特别突出,在一些王侯的入场典礼上,所有的服饰都是红色的。其次白色也很流行。各种颜色的组合都许可:红和蓝,蓝和紫。在拉马歇描绘的一次餐后游艺上,一位小姐身穿紫色丝绸坐在一匹配有蓝绸马鞍的马上,牵马的三个人穿着朱红色绸衣,戴着绿绸头巾。

甚至在礼服方面,黑色总是受人喜爱的颜色,特别是天鹅绒。好人菲利普在晚年总是穿着黑色,并且让他的随从和马匹也着同样颜色。勒内王不停地寻找文雅和高贵的色彩,把灰色、白色和黑色组合在一起。跟灰色和紫色一样,黑色远比蓝色和绿色风行,而黄色和棕色几乎完全没有。蓝色和绿色的相对稀少不能简单地归因于美学的偏爱,它们所附有的象征意义是如此鲜明和特殊,以致它们不适合于日常的服装。它们是象征爱情的特殊色彩：蓝色象征忠诚，绿色象征爱的激情。一首十五世纪的歌这样唱道：

> 你应该穿绿色，
> 那是情人的服装……

德尚曾说到一个女士的追求者们：

> 有些人为她穿着绿色，
> 另一些穿着蓝衣，也有白的，
> 还有一些穿得像血一样红。
> 那个最渴慕的追求者出于巨大的悲伤，
> 穿了一身黑色。

虽然其他颜色在爱情的象征体系中也有它们的含义，但一个男人以穿蓝或穿绿来表现自己会是一种嘲弄，毕竟蓝色还暗示有伪善的含义。克里斯丁·德·比桑让一位女士对她那用蓝色来引人注目的情人说：

> 身着蓝衣不能证明对爱人的爱，
> 也不是穿着爱的箴言，
> 只有以忠贞不贰之心侍奉她，
> 并且使她远离谗言……
> 爱情就在于此，不在于穿着蓝衣裳。
> 但是也许有很多人想把谎言的罪过
> 掩盖在墓碑之下
> 就凭身着蓝色……

第二十章 美 感

很可能这就是为什么蓝色从表示爱的忠贞的颜色奇怪地转变为表示不贞,并且,除了不贞的妻子之外,还标志着欺骗。在荷兰,蓝色的斗篷标志着通奸的妇人;在法国,蓝斗篷标志戴绿帽的丈夫。最后,蓝色通常是傻瓜的颜色。

对棕色和黄色的厌恶到底是起因于美学反感还是它们的象征意义,这还不能确定。也许一种令人不快的含义被附加给它们,因为他们被认为是丑恶的。

> 我很可以穿灰色和棕色,
> 因为希望只能带给我痛苦。

灰色和棕色都是悲伤的颜色,然而在节日服装里灰色很多,棕色却很少见。

黄色表示敌意。符腾堡的亨利(Henry of Wurtemberg)带领他的全部穿着黄衣的侍从从勃艮第的菲利普面前经过。"公爵被告知,这是针对他的。"

在十五世纪中叶以后,似乎黑色和白色暂时减少而蓝色和黄色受到青睐。十六世纪,当艺术家开始避免使用原色的天真对比的同时,服装上采用稀奇古怪和大胆的色彩组合的习惯也消失了。

就艺术所涉及的范围而言,可以认为这种改变是由于意大利的影响。但是事实并未证实这一点。热拉尔·大卫最直接地继承了原始学派的传统,已经显示出对色彩情趣的讲究。因此这必须被视为一个具有更普遍的特征的倾向。这是一个艺术史和文明史应当更多地相互了解的范畴。

第二十一章

言辞表达和造型表达的比较之一

275　　在中世纪和文艺复兴之间划出一道明显界线的每一尝试,都会把这一界线一再地向前推移。那些一贯被以为是文艺复兴特征的观念和形式,已被证实早在十三世纪就已存在。有些人因此扩展文艺复兴这个词的范围,乃至包括了阿西西的圣方济各。但如果这样理解这个名词,也就失去了原意。另外,要是不带成见地研究文艺复兴,会发现它充满了各种仍是中世纪盛期的精神特征的要素。因此,要坚持这两者的对立关系几乎不可能,但没有它,我们又会面临窘境,因为中世纪和文艺复兴这两个术语已运用了半个世纪,对我们来说,它们就意味着单一的词义,意味着两个纪元的差别。这种差别,我们感觉到了,认为它很根本,却又难以定义,就好比草莓和苹果的滋味不同,却又难以言传。

　　中世纪和文艺复兴这两个术语的本质尚未解决,为避免这固有的麻烦,最恰当的办法是尽可能地把它们归回到原来的意义上——例如,不要说文艺复兴涉及阿西西的圣方济各或奥吉弗尔风格(Ogival style)。

　　克劳斯·斯勒特和凡·艾克兄弟的艺术都不应称为文艺复兴式的,两者在形式和观念上都是衰落的中世纪的产品。如果某些艺术史家在其中发现了文艺复兴的成分,那只是因为他们错误地混淆了现实

第二十一章　言辞表达和造型表达的比较之一

主义和文艺复兴。而这种有顾忌的现实主义,这种精确提供所有自然细节的渴望,都是盛极的中世纪所独有的精神特征。在这一时期的所有思想领域,我们都会遇到同样的倾向,一种衰落而非中兴的迹象。文艺复兴的成就在于,宽泛而朴实地重组再现了这一精确的现实主义。

法兰西和尼德兰十五世纪的文学艺术几乎都有一个特殊之处,即把一种完善且华丽的形式赋予一套由来已久的观念体系。它们是一套行将终结的思想模式的仆佣。而一个时期的文学艺术中艺术创作仅限于传译观念,那么未来的岁月对于其价值就难以认同。让我们来大致考虑一下我们的印象,一个是十五世纪的文学,另一个则是该时期的绘画。维庸和查理·德·奥尔良除外,大多数诗人都显得单薄、令人厌倦。总是那些乏味的名流以及陈腐的道德寓言,总是重复同样的主题,令人腻味:果园中的眠者梦见一位象征性的贵妇,在五月破晓时分的行程,关于一桩恋爱的"争辩",简言之,即一种浮躁腻味的浪漫、单调无味的幻想。我们在此收集的还是些值得一提、令人有些印象的思想和表达。而另一方面,在艺术家当中,不仅伟大的凡·艾克、富凯或画了《持酒杯者》的佚名画师,甚至连二流画家都抓住了我们的注意力,他们作品的每一细节、他们的原创性和新鲜感都吸引了我们。然而,当时的人们景仰诗人甚于景仰艺术家。为什么在一种形式中失去的品味,却在另一种形式中得到保存呢?

对此的解释是,词语和形象有全然不同的审美功能。如果画家依靠线条、色彩的手段,仅只确切地提供一个对象的外表,他仍然会给这一纯形式的制品加上些难以言表的东西。而诗人则相反,如果他唯一的目标在于重新公式化一种已表达过的概念或描述一些显然的事实,他将耗费无穷的才智,除非他依赖韵律和音调,协调自身的能力,才会有所获益。诗歌的效果仅仅有赖于声韵,而主题思想内含其中,这样才会在听者心中激起反响。一个同时代人会被诗人的词句所震撼——因为其中表述的思想也形成了他自己生活的一个组成部分；而且在其形式中，它显得更具感染力，更加辉煌。赏心悦目的遣词足以使之别具魅力、为人接受。一旦这种思想陈旧过时，不再引起当时人心灵的迷恋，诗歌也就徒具形式上的价值了。毋庸置疑，那是一种极端的价值，有时，它是新鲜可感的，我们会忘了其内容的空洞。十五世纪文学，其形式上的新奇美已暴露出它自身的状况，而在其庞杂的作品中，这一形式也显得陈旧了，韵律音调也显得贫乏。在这种情况下，没有新异的思想和形式，也就只剩下主题陈腐的冗长终曲、一种没有未来的诗歌。

同一时代的画家以及同一心智状况的诗人们都不畏惧时间。他们投入到自己的工作之中，仿佛一切都如第一天那么新鲜，这真是不可思议。让我们想想杨·凡·艾克的肖像吧：他妻子的稍显瘦削的面容；贵族气派的、冷淡抑郁的邦多尼·德·朗龙的头像；藏于柏林的肖像画中阿尔诺芬尼的痛苦而顺从的外表；英国国家美术馆收藏的签有"里尔的留念"的肖像上那种令人迷惑的坦率。这些肖像中的每一种人格都可以细致省察，它们可能是最深奥的性格描绘。艺术家并没有分析这些性格，但由于其绘制，它们"看来"好似一个整体。他不可能以言词来刻画他们，尽管他一直是当时最伟大的诗人。虽然绘画仅仅留存事物的表象，其实它也为将来保留下了其神秘性。

因此，十五世纪的文学和艺术，虽然产生于同样的灵感和精神，却不可避免地在我们心中产生出迥异的效果。除了上述的根本差异之外，由比较的特例看来，文字和绘画表达普遍地呈现出各自的特点，远远超出我们一般鉴赏这两者时的预想。

让我们以凡·艾克兄弟作为这一时期艺术的最卓越的代表。那么，堪与他们相匹敌的文人是谁呢？为了比较他们的灵感和表达模

第二十一章 言辞表达和造型表达的比较之一

式,我们必须在这些伟大画家在世的同样环境中去寻找,也就是说,如我们前面描述的,在宫廷的环境、尊贵且富裕的中等阶层中去寻找。在那儿我们才能设想一种精神相似性的存在。堪相比拟凡·艾克兄弟艺术的文学,恰恰是那些保护和崇敬绘画的赞助人的文学。

通过这种比较,最初看来似乎可以发现一个本质差异,艺术家们的主要题材几乎都是宗教性的,而文学中则是世俗样式占压倒优势。然而,我们必须牢记,在绘画中世俗成分比臆想中的要占有更多的成分,我们还冒险高估了世俗文学的压倒优势。文学史当然和传说、传奇、讽刺作品、歌谣以及历史作品相关,这很容易使我们忘记虔敬的作品总是在时间的长河中占有首要且庞大的位置。为了公正地比较十五世纪的文学和绘画,我们必须把各个方面汇集在一起进行比较,必须汇集遗存下来的祭坛画和林林总总的肖像乃至不重要的浮华画作,如打猎、洗浴的各色场景。题为《法齐奥》,实由罗吉尔·凡·德·威顿所作的画,再现了一位妇女在洗蒸气浴,两个笑眯眯的年轻人从狭缝中窥视。

十五世纪的文学和艺术具有中世纪终结的一般精神和本质趋势:强调细节,发展各种思想和形象达到顶点,给予心灵中每一概念以确定的形式。伊拉斯谟告诉我们,一当他听说一位传教士在巴黎四十天期间宣讲浪子寓言,整个四旬斋他就都待在那儿。他描述了他出发和回来的旅程、在饭馆里每餐的花费账目、他路过的磨坊及他的历险等等。他穷究福音和先知的典籍,看看究竟有些什么东西在支持那个传教者的胡说:"因为那些无知的大众和蠢胖的大人们几乎把他当做神。"

意识到细节的威力如此重要,我们就可以用杨·凡·艾克来检验一些画作。让我们先看看卢浮宫的《罗兰大臣的圣母像》,艺术家执著

中世纪的衰落

地精确描绘衣服质料、柱子和冷硬的瓦、窗玻璃的反光以及主教的日课书,这都给人拘泥不化的印象。他甚至对细节作无节制的铺排炫示,如珠宝装饰、整套的《圣经》场景展示,这些对于画作的总体效果是有害的。在圣母玛利亚的形象旁边不可思议的视点敞开尤为特别,艺术家对细节的热情太放任了。杜伦—格瑞维尔先生在描述这幅画时说:"惊呆了的观者发现在圣婴的头和圣母的肩之间,有一座市镇,满是尖尖的山墙和精美的钟楼,一座教堂由无数立柱支撑;一个巨大的广场,有一楼梯横跨其上,并用细致的笔触画出楼梯上往来奔跑着的生动形象;观者还会被一座弧形桥上熙熙攘攘的人群所吸引;顺着蜿蜒的河流,水上有小树皮泛起的涟漪;河当中,有一个比小孩指甲还小的岛屿,那儿有一座领主城堡,无数的小角楼,树木环绕;画的左边,有一个码头,种有树木,满是步行的过客。如果看得远些,越过绿色的山顶,仔细地看一会儿,会发现雪山逐渐融于天空的淡蓝色之中,那儿飘浮的烟雾朦朦胧胧,隐约可见。"

　　正如米开朗基罗对佛兰德斯艺术的总体断言一样,这种对细节的强调是否丧失了协调统一呢？最近我又重看了这幅画,我不再排斥它,而多年以前,我是容忍不了其汇集的密度的。

　　杨·凡·艾克的另一作品,尤其专注于无尽的细节分析,此即彼得格勒爱尔米塔什博物馆中的《天使报喜》。如果以此画构成右翼的三联画尚完整保存的话,它必定是一幅宏美之作。凡·艾克在此发展了他力所能及的种种精湛技巧来克服所有的困难。在他所有的作品中,这是最为形式化也是最为精纯的杰作。他遵循以往的图像描绘规则,展示出背景上天使的闪现、教堂宽敞的空间和略显疏冷的卧室。在《上帝羔羊》祭坛画中,他使场景洋溢着优雅和温厚。在此,则相反,天使郑重鞠躬,向玛丽亚致意,而不是用一枝百合花和小花冠;他背着一根王杖和一顶华贵的王冠,他的唇边带有爱吉亚(Aegina)雕刻般的

第二十一章 言辞表达和造型表达的比较之一

僵硬微笑;他色彩华丽,黄金、宝石和珍珠都熠熠放光,胜过凡·艾克所画的其他天使形象。天使的外套是绿色和金色的,锦缎斗篷则是红色和金色的,他的翅膀覆有孔雀羽毛,圣母玛利亚的书和她面前的坐垫都是精心绘制的。教堂中还有丰富的轶事细节,过道的瓷砖上有天宫符号以及参孙和大卫的生活场景,半圆形殿墙的拱形窗之间则绘有以撒和雅各形象的大圆形图案,而耶稣形象则位于天顶球状玻璃窗的两个六翼天使之间。除了其他壁画再现了"小摩西的发现"和"摩西制订律法"之外,所有一切也都有清晰的题铭解释。只是木制屋顶的图画,虽可辨认,却有些模糊不清了。

这里对细节的重视并未丧失整体的和谐一致。高超构思的才华弥漫其间,使整个画面蒙上了神秘的纱缦,观者并不会迷失于细节轶事之中。

这是画家的特权,他可以放纵他对无穷细节精心设计的追求(也许应该说,他必须满足某个无知的捐助人最不切实际的要求),而又不牺牲总体的效果。注视这成堆的细节并不亚于注视现实本身,我们有时会因此疲顿不堪,我们的注意力指向它们,也只是看看而已,不久就会调头不顾,而它们也只有凭色彩和透视来增强效果。

对细节的同样热情展现在文学上,效果则截然不同。首先,文学别有蹊径,它通过列举诗人心中与主题相关的种种观念和对象来构造自身。十五世纪大多数作家的文章都奇怪地冗长啰唆,他们不懂得删繁就简的价值,铺满纸面的只是展示所有细节,而不是像绘画一样,给出个别特别的精确形象——他们仅限于堆陈罗列,这恰恰是一种只求数量的方法,而绘画的方法是讲求质量的。

两种表达模式的另一区别在于这一事实:两者各有自身本质和偶然之间的关系。在绘画中,我们难以区分开主次的成分,样样事物都是本质性的。基本的主题也许对观者并无趣味,并不值得眷顾,但由于上述原因,作品也不会失去其吸引力,除非宗教感受压倒了审美欣赏。祭坛画《上帝羔羊》的观者,也许会常有强烈的兴趣,关注那主要场景的花地、"上帝羔羊"爱慕者的行程、背景中树后面的塔群,它们因其庄严神性成为作品的中心形象。观者的目光会游离开上帝、圣母和施洗者圣约翰之类的无趣形象,而注视亚当、夏娃,注视爱慕者的肖像,注视醒目的阳光映照的街道及搭着毛巾的小黄铜壶。观者并不关心神秘的圣餐是否得到了精确的表达,他只醉心于亲密的气氛以及所有细节惊人的完美,在他的眼中,纯细枝末节的东西也被看做是有秩序的,他认定这是杰作。

这样,艺术家在细节的表达上是完全自由的。他只受制于构思主题的流行惯例程式,而后其他各方面则可自由无羁地放纵想象。他可以随着灵感的恣肆去描绘物料、草木、见闻、人脸等等。细节的丰富并不会使画面超载,就像衣服上点缀的花卉不会使衣服累赘一样。

而十五世纪诗歌中本质与偶然的关系却恰相颠倒。诗人在对待其主要论题上一般是自由的,小说还可有更多一些的自由。至于附属成分,他就受到传统的束缚,每一细节的表达都有程式化的方式,哪怕诗人并没意识到这一点,他仍然难以偏离。花卉、自然的欢欣、悲哀和愉悦,所有这些都在一个变动极小的时尚之中吟唱。再者,作为一种规则,艺术家画面上维度的有益限制,对诗人来说并不存在。因此,就自由度而言,诗人比艺术家要大一些。然而,二流画家甚至都可使后世赏心悦目,二流诗人却早被遗忘。

为判断十五世纪诗歌中滥用细节的后果,我们本当征引全文,但限于篇幅,我们只得引其片断。

阿兰·夏蒂埃在当时被举为大诗人,与彼特拉克相提并论,甚至克莱芒·马洛也置其于一流地位。然而,我们可以将其作品与当时最伟大的画家作品作一公正比较,看看他的《四贵妇之书》中的自然描写

第二十一章 言辞表达和造型表达的比较之一

与《上帝羔羊》祭坛画的风景相比如何。

一个春天的早晨,诗人出外漫步,排遣他持续不断的忧郁。

> 为忘记忧郁
> 为愉悦自己,
> 一个美妙的早晨我去到田野,
> 在这个美好的季节
> 爱第一次涌入心间……

这些都是按部就班,也没有韵律音调上的特别优雅之处。接着是一个春天早晨的描述:

> 周围鸟在飞翔,
> 它们唱得如此甜蜜
> 没有一颗心灵不为之高兴欢畅。
> 它们边唱边在空气中翱翔,
> 它们来回穿梭
> 仿佛在竞比谁飞得最高。
> 晴空朗朗无云,
> 天穹广大湛蓝,
> 美丽的太阳明亮闪耀。

如果作者知道该在哪儿打住的话,这些愉悦之情也许并不缺乏魅力。但他并不节制审慎,在穿过所有鸣唱的鸟群之后,他又继续罗列他漫步缓行的见闻:

中世纪的衰落

284

我看见花树丛丛，
野兔奔跑。
春天万物欣荣。
仿佛处处荡漾着爱。
没有什么衰老死亡。
在我看来，爱长生长在。
香草散发出芬芳，
清新的空气更为甜美，
小溪潺潺
流出山谷越过湿地，
那儿的水并不咸涩。
小鸟吃过蟋蟀、蚊蝇之后，
就在那儿饮水。
我看见猎鹰、山鹰和兀鹰。
看见带刺的飞虫（黄蜂）
为这自然的殿堂
在树上精心酿蜜。
在另一边，围绕着
迷人的草地，在一片青葱上，
大自然散布着各色花朵
有白色的、黄色的、红色的和紫色的。
还萦绕着丛丛花树，
有纯洁似雪的白色
笼盖其上，恍若图画，
这色彩竟是如此纷繁。

第二十一章　言辞表达和造型表达的比较之一

一条小溪淙淙流过卵石,鱼儿游弋其间,小树丛在岸边招展枝条,形成绿色的帘幕。然后,鸟禽又重新出现:鸭、斑鸠、雉鸡和花鹭,所有的鸟都从这去往巴比伦,维庸也许会这样说。

艺术家和诗人都勉力留存自然之美,两者都被执著于细节的潮流裹挟着,但因为各自方式的不同,达到了极为不同的效果。尽管都有大堆细节,绘画协调朴质,而诗却单调且杂乱。

但我们只比较了诗和绘画的表现力,这足够吗?难道我们不应考虑散文在这种限定主题的制约下,如何提出对现实的确切看法?它选择手段的自由又是怎样的情况呢?

衰败的中世纪心性的最基本特征之一是视觉感受的突出。这一突出与思想的萎缩密切相关,思想带上了视觉图像的形式。真正赋予心灵一个概念,就要首先有一个可见的形状。寓言的枯燥乏味是注定的,因为心灵满足于视觉。这种表达可见之物的持续要求,能由绘画而非文字手段来更好地满足。但是,散文在此又强似诗歌,因为它更容易造成心灵的视觉化转向。十五世纪的散文一般都优于诗歌,因为散文就好比绘画,能达到高度直接和有力的现实主义,而诗在其发展阶段上、在其本性上不具备这些。

但是,有一位作家尤以其对外部事物清楚的视知感受而著称,令人联想起凡·艾克,他就是乔治·夏特兰。他是来自阿洛斯特(Alost)的佛兰德斯人,尽管他称自己为"忠诚的法兰西人"、"一个天生的法兰西人",佛兰德斯语却是他的母语。拉马歇称他"生来是佛兰德斯人,尽管是以法语写作"。他本人喜欢强调自己的朴质不文,他说着"他那粗鲁的言语",他自称是"一个佛兰德斯汉子,一个来自养牛湿地的人,粗野,无知,说话结巴,口味刁滑,还有其他污点,恰合那个地方的本性"。他的佛兰德斯出身导致了他那绚丽辞藻的浓重色彩、他的浮夸和虚饰。简而言之,他纯正的"勃艮第"风格使法兰西读者几乎不能忍受。这是一种形式化的风格,有某些笨重的特点。但夏特兰把其观点的明白透彻和辞藻的华丽浓重都一概归因于其佛兰德斯式的心智投射。

夏特兰和凡·艾克之间有着不可否认的相近之处。夏特兰最好的时候相当于凡·艾克最糟的时候。这有许多可谈的东西。让我们回想一下《上帝羔羊》祭坛画的那群唱歌天使。那些红色和金色锦缎的贵重衣服缀满宝石,那些太过扭曲的表情,那些稚拙装饰的读经台——所有这些在绘画上都等同于华丽的勃艮第散文。这是一种转换到绘画上的修辞风格。这一修辞成分在绘画中只占有很小的位置,但在夏特兰的散文中则是主要的东西。他那清醒的观察和生动的现实主义常常淹没在浮华词句和生硬用语的波涛之中。

夏特兰只有在描述一个抓住了他视觉化心灵的行为时,才表现出想象力,这使得他非常有趣。他并没有比同代人更多的想法。他的思想火力也像别人一样,不攻击别的,只是对付道德、虔诚和骑士风尚等老生常谈。他的玄想从不深入到表面之下,但他的观察力相当犀利,他的描述生气勃勃。

他刻画的菲利普公爵的形象具有凡·艾克绘画的所有活力。他乐于描绘充满行动的热情的场景,展示出一定程度的真实且质朴的现实主义,这使得这位编年史家成了一名优秀的小说家。例如,他对1457年公爵和他儿子查理之间的一场争执的叙述就是如此。他的视觉感知在此极为生动,这些行动的所有外部环境都完美清晰地包含在内。稍长引述一下是必不可少的。

争执起于年青的夏罗莱伯爵的庄园有一个空缺,老公爵想违背自己的诺言,把这一职位给克罗伊家族的成员。这样会有挺多的好处。查理并不理会他父亲对那个家族的好感,认定这一职位应属于他的一位朋友。

第二十一章　言辞表达和造型表达的比较之一

在一个星期一,那天是圣安东尼日,公爵做完弥撒之后,十分渴望家中能保持平和,没有仆佣间的纷争,儿子也能遂自己的愿,并且快乐。在他长时间地讲了一通之后,礼拜堂空无一人,他叫儿子来到跟前,温和地对他说:"查理,关于桑佩和埃梅里先生争管家职位的事,我希望你住手不管,这样桑佩先生就会获得这个空职了。"可是伯爵说:"先生,你以前交代我的话里并没有提及桑佩先生。要是你乐意的话,我求你了,我仍会遵守原来那些话的。"——"唉!"公爵说道,"别拿那些话来找麻烦,我自有分寸,我希望桑佩先生在那个位置上。"——"哈哈!"伯爵说道(以往他总是这样郑重其事地咒誓):"先生,我求你,宽恕我吧,因为我不能这样做,我只履行我以前说过的话。我明白现在这只是克罗伊家族的人玩弄的伎俩。"——"怎么?"公爵说,"你要违背我?你不愿如我所愿吗?"——"先生,我会乐意顺从你,但我不愿意干这事。"而后,公爵气愤难抑,语声哽塞,应道:"嗨!小子,你真逆我愿?别让我再看到你。"说这些话时,他血涌心头,脸色一会儿白一会儿红,表情十分难看。这些都是我从礼拜堂教士那儿听来的,那时他单独陪着公爵,当时公爵看起来相当可怕……

公爵夫人正好在这争执间歇时出现,她被丈夫的样子吓坏了,力图把儿子带出礼拜堂,用力推站在她前面的儿子,使他避开父亲的咆哮。他们拐了几处弯,跑到了门前,教士有门钥匙,公爵夫人说:"嘿,给我们打开门。"但教士葡萄在她脚下,请她劝儿子在离开礼拜堂之前去道个歉。对他母亲强烈的要求,查理大声回答:"相信我,夫人,先生不准我去他眼前,他对我愤怒难消,所以,禁令当前,我不能这么快就回到他身边,愿上帝恩顾,我要离开了,我也不知去向何方。"这时,传来公爵的声音,他还在他的座位上,无助地暴怒。公爵夫人苦于恐惧,只得对教士说:"我的朋友,快开门,快点,我们必须走,否则,我们就惨了。"

老公爵在回住所的路上,除了愤怒之外,还有些心智错乱。大约在日落时分,他孤身离开了布鲁塞尔,骑着马,衣衫单薄,也没告诉任何人。"那时白日短暂,夜幕降临,而公爵骑着马,没带任何东西,只身出门到了野外。碰巧那天在长期严寒之后开始解冻,又由于一场持续弥漫的大雾整日笼罩,晚上就开始落下一场淅沥而冰凉刺骨的雨水,它滋润土地,融化冰雪,风也刮起来了。"

在这一段及前一段文字中,主人公和作者都不缺乏天生质朴的力量。对公爵夜间行旅的描写,对他在田野和丛林之间徘徊的描写,夏特兰都将浮华修辞与自发的自然主义相结合,产生了一种非常怪异的效果。老公爵由于紧张和疲惫,迷了路,徒劳地呼唤救助。他把一条河当做路而悲哀地落入水中,马匹淹没使他痛心。他无望地倾听着鸡鸣和犬吠,那可能给他指明有人烟之处。最后,他循着亮光想到达那儿,亮光却一会儿隐没不见,一会儿又再次闪现。他最终到达了。"他越想追寻它,那亮光看来就越隐没难现,因为火光出自坟冢,透过浓烟仿佛在各处闪亮。在那时,任何人都会认为这是心灵的炼狱或是一些罪恶的幻觉。"在此,他停住了脚步,突然想起树林深处的窑炉就曾散发出木炭炉般的闪光。但他怎么也不能在附近找到一处房屋,就四处闲逛。最后,一阵犬吠指引他来到一个穷人的棚屋,在那儿他得到了休息和食物。

夏特兰作品中穿插着种种着力描绘的插曲。比如,两个瓦朗西安公民间的法律争辩;在海牙的夜间吵闹,起因于弗里斯兰公使穿着木套鞋在上层房间"奔跑玩耍",打扰了某些勃艮第贵族的睡眠;1467年根特市的骚乱:人们习惯于去圣利维恩殿堂,而在迎接新的查理公爵时,又与欧塞姆的集市相冲突,人们不知何去何从。我们钦佩作者在这些篇章中表现出的观察能力,大量自发的细节显露了

第二十一章 言辞表达和造型表达的比较之一

他锐利的视觉感知：公爵面对叛乱者，看到他面前"那戴着生锈的头盔的众人的脸、歹徒们的胡须、露齿的笑，还舔着嘴唇"，粗鄙之徒迫使他走到窗前，公爵戴着黑铁手套，敲打着窗台，要求安静。

为精确描述所见事物而寻找简明的词汇，这种能力起码是一种视觉力量。同样，凡·艾克也由此使他的肖像获得了完美的表现。只是在文学中，这一现实主义仍受制于惯常程式，并窒息于大堆的枯燥修辞中。

绘画在这一方面较文学有更大的优越性。它对于呈现光的效果有专门技术，细密画作者尤其注意固定短暂光效的问题。在绘画中，黑暗里一束光的效果首先由哈勒姆的圣杨的格尔特根（Geertgen of Sint Jan of Haarlem）在其《基督诞生》中成功地掌握。而在此之前，画家们已试图在耶稣被捕的场景中表现火炬反射在胸甲上的光。勒内王的《神爱的治疗》的手抄本装饰画家已成功地描画了日出和神秘的金光，《阿伊日课书》抄本绘画中的太阳，则在暴雨之后，透过云层射出光芒。文学手段表现光的效果仍很原始。也许我们应该在其他方面寻找固定瞬间印象的文学对等能力。看来这存在于十四、十五世纪文学的常用手法之中，即直接对话（Oratio recta）。其他时期都不曾有如此醒目的直接言语的效果。弗罗亚沙运用无休止的对话，以使得政治情形清楚明白，但常常空洞冗繁；还有些时候，一种极生动的手法也能产生当下即时的印象。例如，在以下对话中我们会以为叫喊正在发生。"那时他听到他们城镇发生的新闻。'有哪些人？'他问，他对之说话的那些人答道：'是布列塔尼人。''哈！'他说，'布列塔尼人尽是坏人，他们烧掠之后就开溜。''那么他们呼喊的战争口号是什么？'骑士问。'真是，上帝啊，他们呼喊：为了胜利！'"

为了加快对话的进行，弗罗亚沙还相当喜欢玩弄一个技巧，让对话人重复另一个人的最后一个词："主啊，加斯东死了。""死了？"伯爵

中世纪的衰落

说。"是的,他确实死了,主啊。"

另一处则是:所以,他向大主教请求在恋爱和血统上的忠告,"忠告?"大主教回答,"噢,好侄儿,这已太晚了,你想关上马厩,可是马已经丢了。"

诗歌也大量运用简短的交替句子的技巧:

> 我愿你死。——愿谁?——你。
> ——我怎么啦?——你拐走了我的夫人。
> ——那不过如此。——告诉我你为什么!
> ——那使我愉快。——荒谬。

在此,手段已成了目的。这种断续对话的技艺在让·米什诺的叙事谣曲中尤为突出。在谣曲中,法兰西人控告路易十一,在三十行的每一句中,问答交替,甚至有时不止一次。这种奇怪的形式却并不减弱政治讽刺的效果。以下是第一节。

> 陛下……——你要什么?——听……——听什么?——我的案子。
> ——说出来。——我是……——谁?——被摧残的法兰西人!
> ——被谁?——被你。——啊?——处处皆是。
> ——你撒谎。——我没有。——谁这样说?——我的经历。
> ——你经历什么?——苦难。——真的吗?——苦难之极。
> ——我根本不信。——事实确在。——别再说了!
> ——哈!我必须说。——这没用。——多么可耻!
> ——我做错了什么?——你违背了和平。——怎么呢?
> ——靠打仗征战。——打谁?——你的朋友和亲戚。

第二十一章 言辞表达和造型表达的比较之一

——说点儿高兴的吧。——我不能,这是事实。

在对外部环境冷静精确的描述中,弗罗亚沙有时追求悲剧的力量,却忽略了所有心理学上的考虑。例如这一插曲,青年加斯东·费布斯仅由于其父的微怒就被杀死了。弗罗亚沙的心灵是一架摄像机,在他自身的统一风格之下,我们还可以辨明各种叙事人的品性,是这些叙事人提供给作者没完没了的消息杂烩。举例来说,所有的消息都是来自他那可敬的旅伴——伊斯帕因·杜·赖翁(Espaing du Lyon)骑士。

简而言之,这一时期的文学运用直接观察的手法,要是没有惯常程式的阻碍,它似乎可以直追绘画,尽管仍难与之匹敌。因此,我们不应在文学作品中去寻找风景画或室内画中自然描写的对等物。十五世纪绘画表现出神奇的感知力,这是因为画家们可以在作为附属的风景上随意而为,并不会受到在主要题材上那样的严格限制。请注意在《尚蒂伊豪华日课经》中"博士朝拜"场景的主要情境和背景的对比:前景形象强烈且怪异,场面太挤了;而远处布尔日的景色却显得晴朗、和谐而完美。

另一方面,在文学中,对自然的感受并不自由,不是以这种手法来表达。牧歌的形式可以表达对自然的喜爱,却为感性及审美的惯例程式所制约。描写花香鸟语的诗篇的灵感,与绘制风景画的那种灵感有所差异。文学描写自然较诸绘画来说,是在另一个层面上的。

虽然如此,我们仍可在牧歌中追溯文学的自然感受的发展。在前述的阿兰·夏蒂埃的诗作中,在牧歌《君王和让娜》中,我们可以把高贵的牧羊人勒内的咏唱看成是他对让娜·德·拉伐尔(Jeanne de Laval)之爱的一种掩饰。从中我们发现充满活力的愉悦和新鲜感;这个国王甚至想——并非不成功地——显现出黑夜渐短的效果,但这一切

中世纪的衰落

还远非伟大的艺术,像每日祈祷书中的月历图。

《尚蒂伊豪华日课经》中的月历图,使我们能比较艺术和文学中同一主题的表达,尽管它们都受既成事物的强烈影响。读者或许会记得那座光荣城堡,它美化了林堡兄弟所作细密画的背景。在九月的月历图中,这座萨默尔城堡以及葡萄收获的过程像一幅幻景在后景中升起,城堡塔尖上有季风标,还有小尖塔和优雅的烟囱,所有这些在深蓝色天空下仿佛高挑洁白的花枝;在12月的月历图中,文森纳城堡暗色的塔影则在枯树林后阴沉地隐现。像艾斯塔什·德尚这样的诗人会用什么样的方法和手段来处理这些呢? 如何用一组诗创造出文学上的对等物来赞美北法兰西的这七座城堡呢? 试图描述贝佛城堡的建筑形式绝不会获得成功,所以,他只限于罗列这些城堡所引发的愉快。关于美丽城堡,他说:

> 他最大的儿子,维尼洛斯的太子,
> 给这个地方一个名称:"美丽",
> 恰好,它是那么宜人:
> 听听夜莺在那儿歌唱;
> 马恩河萦绕,那伟岸的树林
> 围拥着贵族庄园,在风中摇曳……
> 亲切的牧场,愉快的花园,
> 秀丽的草地,清新美妙的喷泉,
> 还有葡萄园和耕地,
> 转动的水磨,明丽的平原美不胜收。

这些诗行和细密画的效果多么不同! 而方法却是一致的:都是罗列可见的事物(诗中还包括听到的东西)。但艺术家的视域拥有一个

第二十一章　言辞表达和造型表达的比较之一

确定有限的空间,他不只是收罗大堆事物,他还要协调和融合它们成为一个整体。林堡的《二月保罗》细密画,汇集了冬天的所有特点:农夫在炉边取暖,流水枯干,楼台覆雪,羊圈和蜂房,圆筒形屋顶和三轮马车。这幅冬日图的背景是宁静的村庄和山上偏僻的房屋,这一堆细节在这幅风景画中显得平和协调,画面是统一完美的。而诗人则要控制他那盲目的意愿,但却从来不能集中,没有一个框架强使他赋予其作品以统一性。

在一个视觉灵感卓越的时代,就像十五世纪,绘画表达已轻易地超过了文字表达。尽管只再现事物的可见形式,绘画仍然表现了某些最基本的内在情绪,而当时的文学不注重这一点,只限于描写外部事物。

十五世纪诗歌常常给我们缺乏新观念的印象。无力于创新虚构是普遍的,作者仅仅润饰、点染或翻新陈旧的主题。这套流行思想陈腐平稳,在心灵建立起中世纪的精神形态之后已被消耗殆尽,变得麻木迟钝了。诗人自己也感觉到这种疲乏困顿,德尚哀叹:

　　唉!据说我再也不能创作什么,
　　我以前曾创造新美无数;
　　原因是我已经没有主题
　　来创造美好的事物。

在十五世纪,陈旧的骑士传奇已由诗歌转至冗长的散文来重新铸炼。这种不押韵(dérimage)是幻想力普遍迟钝的另一信号,同时它也标志着一般文学概念的重要拓展。在文学的原初阶段,诗是表达的初始模式。直至十三世纪,每一学科乃至自然史或医学,都力求以诗来进行,因为吸收一部作品的主要方式还是吟诵它并牢记于心,甚至《武

296 功歌》也是吟唱成谐和的音调。就我们所知,个人的、富于表现力的演说在中世纪是不存在的。对散文的日益偏好意味着阅读正在胜过吟唱。源自同一时期的另一习俗也证明这一转变,即用提要的方式把一部作品分为若干章节。正规严肃的种种划分已被认为是必要的。在十五世纪文学中,散文在某种程度上仍是有很多限制的艺术形式。

散文的崛起还只是形式上的,它如诗歌一样,缺乏新奇的思想。弗罗亚沙正是这种浅于思想娴于技巧的典型。他观念上的简陋是惊人的,他只知道三四个母题或情感——忠实、荣誉、贪婪、勇敢,而这些还是以最简单的形式出现。他不用任何寓言或神话形象,从不触及神学,甚至连道德反思也几乎完全没有。他只是叙述,既无感染力也无是非,空洞无物,因为他只有摄像机般的精确技术。他的道德反思真要是有,也是极为平常,令人惶惑。他谈论日耳曼人总是提他们的贪婪和他们囚犯的残酷待遇。即使我们见到的弗罗亚沙的引文,也被证明,若放到其上下文中去读,就令人茫然无着。他曾赞赏瓦卢瓦王朝的第一位勃艮第公爵:"机智、恬淡并有想象力,在商业上有远见。"当我们读到这里时,以为我们看到了对性格透彻简明的分析,可是弗罗亚沙对每个人几乎都用这套词汇!

297 弗罗亚沙心智的贫乏不毛,可与夏特兰相比。比如说,他的风格显然全无修辞的质量。正是十五世纪文学的修辞使得新精神的到来夺人耳目,因为那一时期的读者缺乏新奇事物,只满足于一种装饰风格的审美愉悦。任何事物只要装扮得浮华迷人,在他们看来就是新的。若认为只是文学培养了这种风格上的浮饰是错误的,艺术也难辞其咎。艺术同样有对新奇丰富的多样性表达的追求,在凡·艾克兄弟的画中,就有许多可称为"类修辞"的东西:例如,圣乔治将佩勒正典(Canon van de Paele)呈于圣母面前的形象(藏于布吕赫)。辉煌的头盔、镀金的甲胄,其质朴的古典主义十分明显,还有圣者戏剧性的手

第二十一章　言辞表达和造型表达的比较之一

势,都极似夏特兰的夸张。同样的情形也重现于德累斯顿的一幅《上帝羔羊》祭坛画中,那幅小型三联画中的天使长米歇尔的形象,身处一群歌舞的天使当中。同样,这也出现在林堡兄弟的作品中,例如他们那幅怪异华丽的《博士来拜》。

装饰形式是如此吸引人,如此新奇,足以给生活平添一点诗意。十五世纪的诗歌真算是最自在了,它既不勉力表达某种重要思想,也不追求风格的雅致。当它满足于唤起一个简单形象或场景,或表达某种简单感受时,它并非没有活力。因此它在短篇上获得的成功远胜于鸿篇巨制。在洛得体诗(roundel)和谣曲中,只要建立一个单一且肤浅的主题,所有的优雅就全凭音调、韵律和图景了。事实上,当时的艺术歌曲越接近民间歌谣,它的吸引力也就越大。

十四世纪末期是音乐和抒情诗之间关系的转折点。前此时期的诗与音乐性的吟诵密切相关。中世纪抒情诗人多是词曲作者。吉约姆·德·马绍惯于把他的诗谱成歌曲,他也确立了当时通行的抒情形式:洛得体诗、谣曲等。他发明了"争辩"(débat),即对模糊之处的多部争辩。他的洛得体诗和谣曲在形式和思想上都极为肤浅简单,几乎没什么特色。所有这些反倒是优点,因为用来唱的诗不应该过分表达,以下就是一例:

> 要和你分别,
> 我离开你,我的心
> 带着哀哭走远。
> 要安慰你除非回返,
> 而我的心啊
> 实在难以平缓,
> 直至我重新回还。

中世纪的衰落

> 就算这样也难心安。

而在艾斯塔什·德尚那里,我们不再看到曲作者和诗作者的合一。因此,他的谣曲比马绍的更生动、更有特色,有更多的趣味,但仍是一种次等的诗歌风格。

洛得体诗由于其特殊的结构,包含有与音乐相关的浅显流畅的歌曲特点,很容易使诗人变成谱曲者。

> 你真的爱我吗?
> 告诉我,用你的心。
> 如果我爱你
> 胜过一切,
> 你真的爱我吗?
> 上帝赋予你
> 那么多的优点,
> 给你涂抹香膏;
> 为此我宣布我属于你,
> 但你会爱我多少?

299　　这些诗行原是让·米什诺所作。克里斯丁·德·比桑以简单纯朴的才能赋予其诗作以即兴的效果,她以这一时期精巧的特点作诗,其中没有形式和思想的多样性,只有柔和的音调和淡淡的忧郁。她的诗保留在十四世纪的那些象牙牌匾上,它们总是呈现同样的主题:打猎场面、《玫瑰传奇》或是《特里斯塔姆与耶秀特》的情节。虽然陈旧、雅致,却有一定的清新完美的感觉。当克里斯丁温纯的甜美溶入通俗曲调的质朴时,我们就听到了一种最精致纯粹的音调。

第二十一章　言辞表达和造型表达的比较之一

以下是两情人分离后重逢的对话：

欢迎之至，我的爱，
拥抱我亲吻我吧
离别后你情形如何？
是否无恙？
来，到我身边来，
坐下来告诉我
你的情形如何，好还是不好？
为了这个，我得要个说明。

夫人，我极想回到你身边。
这样我就比任何人都快乐，
要知道那愿望压抑着我，
使我从未心欢意畅，
远离你，我就难得愉快。
爱，征服了我，
对我说："对我保持信仰。"
为了这个，我得要个说明。

因此你保持了对我的誓言，
我凭圣尼撒感谢你；
你安全健康地归来，
我们将拥有无边的快乐。
现在静下来告诉我，
你是否知道，你

中世纪的衰落

> 在我心上造成了多少忧伤。
> 为了这个,我得要个说明。
>
> 我想我比你还要忧伤,
> 为此你得告诉我,
> 我该得到多少亲吻呢?
> 可别算错了,为这个,我得要个说明。

以下是一女子怨叹她的情人离开:

> 我的爱人离去,
> 至今已有一个月。
> 我的心幽怨缄默,
> 至今已有一个月。
>
> "再见,"他说,"我要走了。"
> 然后,我就再没听见他的言语,
> 至今已有一个月。

以下是写给恋人的安慰词句:

> 朋友,别再流泪;
> 我是多么爱怜你,
> 我把我的心献给你,
> 还给你甜美的友情。
> 别再哭泣,

第二十一章　言辞表达和造型表达的比较之一

> 看在上帝分上，别再哀伤，
> 给我你那亲切可爱的脸庞：
> 我俩同心同愿，地久天长。

这些韵文之所以女人气十足，即在于它那自发的敏感纤细，它们的简单性之中全无壮丽和傲岸。克里斯丁满足于追随自己心中的灵感，这也是她的诗常显缺憾的原因，这一时期诗和音乐精力耗竭、虚弱无力的特征，也在这些诗行中显露无遗。我们看到许多诗歌有新鲜动人的题材，往往以黑鸟的婉转鸣唱开始，可是，在第一段之后就失之于单薄的修辞之中！诗人（或谱曲者）陈述了他的题材之后，就走到了灵感的末路。对于十五世纪的大多数诗人，我们的幻想常常由此泯灭。

以下是取自克里斯丁谣曲的例子：

> 当人人都从军队里归来，
> 为何你停滞于后？
> 你可要知道我
> 誓守着对你纯正的爱。

你一定在期待一个战死沙场的情人重又出现的母题。但我们失望了：诗歌在更无意味的两节之后就完结了。看看弗罗亚沙的《骑士与猎犬之辩》的开头几行是多么清新：

> 弗罗亚沙骑着一匹灰马
> 从苏格兰归返，
> 他用皮带牵着一头白色猎犬。
> "啊！"猎犬说，"我累了，

> 主人,我们什么时候休息?
> 该是我们进餐的时辰了。"

302　　可是此后魅力就消失了,作者简直没有一点儿有关动物交谈之情形的灵感了。

即便母题有难以比拟的壮丽和联想的力量,其后的发展总是极为虚乏无力。彼埃尔·米肖在其《盲者之舞》中的题材是精妙的:为争夺三个盲眼女神——即爱、命运和死亡——的王冠,人类进行永恒的舞蹈。但作者只是把它写成了非常平庸的诗作。一首无名氏的诗作,题为《圣英诺森之骨的呼喊》,以关于著名教堂庭院的藏骸所的讲话开始:

> 我们是贫困而死的骸骨。
> 在此由整齐的坟冢垒起,
> 却被胡乱地弄断、折碎……

一个多么怪诞而可悲叹的开头!但其后却是极平常的"死的诫言"。

所有这些主题只能以视觉来实现。这样的情景可给艺术家提供包容最宏大观念和最完满制作的素材,而对于一个诗人来说,这是远远不够的。

第二十二章

言辞表达和造型表达的比较之二

就艺术表现而言,绘画比文学略胜一筹,并不是绝对的、完全的。还有一些它不曾触及的领域,在此我们就来考察一下。

整个喜剧领域对文学就比对造型艺术更为开放。除非艺术降格而为漫画,它只能略微地表达一些喜剧性。在艺术中,喜剧倾向立即会重新严肃起来。尽管我们钦佩布勒盖尔,我们注视其画作时却不会笑,而同样的滑稽想象力使我们读拉伯雷时则大笑不已。在喜剧形式中,绘画表述只能以一些小附缀来与文字竞争。我们在所谓"风俗画"中看到这一点,它可被看做是喜剧性因素极少的形式。

正如我们前面注意到的,作为这一时期绘画的特点,细节的过分精细巧妙正逐步倾向于把愉悦与琐碎事实相连。在阿尔诺芬尼的房间里,琐碎细节至少没有损害画面庄重的亲密感,而在号称"佛兰梅尔大师"(the master of Flémalle)的罗伯特·坎宾(Robert Campin)那里,这些就变成了纯粹的好奇心。《梅罗德祭坛》中的约瑟专注于制作捕鼠器,有关他的细节都是"世俗的"。这些细节有着难以觉察的喜剧味道。他画敞开的窗棂、餐具架、烟囱的手法与凡·艾克不同,这也是纯绘画情景和"风俗画"的全部区别。

现在可以看出言辞较诸绘画再现的一个明显长处,一旦要表达不仅是视景的事物,文学就因其表达模式的特点而明显领先。让我们再

中世纪的衰落

想想德尚的谣曲,当他赞颂城堡的美丽时,我们将其与林堡兄弟完美的细密画相比,发现其作品稍逊一筹。德尚的这些诗缺乏力量和光彩,对于再现这些光荣城堡的景象,他并不成功。但现在比较一下他描写自己的谣曲:他在其简陋的费斯默斯城堡中生了病,谷仓的猫头鹰、燕八哥、公鸡和麻雀的鸣叫,塔上鸟儿的筑巢,这些声音把他吵醒。

> 这是奇异的歌曲
> 一个病人并不觉得
> 它美妙悦耳。
> 一到白昼,渡鸦
> 就首先让我们知晓:
> 它们引吭高歌,
> 声音深长尖锐,从不间歇。
> 甚至鼓声也胜过
> 这林林总总的鸟鸣。
> 接着,牛踏入牧场,
> 而对于头脑昏沉的人
> 母牛、牛犊的鸣吼
> 都有害有毒。
> 随着教堂钟声的回响,
> 就一起摧毁了病人的理智。

在夜里,猫头鹰飞来,发出凶险的尖叫,唤起对死亡的沉思:

> 对于病人,那是寒冷的旅店,
> 是糟糕的避难所。

第二十二章 言辞表达和造型表达的比较之二

仅仅罗列大量细节的手法,一旦掺和进一丁点儿幽默,就会去除冗长沉闷的特征。在一首极为啰唆繁冗的寓言诗《爱的淘气》当中,弗罗亚沙转向罗列他年幼时在瓦朗西安所玩的六十种游戏。这使我们得以消遣。尽管诗人们常常大段地描写市民习俗或妇女梳妆,却并不使我们厌烦,因为他们还包容了一些讽刺讥诮的成分,而这是在对春天的美丽作诗意描写时所缺乏的。

从"风俗画"到滑稽模仿(burlesque)仅一步之遥。在此,绘画的表现力又可与文学相比美。在1400年以前,艺术在滑稽模仿上就有些成就,这在十六世纪的皮特·布勒盖尔那里获得了充分的发展。藏于第戎的布罗德兰的《逃入埃及》,我们可以在其中约瑟的形象上发现这一成分,这还出现在《坟前三玛丽》中的三个入睡士兵身上,这幅画曾被认为是胡贝特·凡·艾克所作。在这一时期的艺术家中,没有谁会比林堡的保罗的作品更具有新奇玩笑所造成的愉快效果了。《圣母行洁净礼》中的一个旁观者戴着一顶不雅的术士帽子,袖子出奇地长且宽;洗礼盆上饰有三个古怪的面具,还吐着舌头。在《圣母往见》的边框上,我们看见一个士兵在塔上与一只蜗牛打斗;一人推着手推车,车上一头猪正吹着风笛。

这一时期的文学几乎每一页都很怪异,并且也喜欢滑稽模仿。德尚的谣曲中,斯鲁伊斯塔上的观望者说起的一个场面堪与布勒盖尔的画相媲美,他看见一群远征英格兰的军队在海滩集结,在他看来他们就像一支大小老鼠组成的军队。

> 快来,快来!到这儿来,
> 我看见一桩怪事儿,在我看来
> ——那是什么,看啊,你看见那儿了吗?
> 我看见成千的大老鼠在一块,

> 还有大批大批的小老鼠,
> 它们在海滨聚集……

在另一场合,德尚坐在桌旁,忧郁而迷惘,他突然开始注意起侍臣们吃东西的方式:一些人像猪一样咀嚼,一些人像老鼠一样啃咬,或是像用锯子一般使用牙齿,还有人的胡须上下翘动,有的人的脸部则扭曲狰狞仿佛魔鬼。

文学只要着手描绘群众生活,它就显示出充满活力和良好幽默感的现实主义,并会无限制地发展下去,而绘画却不行。我们还记得夏特兰以勃艮第风格描绘的场面,农夫在棚屋里接待了迷路的勃艮第公爵。然后,牧歌就偏离开浪漫感伤的中心主题,转向描写牧羊人的进餐、跳舞和争辩,变成了带有一点儿滑稽模仿成分的质朴的自然主义。

无论何时眼睛满意于沟通喜剧感,哪怕仅止于表面,艺术就能将它表现得很好,甚至好过文学。但除此之外,绘画艺术便不能表现喜剧性。线条和色彩没有能力表现那些需要一点儿巧智的喜剧效果。文学则可以在笑闹滑稽的低级喜剧类型和反讽(irony)的更高领域之间挥洒自如。

性爱诗(erotic poetry)中反讽的发展尤为特别,辛辣的反讽净化了性爱诗这一类型。同时,由于引入了严肃的人性成分,性爱诗也变得精纯了。爱情诗中的反讽除了苍白之外,还是相当沉重笨拙的。值得一提的是,十四、十五世纪法兰西诗人开始使用反讽时,常常注意把事实告诉读者。德尚赞颂他的时代,一切都好,王朝各处和平且公正:

> 人们每天问我
> 对于当今时代作何感想,
> 我回答说:它满是荣誉,

第二十二章 言辞表达和造型表达的比较之二

> 严正、真理和信仰,
> 自由、英雄主义和秩序,
> 博爱和普遍福祉处处进展,
> 但是,依照我的信仰,
> 我真正的所想并不说出。

大意相同的另一谣曲,有这样的叠句:"对于这些,还有另一套说法。"再有一首则如此结尾:

> 国王,如果情况真如我所想,
> 种种善行遍及各方,大量存在;
> 可会有许多人听后说:"他撒谎"……

十五世纪末一位机敏之士题有一条警句:"以下是一幅糟糕的画,是名家让·罗伯特厄(Jean Robertet)以反讽手法所绘,色彩朦乱,堪称世上最暗淡无光的画匠。"

而对待爱情时,反讽则常常获得较高水平的提炼。在这一领域,它调和着温柔的怨艾和敏感的烦恼,从而更新了十五世纪的性爱诗。我们第一次听到了诗的声音,它带着失意、忧烦和一抹微笑,恰如维庸赋予自身"冷落被弃的情人"的情调,也恰如奥尔良的查理所唱的幻灭短歌。因此,"我含泪微笑"(Je riz en pleurs)的形象并非维庸的发明。在他之前,经文中的语词已是诗意运用的典范:"即使在笑声中心灵仍是哀伤的,欢笑之后即是沉重"。另外,奥得·德·格兰逊曾说道:

> 卧于床上猛醒,于失意中放浪,

中世纪的衰落

> 含泪而笑，以歌哀叹。

308 又说：

> 我带着泪眼和笑容，
> 离开这甜蜜可爱的孩子。

阿兰·夏蒂埃以多种方式运用同样的主题：

> 我的嘴不能笑，
> 除非我的眼睛掩饰它：
> 因为心灵会否认，
> 但泪水正夺眶而出。

他说及一位离别的恋人：

> 他强使自己亲切可爱
> 露出假装的愉悦，
> 强使他的心歌唱
> 却不是为了快乐，
> 而是由于恐惧，
> 这幽怨的余绪萦绕
> 在他歌声的韵调之中。
> 仿佛黑鹂在林中啼鸣。

与笑与泪母题极其类似的是，诗人在诗的结尾否认自己的悲伤。

第二十二章 言辞表达和造型表达的比较之二

阿兰·夏蒂埃就是一例：

> 其实,这一小册诗只是描述和说明
> 别以俗气的情绪打发时光。
> 但头脑简单的伙计却轻信瞎说,
> 说阿兰就是这般谈论爱情。

奥得·德·格兰逊曾假装"凭揣测"来谈论神秘情爱。勒内王则在他《神爱的治疗》的结尾以奇幻的手法对待这一母题:他的仆人手持蜡烛,想知道国王是否真的失去他的心,但却在身上找不出一处伤口来。

> 然后他含笑告诉我,
> 我应该躺下入睡。
> 这样,我就根本不用害怕
> 会死于恶魔之手。

由于在时代进程中诗歌已失去了庄重严整的特点,一种新的含义渐渐渗入性爱诗的古代惯常形式中。奥尔良的查理像他所有的前辈一样,运用寓言和拟人手法,但在大力运用之余,他掺进了一些细微的揶揄意味,这使得他的诗歌引人注目,而这恰是《玫瑰传奇》的优雅形象中所缺乏的。查理在作品中把自己的心灵看做另一重自我:

> 我是个心蒙黑色的家伙……

中世纪的衰落

在他过分的拟人中,喜剧成分偶尔会占上风:

一天,我与我心秘密交谈,
谈话中我问他,
在恋爱中,他是否
一无所获,他说,
一旦他从他的材料中
得出了结论,
他就会告诉我
有关事实的真相。

说完之后
他离我而去。
然后我看见他
进入他的书房中:
他在那儿东翻西找,
寻一些古旧稿本,
因为他一旦从材料中得出结论,
他会告诉我事情真相。

但情况并不总是如此,以下诗行中,喜剧性就不占优势:

别再敲打我的心扉,焦虑和忧心啊,
别给自己添这么多烦恼;
因为它想入睡,不愿醒来,
可它现在却彻夜辗转忧烦。

第二十二章 言辞表达和造型表达的比较之二

> 如果不好好看护,它会陷入危险;
> 停,停,让它入睡;
> 别再敲打我的心扉,焦虑和忧心啊,
> 别给自己添这么多烦恼。

由于时代精神的缘故,感伤情爱中的辛辣调子并不进而成为亵渎成分的扩展。宗教性的扭曲反倒创造出了比《百则新奇逸话》的猥亵更好的东西——它构成了那一时代最感伤的爱情诗形式:《忠于戒律的方济各修女的恋人》。

奥尔良的查理的诗人团体已想象了一种文字上的兄弟关系。其成员类似于圣方济各会修士,称自己是"忠于戒律者"。《忠于戒律的方济各修女的恋人》的作者发展了这一主题。但作者究竟是谁呢?真是马蒂尔·德·奥弗涅吗?这首诗远远超出他作品的水平,真使人难以相信他就是该诗作者。

困窘幻灭的恋人要在陌生的小修道院中弃绝尘世,那儿只有"爱的殉道者"方被接纳。他告诉院长有关他那被轻视的爱情的感伤故事,后者劝他忘掉这些。在这一中世纪的态度下面,我们似乎觉察出瓦托(Watteau)的样式,只是月光令我们想起了白衣丑角。"她没有感觉到吗?"院长问,"或是曾对你有过甜蜜的一瞥,或是经过你时曾说一声'上帝救助你'?""我从来没有这样领承过她的美好优雅,"情人答道,"但在夜晚,我在她房前门外徘徊,仰望屋檐。"

> 那时,我听到窗户
> 声声回响。对于我,
> 这仿佛是我的祈祷
> 已被她听到。

中世纪的衰落

"你确信她注意到你了?"院长问。

> 上帝助我,我狂喜万分
> 我感到神圣无比,
> 不必说,情况看来是
> 风吹动她的窗户
> 这样她可能就认出了我,
> 或许,她还轻柔地说:"晚安吧。"
> 上帝知道,在此之后,
> 整个夜晚我都感觉好似王子

然后他在荣耀中睡下。

> 我感到心旷神怡
> 不再彷徨动摇,
> 我快意畅睡,
> 整夜未醒,
> 而后,在穿戴之前,
> 我为此赞美爱情,
> 再三亲吻枕头,
> 暗暗地对天使欢笑。

而当他被庄严地接纳入教团时,那位曾轻视他的女士晕倒了。那颗他送给她的小金心,沾满了泪珠,从她的衣服上落下。

> 人们为避免自己的痛苦

第二十二章　言辞表达和造型表达的比较之二

> 强力控制心神，
> 手执每日祈祷书，
> 开了又合，合了又开，打发时光，
> 他们常常开合书本
> 作为献身志业的标志；
> 但他们的悲伤和眼泪
> 清楚地显露了他们的感情。

院长列举了会员的新职表，警告他永远别听夜莺的歌声，永远别在"野蔷薇和五月花"下睡觉，还有，永远别注目女子。这一劝告以一长串八行诗节告终，主题是种种"甜蜜的眼睛"。

> 甜蜜的眼睛来回流转；
> 甜蜜的眼睛灼热毛皮的外套，
> 由此人们落入情网……
>
> 甜蜜的眼睛珍珠般明亮，
> 仿佛说：两情相洽，你情我愿，
> 由此人们感到力量倍增……

到了十五世纪中期，所有性爱诗的惯常程式开始逐渐衰落，并具有被弃幽怨的迹象，甚至逐步精心提炼出对妇女的乖僻鄙视。在《婚姻的十五种乐趣》中，粗劣的恶作剧的意图与忧思渴望的感受相混合。由于它清醒的现实主义、雅致的形式和精妙的心理刻画，这部作品堪称近现代"社会风俗小说"的先驱。

文学有关爱情的一切表述，都得益于过去一大套模式和经验。如

中世纪的衰落

此多样的精神大师,如柏拉图和奥维德、吟游诗人和漂泊学者、但丁和让·德·默恩,已将一种完美的构架传诸后世。而绘画艺术既无典范又无传流,涉及性爱表达时,对语词的精确感受方面是原始的。直至十八世纪,绘画才在细腻的爱情表达上赶上文学。十五世纪的艺术家尚未学会表现轻佻或伤感。在那一时代的细密画中,恋人的姿态仍然保持着庄重和森严的等级。1430年以前的一位无名巧匠画的荷兰贵妇杜文沃得的莉斯比的画像,表现的形象如此严厉、尊严,以致一位现代研究者把它当成一位捐助者的画像,而忽略了她手托的古卷上的字词:"我倦于长久期盼,究竟他的心向谁敞开啊?"绘画不能表述纯洁与猥亵两极之间的适中用语。

性爱主题的展现是纯粹直接的,显得质朴无邪。我们还须知道,有许多世俗不敬的作品已经消失了。法齐奥曾见过凡·艾克的《妇女洗浴》裸像,如果将它与《亚当与夏娃》相比较会是极有趣的。对于后者,它一定不会被看做缺少情欲成分。依照当时表现女性美方式的规则,艺术家须使乳房小巧,位置画得很高,手臂瘦长、腹部突出。但凡·艾克画得十分率直,并不企图赋予感官的愉悦。莱比锡美术馆中的一幅小画,碰巧标明属于"杨·凡·艾克画派",它再现了一位室内少女,她是裸体的,仿佛是巫术演示要求如此,她正施展魔法使她的爱人现身。在此,意图是明确的,艺术家成功地表现了情欲感受:裸体形象有种故作端庄的猥亵。而这在克兰纳赫(Cranach)的作品中一再出现。

十五世纪艺术中涉及性爱的表现,展现得这样克制,本来是极不可能的,这应归于其慎重的态度。当时还有特别许可的宽容。尽管绘画艺术在此进展甚微,但裸体在戏剧性活景中仍占有很大的位置。由真实的妇女所扮演的女神或仙女只差王子的来临了。这类展示一般在平台上,偶尔也在水中。1457年菲利普公爵进驻根特时,妇女在桥

第二十二章　言辞表达和造型表达的比较之二

下的水中,仿佛游弋的赛壬,"当画家画她们时,她们相当裸露,衣衫散乱"。"帕里斯的裁判"是人们心爱的题材。这类再现既无高度审美趣味也无混乱的淫荡,但却相当纯真并诉诸感觉。让·德·鲁耶谈及看到的赛壬,并不异于谈及一个受难像。在路易十一1461年进入巴黎的场合下,他说:"那儿有三个俊俏女子,仿佛裸裎的赛壬,人们看见她们美丽的肌肤,两个圆润结实的乳房,这是很悦目的。她们轻歌曼舞,附近还有些音色浑厚的乐器演奏着悦耳的曲调。"莫林奈告诉我们,安特卫普民众在菲利普·勒博乌1494年进城时感受到了快乐,当他们看见"帕里斯的裁判"时,"人们站在那儿,以极大的兴趣看到历史上的三个女神由活生生的妇女裸体再现出来"。

在1468年,大胆查理进入里尔城时,对这一主题的讽刺模仿却离希腊美感太远了。人们看见一个肥胖的维纳斯、一个瘦弱的朱诺和驼背的密涅瓦,每人都头顶金冠。

这些裸体展示在十六世纪成了风俗。丢勒在其尼德兰旅行日记中,描述了1521年他在安特卫普见到的查理进城场面。而晚至1578年,奥兰治的威廉进入布鲁塞尔时,看见一个被缚的裸体的安德洛墨达(Andromeda),"人们会把这当做一尊大理石的雕像"。

较诸文学表述,绘画的略逊一筹并不限于喜剧、伤感和性爱的领域。这一时期的艺术一旦不再非凡地转向视觉化时(这表明了当时绘画的神奇),它的表达能力就失效了。当人们要求比现实的形象更多的东西时,绘画表达的优势立刻丧失殆尽。米开朗基罗的批评是恰当的:这种艺术企图同时获得几样东西,但其中一样就相当重要,需要投入全部的力量。

让我们再考察一下杨·凡·艾克的一幅画。在充分的精确观察方面,他的艺术是完美的,尤其是面部表情、衣服质料和珠宝。一旦必须以

中世纪的衰落

某种图式再造现实时,如要画建筑图和景观图,某种弱点就暴露出来了。尽管他的透视引人入胜,但仍有些不连贯,无主次,某些组合并不完善。主题越要求构图自由和创造新形式,他的力量就越显得贫乏。

不可否认的是,每日祈祷书的插图中,那些月历书页展示的美要远胜于宗教作品。每一月份都画得具有观察的精确性。但在构画一个重要场景并充满许多人物的活动时,则需要乔托所具有的韵律感和米开朗基罗所捕获的统一感。繁多杂乱却是十五世纪艺术的一个特征,它仅仅是成功地找到了协调的统一。《上帝羔羊》祭坛画的中心部分确实展现了和谐,"上帝羔羊"的爱慕者们的前进的不同行程中有着严格的韵律安排,但这种效果只是通过一种纯算术上的组合所获得的。凡·艾克避开了构图的困难,只用非常简单的形象组织他的人物,他的和谐是静态的,而非动态的。

凡·艾克和罗吉尔·凡·德·威顿的巨大差距在于,后者意识到了有韵律的构图问题,为了寻找统一,他在使用细节上克制自己。情况确实如此,虽然并不总是成功。

有一个严正可敬的传统在规约着最重要的神圣主题的再现。艺术家不必去发明其画作的构图,因为这些主题的某些有韵律的构图已是确定的,只要画出来就行了。画一幅"下十字架"、一幅"圣母怜子"、一幅"牧人的崇敬"等,都已设定了一个特别有韵律感的构图结构。这足以让我们想起罗吉尔·凡·德·威顿的藏于埃斯科里亚尔博物馆的《下十字架》,藏于马德里的《圣母怜子》,或者那些卢浮宫和布鲁塞尔的"阿维尼翁画派"的作品,或者那些圣杰恩的格尔特根、彼特拉斯·克里斯塔斯所画的"优美的阿伊日课书"。正是这一主题的性质提供了简单而严整的构图。

一旦场景要求再现更多的运动,如"基督遭戏弄"或"基督背负十字架"、"博士来拜"中,构图的困难增加了,产生了某种不平衡和缺乏

第二十二章　言辞表达和造型表达的比较之二

协调的后果。尽管图像志的传统在此仍提供了某种模式,但对于十五世纪艺术家几乎并无助益。我们只需看看迪克·布斯及热拉尔·大卫所作的审判场景就可以了,尽管其主题本身的郑重性已含有某些严整的成分,但他们的构图仍显单薄。诸如《圣伊拉斯谟的殉道》(卢汶)和《圣希波利图斯殉道》(布吕赫)——他被马匹分尸,其构图甚至达到了笨拙焦躁的程度。

在此我们还只是处理了借助真实的场景再现。当整个场面有赖于单纯的想象的创造时,这一时期的艺术也难免荒谬。绘画一般都得益于主题的严整性,但绘制者难免要赋予那些充满文学成分的寓言性、神话性想象以实形。让·米诺为《赫克托传奇书简》所作的插图、克里斯丁·德·比桑的神话想象,都是可作为例子——再难以想象比这更别扭的事了。希腊众神在貂皮斗篷和彩缎"宽袖长外套"之外长有巨大的翅膀,农神萨图思(Saturn)吞食他的孩子,米达斯(Midas)获得酬谢,这些都表现得简陋荒唐、缺乏魅力。另外,一旦绘制者由一个小场景中看到了使景观活跃的机会,例如牧羊人和羊群,画家就显露出这一时期普遍的本领,在画家的王国里他是胸有成竹的。我们在此看出了这些艺术家创造能力的限度。一旦指引他们的是对现实的观察,他们的技艺就容易发挥出来,而当要求他们作出新母题的富于想象性的创造时,他们就无能为力了。

文学和艺术的想象都由寓言领入了死胡同,心灵已惯于把呈现心中的寓言性观念简单地转换成图画再现。寓言使思想与呈现互为关联,精确描绘寓言性景象的愿望使所有艺术风格要求丧失得无影无踪。"克制"这一重要美德的形象必须手持一个时钟以示规则与分寸。在米歇尔·克隆贝(Michel Colombe)建的陵墓上(在南特主教堂内),以及安波伊斯的主教们的墓上(位于鲁昂),我们都可以看到她及其象征物。《传奇书简》的插图作者为了遵循这一规范,简单地在她头上放一只钟,与此类似,好人菲利普的房间也如此装饰。

寓言性形象仅适合于那已变得可敬可畏的传统。能画出这些,它也就满意了。心灵创造得越是真实,其形式也越人为地怪异。在《疑惧可怕的真实展示》中,夏特兰看见四个妇人来控诉他,她们称自己为"愤慨、责难、申诉、辩白",接着他描述道:"她理据尖刻,气质泼辣,咬牙切齿,还舔着嘴唇,不时点着头,跳来跳去,显得十分好辩;她总是不耐烦,总在驳斥;右眼闭左眼开;她身前有一整袋书,她从中拿出一些塞入紧身衣内,仿佛它们对她十分可亲;另一些书她满不在乎地抛开,她撕掉书页,暴怒地把稿本掷入火中;对一些书她又亲吻又微笑;她毫无意义地抠打另一些书,并踏于脚下;她手持一支墨水笔,划去许多重要作品……她用抹布抹黑一些画,用指甲抓破另一些,又完全涂抹掉它们,好像要将其置于脑外;对于许多可敬的人来说,她仿佛一个冷酷可怕的敌人,毫无理智,刚愎专横。"另外,他还看见和平女神旋开斗篷,分出四个新女神:心灵平和、口舌平和、外貌平和、真效平和。关于他创造的女性形象,他称之为:"你的领土的重要性、某些人的气质禀性、法兰西及邻国的嫉妒和憎恶",政治似乎赋予她们寓言的性质。当然,激发他去想象出这些古怪形象的,只是一些枯思玄想,而非生动的想象力。她们的名字都在长卷上标明:他显然把她们想象成图画展览或壁挂上的形象。

真正灵感的痕迹并不存在,只有枯竭心灵的消遣。尽管作者常把人物活动置于梦中,这些幻影却从来不像真的梦境,如我们在但丁和莎士比亚那儿所见到的。他们甚至不能维持真实景观的错觉,夏特兰在一首诗中天真地称他自己为"这一景观的创造者或想象者"。

只是在德尚的这些诗行中,才能看到揶揄尚会在寓言的不毛之地又开出花朵:

第二十二章　言辞表达和造型表达的比较之二

物理学家,"律法"是怎么回事?
——凭心而言,他是贫乏的……
——"理智"又如何?……
她心不在焉,
她开口说话却又软弱无力,
而"公理"还十分糊涂……

文学想象的不同领域都混杂一处,并不顾及风格的种种雷同。《牧歌》的作者给他政治性的牧羊人穿戴上饰有繁复纹章、鸢尾和狮子的武士无袖短外套:"牧羊人穿着紧身长法衣",仿佛一个教士。莫林奈把宗教、军事、纹章学和性爱的用语混成一团,用于上帝对所有挚爱者的宣言中:

我们慈爱的上帝,创造者,光荣之王,
所有欢呼归于谦卑心灵的所有挚爱者!
自从人之子在髑髅山荣光之后
这一切都已成真,
而一些兵士缺乏有关武器的知识
与魔鬼结成了同盟……

因此,真正的纹章是描绘他们的:银色的饰有纹章的盾,或带有五道伤口的首领——他们把一切都纳入教会体制,好战的教会则给予他们全部自由,并铭之于纹章上。

莫林奈的伟绩使他赢得超凡"修辞技巧"的名声,而对我们来说,他则是文学极度恶化近于终结的一位诗人。他以极其乏味的双关语来打趣:"Et ainsi demoura l'Escluse en paix qui lui fut incluse, car la guerre fut d'elle exclose plus solitaire que renclose."(因此"懒散女士"

一派平和,那平和包拥着她,战争在她身外,她比一个隐士还要孤单。)在其散文本《玫瑰传奇》的序言中,他琢磨起自己的名字——Molinet[①]:"为避免丢失我劳动所得的麦粒,我要把这些谷物碾成有益健康的面粉。如果上帝赐我优雅,我愿意在我粗糙的磨石下将恶行碾成德行,首先,就是使之道德化。沿着这条道路,我们将从硬石中采集蜂蜜,从尖刺中摘取鲜红的玫瑰;在那儿我们将寻到谷物和种子、果子、花朵和叶子,寻到那甜美非常的气息、芬芳的新绿、葱郁的景致、旺盛的生长、饱满的果实和硕美的牧场。"

当他们不再玩弄辞藻时,他们就玩弄概念。米什诺使"审慎"和"公正"成为他《王子的眼镜》中的眼镜,使"力量"成为镜架,使"克制"成为钉子,以将各部分结合为整体。诗人从"理性"那里接受了上述的眼镜和使用说明,"天堂"遣"理性"进入他的心灵并在那儿盛宴享乐,但发现"没有什么好吃的",因为"绝望"败坏了一切。

诸如此类的作品看来暴露的只是衰朽败落。想想同一时期的意大利文学,想想十五世纪意大利的新鲜生动的诗作,我们也许会迷惑,文艺复兴的形式和精神看起来怎么离阿尔卑斯山这边的宗教这么遥远。

要认识以下这一点,尚需作出一些努力及思考,即:我们目睹了文艺复兴的来临,它在意大利以外的地区采取了这种形态。对当时的人来说,这种不自然的形式则意味着艺术的复兴。

---

① Molinet 法语有"磨石、磨轮"的意思。——译注

第二十三章

新形式的进展

衰落的中世纪精神转变成人文主义,这一过程远比我们想象的要简单。我们习惯于把人文主义与中世纪对立起来,乐于相信抛弃一方、强调另一方是必要的。我们难以想象心灵既要培育出中世纪思想表述的古代形式,又要去激发古代的智慧和优美,而这些恰是人们曾描述过的。其实,古典主义并非突如其来,它是在中世纪思想的纷繁茂盛之中长成。人文主义在成为一种动力之前尚是一种形式。另外,中世纪思想的特征模式在文艺复兴之后很久也没有消亡。

在意大利,人文主义的问题以极其简单的形式表现出来,因为在那里人们的心灵已倾向于接受古代文化,意大利精神从来没有失去与古典之和谐单纯的接触。它以古典表述的回复形式自由且自然地扩展。十五世纪意大利文艺以其清新爽朗造成了一种焕然一新的文化面貌,它消除中世纪思想的羁绊,而萨沃那罗拉则使我们注意到,中世纪仍在表层之下延续着。

相反,十五世纪法兰西文明的历史并不能使我们忘却中世纪。法兰西一直是中世纪精神产物最强大且最优美的故乡。所有的中世纪形式——封建主义、骑士精神、谦恭观念、经院哲学、哥特式建筑——植根于此远比在意大利要坚固得多。在十五世纪,它们仍居支配地位。在此,没有意大利和文艺复兴的那种富丽风格与轻快和谐的特点,而是怪诞的壮观、表达上的笨重形式、粗陋不堪的想象以及一种盛行的忧郁沉重的气息。这并非中世纪,这只是新来临的文化,这一点很容易被忘却。

在文学中,无须精神转换,古典形式就能出现。对于拉丁风格精纯提炼的兴趣看来就足以给人文主义以生机。这可以由1400年左右的一群法兰西学者来证明。他们中有教士和地方法官:让·德·蒙特洛尔——里尔的任职教士,国王的秘书;尼科莱·德·克莱芒——揭发教会妄为的著名人物;柯尔兄弟(彼埃尔和贡蒂埃)、米兰人安布罗斯·德·米利斯,他们也都是王家秘书。他们风雅纯正的往来书信——既无思想的含混,又无自大的气味,也没有拖沓文句,乃至没有琐屑缠夹——并不亚于后来的人文主义者的书信形式。让·德·蒙特洛尔长篇论述了拉丁语拼写的主题,他捍卫西塞罗和维吉尔,反对他的朋友安布罗斯·德·米利斯,后者指摘西塞罗的矛盾不一,更喜欢奥维德而非维吉尔。在另一处,蒙特洛尔写信给克莱芒:"亲爱的大师和朋友,如果你不帮我,我就会丧失名誉,仿佛僵死的文句。我才发现我给我的恩主坎特伯雷大主教的上封信中,误写了 proximior,本应是恰当的 propior,我的笔太粗疏轻率了。请你好心更正一下,否则我的贬抑者会以此为话柄来诋毁我。"

在这种通信中,还有更吸引人的篇章。例如,他描述靠近塞利斯(Senlis)的查里欧修道院(monastery of Charlieu),他谈到那儿的麻雀也来分享修道士的餐饮,鹩鹪的举止仿佛修道院长;末了,园丁的驴子还请求作者别忘了在信中附带写它一笔。我们也许会吃不准,这是中世纪的质朴呢,还是人文主义者的优雅。

想想《玫瑰传奇》中的狂热人物以及1401年"爱情宫廷"的人物,我们会觉得曾遇见过让·德·蒙特洛尔和柯尔兄弟。这使得我们确信,原初的法兰西人文主义是其文化中的附属成分,是学究式的学问,类似于所谓早期古典拉丁文化的复兴,尤其是九世纪和十二世纪的复兴。让·德·蒙特洛尔的圈子并没有继承者,这一早期法兰西人文主义及其人物似乎消灭了。只是在其起始阶段,它曾与伟大的国际文学革新运动有广泛联系。在让·德·蒙特洛尔及其朋友眼中,彼特拉克是光辉的榜样,而对于科卢齐·萨卢塔蒂(Coluccio Salutati)——佛罗伦萨的大臣,使古典主义成为官方风格——他们也不是不知道。彼特拉克嘲讽说意大利之外没有演说家也无诗人,这一看法大大激发了他们对古典精纯的热忱。在法兰西,彼特拉克的作品早已被中世纪精神所接受,并且成了中世纪思想的一部分。彼特拉克本人也知道十四世纪下半叶的主导精神。诗人菲利普·德·维特里、哲学家和政治家尼科莱·奥勒斯麦(Nicolas Oresme)(一度是法国王子的导师),可能还有菲利普·德·梅茨勒,这些人——尽管奥勒斯麦因其思想而成为现代科学先驱之一——都不是人文主义者。至于彼特拉克本人,我们总是倾向于夸大他心智中和著述中的现代成分,因为我们惯于把他孤立地看做复兴的起始,要想象他从当时的观念中解放出来是再容易不过了,但没有什么比这更远离事实真相。彼特拉克是他那个时代的人。他处理的论题都是中世纪的:《论防范诱惑》、《论僧侣的悠闲》、《论隐居生活》,只是他的作品的形式和格调达到了更高的成就。在他的《名人传》和《回忆录》中,他对古代美德的弘扬多少符合对九杰的骑士般的崇拜。他与共同生活兄弟会的发起人接触,狂热的让·德·瓦伦纳论述教义时把他当做权威来征引,所有这些都不足为奇。加尔都西会修士德尼从他关于丧失圣墓的论述中——一个典型的中古论题——借用了哀悼之辞。意大利之外的同时代人根本不把彼特拉克看做一个十四行诗人或八行诗人(Trionfi),而是把他看做道德哲学家、基督徒式的西塞罗。

在一个较为狭窄的领域里,薄伽丘产生了类似彼特拉克的影响。他作为道德哲学家而出名。因是《名人传》和《名媛传》的作者,他被尊为"逆境厄运中耐心之良医",但绝非因为《十日谈》。由于这些不

中世纪的衰落

同寻常的作品描写人类命运的无常,"让·薄伽丘先生"使自己成了一种"命运的经营人"(impresario of Fortune),就这样,他影响了夏特兰,后者以一篇题为《薄伽丘的安慰》的奇怪议论来尽力安慰自英格兰返航的玛格丽特王后,把她和当时一大套悲剧定命论联系起来。他们在薄伽丘身上意识到他们自身强烈的中世纪精神,这表明勃艮第精神在一个世纪之后并未完全消失。

法兰西和意大利初生期的人文主义之间的区别,在于学识、技能和趣味上的不同,而不只是格调或灵性。较诸生于托斯卡纳地区天空下或大竞技场阴影下的人民,法兰西人把古代的形式和情感移植到民族文学中,要逾越更多的障碍。法兰西也有写作拉丁文的饱学教士,并在早期就达到书信风格的高水平。但法兰西人要像薄伽丘那样,在本国文学中调和古典主义和中古主义,在长时间内尚不可能。旧形式太强大,一般文化也不熟谙流行于意大利的神学和古代历史。马绍尽管是教士,却无知地诋毁七大贤人的名字;夏特兰混淆了佩列乌斯(Peleus)和佩利亚斯(Pdias)、拉马歇·普荣图斯(La Marche Proteus)和皮瑞图斯(Pirichous)。《牧歌》的作者谈论"非洲的好国王西皮奥(Scipio)",但同时其主题又使他描述希朗万斯神(Silvanns),并向潘神(Pan)祷告。其中的文艺复兴式诗意想象仿佛再一触动就要爆发出来。编年史家已试图以李维的手法撰写军事演说,并在描述重大行动时细致地模仿李维,渲染预兆的气氛。他们在古典主义上的努力并不总是成功的。让·热尔曼关于1435年阿拉斯会议的描述实属古典散文的漫画式模仿。古风样式的幻象还相当古怪。在南锡的大胆查理的葬礼上,年轻的征服者洛林公爵来向他的敌人的尸体致意,洛林的装扮是"古风式样",就是说,戴着一把长长的金色胡须,直拖至腰间。他以此再现九杰之一,祷告了一刻钟。

"古风"(antique)这个词约于1400年被法兰西人吸纳,属于"修

第二十三章 新形式的进展

辞术、演说、诗艺"之类的一组观念。没有人想到过把"诗艺"（poésie）这个词用于古老法兰西形式的谣曲和歌曲上，这个词引起的是人们对古代之完美的企慕，意味着极高的艺术形式。这一时期的诗人用简单的形式能完美地表达心灵感受，但当他们希望追求更高的美时，他们就会翻寻神话学，运用学究气的拉丁化术语，把自己看做是"修辞学者"。克里斯丁·德·比桑单独写了一个神话学片断，为了有别于她的平常著作，她称其为"诗性谣曲"（balade pouétique）。艾斯塔什·德尚为了夸耀自己的才智，在送给乔叟（Chaucer）——他的诗友和崇拜者——的作品中，加上了这样几行：

噢，你的诗中充满苏格拉底的哲理，
塞涅卡的道德和英格兰人的实干，
奥维德的伟大，
言辞简洁，修辞精妙
你的学识，傲如雄鹰
照亮了《埃涅伊德》的年代，
巨人的岛屿，布鲁特的疆土，你还
播种鲜花并种植玫瑰，
对于语言的迷误，你奔涌向前
你，伟大的译匠，尊贵的杰弗里·乔叟。
……既然你从亨尔斯喷泉经过
我请求那真实的泉饮，
浇注你全部的力量，
来缓解我兴奋难耐的焦渴，
直到你让我畅饮
我这高卢人才会沉醉眩晕。

中世纪的衰落

这只是开头部分,已谦恭如此。对于这种可笑的拉丁主义,维庸和拉伯雷都讽刺过。只要作者在祭献讲话或相应的文学中勉力展现异样的辉煌时,这种难以忍受的手法就会重现。以这种心态,夏特兰写道:"您的非常谦卑、顺从听话的奴仆,根特市。""哀伤和忧喜,痛断肝肠。"拉马歇则是:"我们天生的法兰西乡音和土生土长的言语。"莫林奈说:"饮下那源自万马奔腾的泉水的甜润甘醇的美酒,善良年幼的公爵,坚韧勇敢的人民。"

这种不自然的修辞表明了一种文学交谈的理想和一种风格的理想。仿佛远古时代的行吟诗人一样,修辞学者和人文学者们致力于培养文学在形式上多才多艺、博瞻旁通。文学与一种相当奇怪的心灵涌动相符合。乔治·夏特兰的一位热烈崇拜者,让·罗伯特厄,是波旁家族三个公爵和法兰西三位国王的秘书,他试图凭借一个住在布吕赫的孟特菲伦的人的良好办公地点,设法与勃艮第宫廷的这位诗人兼史官取得通信联系。孟特菲伦借助于当时人尊崇的寓言机巧说服了开始还有所保留的老作者。他召唤来"修辞学的十二位贵妇人",诸如"科学"、"雄辩"、"意义严肃"、"渊博"等。她们向他展示出美好前景,并告诉他为了罗伯特厄所渴望的通信联系,要发奋努力。在随后的诗和修辞的相互致意交流中,较诸夏特兰的严肃自制,罗伯特厄则极为夸张奔放。

> 惊人的光芒撞入眼帘
> 难以置信的雄辩冲击心灵,
> 跃动的光亮、耀眼的光芒,
> 照亮人类心灵产生的困难
> 照亮模糊不清的混沌

第二十三章 新形式的进展

和永是黑暗的躯体,
我发现自己迷狂沉醉于喜悦中,
我的身体狂喜地躺在地上,
我无力的精神在莽丛中寻找道路。
为了发现出路和居处
在窄路上我蜗行摸索,
辛苦劳作,与真爱息息相关。

他用这些词语描绘了接到夏特兰来信的感受。接着,他用散文问他的朋友孟特菲伦(他被罗伯特厄称为"邪恶之神的朋友,人所钟爱,高远的尤利西斯般的胸怀,辩才无碍"):"这难道不和费布斯的战车一样华美吗?"他还没超过俄尔甫斯的竖琴声吗?"安菲翁的芦苇、墨丘利的横笛会使阿耳戈斯入睡吗?""哪儿有这样的眼睛能看到这般的事物,哪儿有这样的耳朵能听到这般银亮的声音和金纯的音调?"

夏特兰对于这种过分的热烈显得有些怀疑。不久他怀疑日甚,便想堵住这扇长久以来向"虚荣女神"敞开的大门。"罗伯特厄用他的云雾浸泡着我,其中的雨滴凝结成雹粒,使我的衣服灿烂如缀珠宝。我的衣袍蒙住了旁观者,但这对于衣下粗鄙的躯体又有何益呢?"因此,夏特兰请他中止以这种方式写信,否则便读也不读,将其掷入火中。如果他愿意讲些宜于朋友之间的言语,他应该保证停止使用乔治式的虚饰。

这种浮夸之风绝没有给予我们以文艺复兴的分寸感及和谐感。在我们看来,这只是感受上和风格上的"古风"。但是,这些才智之士无疑把自己看做是极其现代的。这位罗伯特厄就曾去过意大利,"那个国家一心追求复兴……在那儿,盛极一时的景况促进了华丽的谈吐,并揣摩种种基本的润美,使之和谐一致"。他显然相信和谐的秘密就在于"华丽的谈吐",要和意大利竞争,只需用古典的华丽装饰法兰西风格就足够了。而在意大利,那儿的语言和思想从来没有完全疏远纯粹的拉丁风格,其社会环境和人心灵的转变都远比法兰西更适宜人文主义的潮流。意大利文明很自然地发展出人文主义类型。意大利语言也不像法语那样,因拉丁主义的涌入而衰朽,它毫无困难地吸收了这些。在法兰西则相反,社会生活的中世纪基础仍很牢固,语言比意大利语更远离拉丁语,且拒斥拉丁化。如果是在英格兰,博学的拉丁主义会发现一个方便的入口,这只是因为这样的事实:这儿的语言根本不属于拉丁语系,也就不会使自己感到表达的不谐和。

十五世纪法兰西人文主义者如此普遍地使用拉丁文写作,其文化中的中世纪底蕴在表面上几乎看不出来。而古典风格被效仿得越全面,其真精神就越受遮蔽。罗伯特·加圭的书信言辞和其他人文主义者的著作并无二致,但同时,加圭是一个具有完全中世纪灵感和本土风格的法兰西诗人。一旦他们不能或不用拉丁文写作,他们就以拉丁形式败坏他们的法语。作为一个熟练的拉丁语作者,他一旦以法语写作,就会忽视修辞效果。他的《劳作者、教士和骑兵之争》是中世纪主题,也是中世纪风格,它是单纯有力的,就像维庸的诗以及德尚最好的作品。

十五世纪法兰西文学中谁是真正近代的呢?无疑应是那些其作品最接近后世之美的那些人。可以确定,不是庄重华丽的勃艮第风格的代表人物,无论他们的德行如何:既不是夏特兰,也不是拉马歇、莫林奈。他们的虚饰形式漫无边际,实在过分,他们思想的基础本质上也过于中世纪化,他们的古典奇想也太天真。难道不应在精纯的形式中寻找近代成分吗?有时,这种形式尽管做作,却仍以极其甜美优雅的旋律使我们忘却了其意义的贫乏。

第二十三章 新形式的进展

> 有些牧羊人身处致命诱惑中,
> 大力劳作,他们也只有少许欢欣。
> 他们的羊群诞生于恶辰,
> 并被粗砺之剪捕获、磨耗和剪断,
> 他们谷粒无收,碌碌无为,苟且全生,
> 夜晚也对他们无益,毁灭性的死亡闯入,
> 他们的果实飞走,浩大的荒芜来临;
> 但潘神仍把我们专门保护。

这是让·勒梅尔·德·贝尔热写的。这种在诗歌纯形式美上的煞费苦心遭议甚多。但是,总的说来,这仍非文学未来之所在。如果通过近代人物,我们理解了那些与法国文学以后的发展密切相关的人物,那么,这些近代人物则是维庸、奥尔良的查理和《忠于戒律的方济各修女》的作者,恰恰是他们疏远古典主义,也不追随腻味的形式。他们母题的中世纪特点使他们并不展示青春、雄心之类。正是他们表达的自发性使他们成为近代人。

在文学之新精神的冒险中,古典主义并非主导因素,异教精神也不是。异教表述或比喻的经常运用常被看做是文艺复兴的首要特征,然而,这一实践其实相当久远。早在十二世纪,神话学用语就被用于表达基督教信仰概念,根本不会被认为是不恭或不虔敬。德尚谈到"朱庇特来自伊甸园",维庸称圣母玛利亚为"崇高的女神",人文学者提到上帝则用诸如"天上的首领"的词语,称圣母为"朱庇特的始祖",这都绝非异教精神。牧歌需要某些纯真的异教精神混合物,没有读者会由此受蒙骗。《牧歌》的作者称巴黎的塞勒斯定教堂为"高林中的庙宇,人们在那儿祈求诸神"。为驱除种种含混,他宣称:"如果把我的缪斯借给一些异教神,如果我谈及了异教诸神,但牧羊人和我自己仍

是基督徒。"同样,莫林奈为引入马尔斯(Mars)和密涅瓦(Minerva)而辩解,他征引《理智和理解》,说道:"你应该这样做,不应慢条斯理地灌输神明和神性的信仰,因为我主只激发民众愉悦他,并常以各种方式激发。"

当时,信仰的纯正性受到更为严肃地冲击,以下诗行中,某种对异教礼仪和著名祭拜的尊崇表露无遗:

> 从前,神的非犹太民族
> 以谦卑的祭献渴求爱,
> 就算这毫无用处,
> 它也并非无益,
> 它产生出相当庞大的成果和利益,
> 它由事实显明爱的正当和谦恭,
> 它们当中所蕴含的
> 足以贯穿天堂和地府。

这是《真实的箴言》中的一节,是夏特兰最好的诗作,由他对勃艮第公爵的忠诚所激发而成。在作品中,他稍微撇开了他惯常的浮夸风格,自在地表露了他的政治愤慨。

没有必要在衰落的中世纪精神回复到古典文学的过程中去寻找异教精神。在《玫瑰传奇》中,异教精神已尽可能丰富多样地展示了自身。这并非在于某些神话段落装点的外表——这不是危险所在——而在于这部最流行的作品中全部性爱的概念和灵感。从中世纪早期往后,维纳斯和丘比特已在这一领域内寻到了一块庇护地。呼唤他们至富有活力的生活之中并顶礼膜拜他们的,正是伟大的异教徒

第二十三章 新形式的进展

让·德·默恩,他把基督的千年福祉概念和耽于声色的大胆赞颂混合起来,教导无数后代一种对待信仰的极为含混的态度。为其不敬的意图,他敢于扭曲《创世纪》,让造物主(Nature)抱怨男人们,因为他们无视她关于生育的诫言:

钉于十字架的主呵,帮助我吧,
我多么悔恨我制造了人。

令人惊异的是教会。它严厉压制有关教义思辨上的微小偏离,却容忍这种贵族阶层的每日祈祷书的教唆(因为《玫瑰传奇》正是这样)和不受惩治地散布。

但是,伟大复兴的本质更在于纯正的拉丁品质而非异教主义。古典的表述和形象乃至情感都借自异教的古代,它也许是文化复兴过程中一个有力的刺激或不可缺少的支持,却从来不是其动力。西方基督教精神本身成长迅速,以致中世纪思想的形式和模式竟成羁绊。中世纪一直处于古代的阴影之下,一直控制着它的财富等所有物,并以纯正的中世纪原则来解释它:经院神学和骑士制度、苦修主义和礼节仪式。现在,由于内心的成熟,心灵在长期熟谙古代形式之后,开始抓住其精神。人们的心智开始晓悟古代文化中无可比拟的简单纯净、概念表述的精确明晰,以及关于人和生活的简单自然的思想与强烈兴趣。欧洲在生活于古代阴影之后,重又生活于古代的阳光朗照之下。

古典精神吸收化入的过程毕竟是错综复杂的,新形式和新精神还不协调合拍。古典形式会用以表达陈旧概念;不止一位人文主义者选择"萨福体"用于纯中世纪灵感的虔敬诗篇;而传统的形式也包含着未来时代的精神。要辨认古典主义和近代文化是极易出错的。

中世纪的衰落

　　十五世纪的法兰西和尼德兰本质上仍是中世纪的。生活的根基并未改变,经院思想、象征主义、强大的形式主义、关于世界和生活完全二重分裂等概念,仍居于支配地位。心性的两大支柱还是骑士制度和等级制度,阴郁的悲观主义给生活蒙上普遍的暗淡,哥特原则在艺术上盛行。但是,所有这些形式和模式都在衰落,一个极强大的文化正处于瓦解之中。而同时,在同一领域,新事物正在萌生,潮流在转向,生活的音调即将改变。

索　　引

（页码为英文版页码，即本书边码）

Abbeville,阿伯威尔,22

Achatius, St,圣阿却留斯,173

Achéry, Luc d',阿歇雷,路克·德,98

'Adam and Eve', by van Eyck,凡·艾克绘《亚当和夏娃》,282,313

Adolphus, St,圣阿道尔夫,161

'Adoration of the Magi', by the Brothers of Limburg,林堡兄弟绘《博士来拜》,293,297

Adrian, St,圣阿德里安,174

Adrianople,亚得里亚堡,95

Aeneas Sylvius Piccolomini, Pope Pius Ⅱ,埃涅阿斯·西尔维斯·皮科罗米尼,教皇庇护二世,21

Agincourt, Battle of,阿金库尔战役,73,97,98,101,137,145

Agricola, Rodolph,阿格里科拉,160

Ailly, Pierre d',阿伊,彼埃尔·德,135,154,164,168,181,216,270

Alain,阿兰,见 La Roche

Alexander the Great,亚历山大大帝,70,72

Alost,阿洛斯特,285

Aloysius Gonzaga, St,圣阿洛伊休斯·贡查加,184

'Altar of Merode', by Robert Campin,罗伯特·坎宾绘《梅罗德祭坛》,303

Amadis of Gaul,高卢的阿美迪斯,79

Amboise, Cardinals of,安波伊斯的主教们,317

Andrew, St,圣安德鲁,254；brotherhood of,兄弟会,26；cross of,十字架,23,97

Angers,昂热,186,188

Anjou, Louis of,安茹的路易,48,97,186

'Annunciation', by Jan van Eyck,杨·凡·艾克绘《天使报喜》,280

Anthony, St,圣安东尼,174,175

Antwerp,安特卫普,91,160,255,315

Ardres, Meeting of,阿德雷会晤,14

Areopagite, Pseudo-Dionysius the, 阿奥帕吉特,伪狄奥尼修斯,222, 268

Ariosto, Ludovico,阿里奥斯托,卢多维科,80, 137

Armagnacs, Party of the,阿曼涅克派, 11, 23, 26

Armenia, Léon de Lusignan, King of,亚美尼亚国王,莱昂·德·路西南, 18, 51

Armentières, Peronelle d',阿尔芒蒂耶尔,佩罗内莱,123 以下

Arnolfini, Giovanni,阿尔诺芬尼,乔万尼, 260, 277, 303

Arras,阿拉斯,194, 255

Arras, Peace Congress of,阿拉斯和会, 14, 326

Arras, Treaty of,阿拉斯和约,21

Arras, Vauderie d',《阿拉斯迫害》, 26, 240—1

Artevelde, Philip van,阿特维尔德,菲利普·凡,34, 103, 130

Arthur, King,亚瑟王,17, 70, 72, 83

Artois, Robert of,阿托瓦的罗伯特,90

Aubriot, Hugues,奥伯雷奥特,于格,165

Augustine, St,圣奥古斯丁,243, 268

Aurai, Battle of,奥莱之战,185

Autun, Altar of,欧坦祭坛,255, 263

Auxerre,奥克塞勒,154

Auxiliary Saints,见 Holy Martyrs

Avignon,阿维尼翁,22, 91, 143, 187, 196, 230, 316

Avys, Order of,阿维斯修会,86

Baerze, Jacques de,巴尔查,雅克·德,250

Baker, John,贝克,约翰,229

Ball, John,鲍尔,约翰,63

Balue, Jean, bishop of Evreux,巴罗,让,埃夫勒主教,43

Bamborough, Robert,巴勃罗,罗伯特, 70, 99

Barante, Prosper de,巴朗特,244

Barbara, St,圣巴巴拉,174, 214

Basele, Monne de,巴赛勒,蒙内·德,43

Basin, Thomas, bishop of Lisieux,巴赞,托马,利西厄主教,67, 236, 238

Baudricourt, Robert de,鲍迪利柯特,罗伯特·德,238

Bavaria, Isabella of,巴伐利亚的伊莎贝拉,见 Isabella

Bavaria, John of, elect of Liège,巴伐利亚的约翰,列日之选侯,48

Bavaria, Margaet of, Duchess of Burgundy,巴伐利亚的玛格丽特,勃艮第公

爵夫人,190

Bayard, Pierre de Terrail, Seigneur de, 贝亚尔,83,100

Beaugrant, Madame de, 比尤格兰夫人,26

Beaumanoir, Robert de, 博马努尔, 罗伯特·德,70,99,185

Beaumont, Jean de, 波蒙, 让·德, 81,92

Beaune, Altar of, 比尤纳祭坛,255,263

Beauneveu, André, 比尤纳夫, 安德烈,261

Beauté, Castle of, 美丽城堡,294

Beauvais, Vincent of, 博韦的樊尚,113

Bedford, John of Lancaster, duke of, 贝德福德公爵, 兰开斯特的约翰 86,182

Bégards, 贝加斯人,198

Belon la folle, 傻子贝隆,26

Benedict XIII, pope at Avignon, 本尼狄克十三世, 阿维尼翁教皇,18, 22, 91, 230

Berlin, 柏林,160, 260, 262, 277

Bernard, St, 圣贝尔纳,192, 193, 200, 221, 225, 264

Bernardino of Siena, 锡耶纳的贝纳迪诺,180, 184, 202

Berry, John, Duke of, 约翰·贝里公爵, 97, 99, 146, 150, 168, 188, 247, 248, 261

Berthelemy, Jean, 贝特莱密, 让,199

Bertulph, St, 圣贝特卢弗,169

Bethlehem, 伯利恒,237

Bétisac, Jean, 贝提萨克, 让,168

'Bien public', War of the, 公益之战,74

Bièvre, Castle of, 贝佛城堡,294

Binchois, Gilles, 宾歇瓦, 吉勒斯,270

Bladelin, Pierre, 布莱德林, 彼埃尔,262

Blaise, St, 圣布莱斯,173

Blois, Charles of, 布卢瓦的查理,186

Blois, Jehans de, 布卢瓦, 约翰斯·德,186

Boccaccio, Giovanni, 薄伽丘, 乔万尼,325

Boiardo, M. M., 包亚尔多,80

Bois, Mansart du, 波伊, 曼沙特·杜,11

Bonaventura, St, 圣波纳温彻拉, 208, 215

Bonet, Honoré, 勃内, 奥诺莱,99, 105, 234

Boniface VIII, Pope, 卜尼法斯八世教皇,145

Boniface, Jean de, 卜尼法斯, 让·德,91

Borgia, Cesare, 博热亚, 塞萨尔,98

Borromeo, St Charles, 博罗梅奥, 圣查尔斯, 184

Boucicaut, Jean le Meingre, Maréchal, 布西科, 马歇尔·让·勒·麦格雷, 73, 74, 80, 116, 150

Bouillon, Godfrey of, 布永的戈德弗莱, 72

Boulogne, 布洛涅, 83

Bourbon, House of, 波旁家庭, 87, 327

Bourbon, Jacques de, 雅克·德·波旁, 183

Bourbon, John of, 波旁的约翰, 91

Bourbon, Louis of, 波旁的路易, 116, 187

Bourg en Bresse, 布莱斯堡, 98

Bourges, 布尔日, 293

Bouts, Dirk, 迪尔克·布斯, 246, 251, 262, 316

Bouvier, Gilles le, dit le héraut Berry, 吉尔·勒·布费尔, 人称贝里的纹章官, 69

Brethren of the Common Life, 共同生活兄弟会, 176, 193 以下., 201, 324

Brethren of the Free Spirit, 自由精神兄弟会, 198

Breugel, Peter, 皮特·布勒盖尔, 213, 303, 305, 306

Bridget of Sweden, St, 瑞典的圣布里捷特, 194

Broederlam, Melchior, 布罗德兰, 米修尔, 170, 248, 249, 250, 305

Brotherhood of the Rosary, 罗萨雷兄弟会, 200, 201, 209

Bruges, 布吕赫, 22, 24, 138, 146, 246, 249, 251, 253, 254, 262, 297, 317, 328

Brugman, Jan, 布莱格曼, 杨, 199

Brussels, 布鲁塞尔, 11, 14, 44, 159, 247, 255, 262, 288, 315, 316

Bueil, Jean de, 布耶尔, 让·德, 73, 74 以下, 181

Bunyan, John, 班扬, 约翰, 164

Burckhardt, Jacob, 布克哈特, 雅各布, 69, 70

Burgher of Paris, Diary of a, 巴黎某市民日记, 11, 29, 43, 150, 212-13

Burgundians, Party of the, 勃艮第派, 11, 20, 23, 137, 212, 237

Burgundy, Anne of, duchess of Bedford, 勃艮第的安妮, 贝德福德公爵夫人, 182

Burgundy, Anthony of, 勃艮第的安东尼, 110

Burgundy, Court of, 勃艮第宫廷, 14, 19, 41, 48, 52, 101, 186, 187, 212, 248, 328

Burgundy, Dukes of, 勃艮第公爵, 34, 39, 40-1, 44, 58, 87, 95, 157, 238; 见 Philip the Bold, Jean sans Peur, Philip the Good, Charles the Bold

Burgundy, House of, 勃艮第家族, 18, 20, 27, 58, 190

Burgundy, Mary of, 勃艮第的玛丽, 26, 53, 159

Burne-Jones, Edward, 伯恩—琼斯, 爱德华, 79

Busnois, Antoine, 比斯努瓦, 安托万, 261

Bussy, Oudart de, 布西, 奥达尔·德, 12

Byron, 拜伦, 141

Caesar, Julius, 恺撒, 70, 71, 72

Calabria, 卡拉布里亚, 189

Cambraoi, 康布雷, 255, 见 Ailly

Campin, 见 Flémalle

Capistrano, John, 查皮斯特拉诺, 约翰, 184

Carmelites, Monastery of the, at Paris, 巴黎加麦尔修道院, 157

Carthusians, 加尔都西会修士, 198

Cassinelle, La, 卡茜奈尔, 拉, 121

Catherine of Siena, St, 锡耶纳的圣凯瑟琳, 194, 198, 200

Caxton, William, 卡克斯顿, 威廉, 259

Celestines, Monastery of the, at Avignon, 塞勒斯定修会, 在阿维尼翁的修道院, 142-3, 188; at Paris, 在巴黎的修道院, 182, 183, 184, 188, 231, 331

Cephalus and Procris, 刻法罗斯和普罗克丽丝, 108

Chaise-Dieu, la, 拉夏斯—迪乌, 147

Champion, Pierre, 尚皮翁, 彼埃尔, 29

Champmol, Carthusian monastery, 尚普摩尔, 加尔都西会修道院, 256

Chansons de Geste, 《武功歌》, 296

Charlemagne, 查理大帝, 72

Charles V, Emperor, 查理五世, 皇帝, 54, 98, 315

Charles V, King of France, 查理五世, 法国国王, 24, 181

Charles VI, King of France, 查理六世, 法国国王, 17, 48, 49, 97, 103, 104, 110, 163, 168

Charles Ⅶ, King of France, 查理七世, 法国国王, 14, 32, 49

Charles Ⅷ, King of France, 查理八世, 法国国王, 259

Charles the Bold, duke of Burgundy, earlier count of Charo-lais, 大胆查理, 勃艮第公爵, 早年的夏罗莱伯爵, 15, 22, 26, 27, 41, 45, 51, 71, 86,

119, 138, 229, 239, 251, 255, 270, 271, 286-7, 314, 326

Charlieu, Monastery of, 查理欧修道院, 323

Charny, Geoffroi de, 夏尔尼, 杰弗里·德, 104

Charolais, 夏罗莱, 88

Charolais, Count of, 见 Charles the Bold

Chartier, Alain, poet, 夏蒂埃, 阿兰, 诗人, 62, 87, 135, 218, 232, 283 以下, 293, 308

Chastellain, Georges, 夏特兰, 乔治, 10, 15, 16, 20, 34, 41, 45, 48, 51, 58 以下, 65, 67, 69, 71, 101-2, 110, 137, 141, 148-9, 162, 210, 238, 263, 285 以下, 297, 306, 318, 319, 325, 327, 330, 332

Châtelier, Jacques du, bishop of Paris, 夏特利尔, 雅克·杜, 巴黎主教, 28

Chatti, 夏蒂族, 91

Chaucer, Geoffrey, 乔叟, 杰弗里, 326

Chevalier, Étienne, 谢瓦利埃, 艾提奈, 160

Chevrot, Jean, 见 Tournai, bishop of

Chopinel, Jean, 克比奈, 让, 109, 114 以下

Christopher, St, 圣克里斯托弗尔, 173, 174, 214

Cicero, 西赛罗, 64, 83, 323, 325

Clemanges, Nicolas de, 克莱芒, 尼科莱·德, 62, 117, 135, 154-5, 161, 163, 167, 323

Clement VI, Pope, 克莱芒六世, 教皇, 220

Clercq, Jacques du, 克拉克, 雅克·杜, 29, 60, 166, 241, 263

Cleves, Adolphus of, 克雷夫的阿道尔夫, 52

Clopinel, 见 Chopinel

Coeur, Jacques, 克尔, 雅克, 130

Coímbre, John of, prince of Portugal, 科英布拉的约翰, 葡萄牙王子, 14

Coitier, Jacques, 柯蒂耶, 雅克, 189

Col, Gontier, 柯尔, 贡蒂埃, 117, 135, 323

Col, Pierre, 柯尔, 彼埃尔, 117, 119, 323

Colchis, 科尔喀斯, 87

Colette, St, 圣柯莱特, 183, 190, 195, 261

Cologne, Herman of, 科隆的赫尔曼, 258

Colombe, Michel, 克隆贝, 米歇尔, 317

Combat of the Eleven, 十一人之战, 100

Combat of the Thirty, 三十人之战, 70, 99

索引

Commines, Philippe de, 科米内, 菲利普·德, 67, 71, 103, 131, 188 以下, 239

Constance, Council of, 康斯坦斯会议, 194

Constantinople, 君士坦丁堡, 18, 188

Coquillart, Guillaume, 柯圭拉尔, 吉约姆, 175, 232

Cornelius, St, 圣考恩琉斯, 175

Coucy, Castle of, 库西城堡, 72; Enguerrand de, 恩古兰·德·库西, 187; House of, 库西家族, 87

Couderc, C., 科得尔, 272

Courtenay, Peter, 科特奈, 彼得, 99

Courtray, 库特雷, 255

Cranach, Lucas, 克兰纳赫, 卢卡斯, 314

Craon, Pierre de, 克拉翁, 彼埃尔·德, 24

Crécy, Battle of, 克雷西战役, 43, 72

Croy, Antoine de, 克罗伊, 安托万·德, 254

Croy, Family of, 克罗伊家族, 263, 287

Croy, Philippe de, 克罗伊, 菲利普·德, 271

Cyprus, Peter of Lusignan, King of, 塞浦路斯国王, 卢西安的彼得, 18

Cyriac, St, 圣西里尔, 173

Damian, St, 圣达米安, 175

Danse Macabre, 《死神之舞》, 145 以下

Dante, 但丁, 27, 35, 108, 214, 313, 319

David, Gerard, 大卫, 热拉尔, 246, 249, 274, 316

David, King, 大卫王, 72, 199, 280

Denis, St, 圣德尼, 173

Denis the Carthusian, 加尔都西会修士德尼, 140, 141, 162-2, 190 以下, 193, 202, 211, 217, 222 以下 242-3, 265, 268, 269, 324

Denys le Chartreux, 见 Denis the Carthusian

'Descent from the Cross', by Rogier van der Weyden, 罗吉尔·凡·德·威顿绘《下十字架》, 316

Deschamps, Eustache, 德尚, 艾斯塔什, 32 以下, 48, 64-5, 72, 103, 106, 110, 133 以下, 141, 160-1, 164, 170-1, 173, 175, 176, 239, 271, 273, 294, 295, 298, 304, 305, 306-7, 319, 336, 330, 331

Deventer, 德文特, 44

'Devotio Moderna', "现代虔敬", 163, 179, 194, 197, 261, 263, 264

Dijon, 第戎, 256; Tabernacle at, 第戎的圣龛, 250, 305

Dijon, Ducal palace at, 第戎的公爵宫

殿,42

'Dolce stil nuovo',"新的甜美",108

Dominicans,多明我会修士,200,201,243

Domremy,多姆雷米,238

Douai,杜埃,255

Dresden,德累斯顿,297

Dufay, Guillaume,杜费,吉约姆,158,261,270

Durand, Guillaume,杜兰,吉约姆,215

Durand-Gréville, E.,杜伦—格瑞维尔,279

Dürer, Albrecht,丢勒,阿尔贝莱希特,267,315

Eck,Johannes,艾克,约翰拿斯,171

Eckhart, Master,艾克哈特,麦斯特,224,226

Edward Ⅲ,King of England,爱德华三世,英国国王,17,90,98

Edward Ⅳ,King of England,爱德华四世,英国国王,19,42,156

Edward, Prince of Wales, the Black Pince,爱德华,威尔士王子,黑王子,17

Elizabeth of Hungary, St,匈牙利的圣伊丽莎白,168

Emerson, R. W.,爱默生,46,106-7

'Emprise du Dragon',"龙之威",83,84

Erasmus, Desiderius,伊拉斯谟,31-2,175,279

Erasmus,St,圣伊拉斯谟,174,316

Escouchy, Mathieu d',埃斯库希,马修·德,29,30,67

'Escu vertù la dame blanche, Ordre de l'',"维护高洁妇女骑士团",74,81

Escurial,埃斯科里亚尔博物馆,316

Estavayer,Gerard d',埃斯塔菲耶,热拉尔·德,98

Este, Ippoliot d',Cardinal,埃斯特,伊波利特·德,红衣主教,138

Estienne, Henri,艾蒂安纳,昂利,175

Eustace, St,圣艾什塔克,174

Eutropius, St,圣欧却皮乌斯,175

Eyck, Brothers van,凡·艾克兄弟,244,246,266,297

Eyck, Hubert van,胡贝特·凡·艾克,305

Eyck, Jan van,杨·凡·艾克,247,248,256,260,263,276,286,290,303,313,314,315 以下

Farinata degli Uberti,弗瑞那达·德利·乌贝蒂,219

Fastolfe, Sir John, 法斯特弗, 约翰爵士, 145

Fazio, Bartolommeo, 法齐奥, 巴尔托洛梅奥, 266, 268, 278, 313

Fénelon, Francois de la Mothe, 费内隆, 弗朗索瓦·德·拉摩斯, 63

Fenin, Pierre de, 费宁, 彼埃尔·德, 25

Ferrer, Vincent, 费尔, 樊尚, 13, 184, 193

Fiacrius, St, 圣弗亚克勒, 175

Fillastre, Guillaume, Cardinal, 菲拉特, 吉约姆, 红衣主教, 233

Fillastre, Guillaume, bishop of Tournai, 菲拉特, 吉约姆, 图尔内主教, 87, 88

Fismes, Castle of, 费斯默斯城堡, 304

Flanders, Louis of Male, Count of, 佛兰德斯伯爵, 马莱的路易, 248

Flémalle, Robert Campin, called the master of, 罗伯特·坎宾, 被称为"佛兰梅尔大师", 303

'Flight into Egypt', by Broederlam, 布罗德兰绘《逃入埃及》, 305

Florence, 佛罗伦萨, 13, 39, 324

Foucquet, Jehan, 富凯, 让, 160, 244, 276

Foulques de Toulouse, 浮尔克·德·图卢兹, 218

Fradin, Antoine, 弗拉丁, 安托万, 12

France, Court of, 法兰西宫廷, 40, 48, 52, 186

France, House, of, 法兰西王室, 190

France, Kings and Queens of, 法国国王和王后, 48-9, 51, 53, 327

Francis I, King of France, 弗朗西斯一世, 法国国王, 72

Francis of Assisi, St, 阿西西的圣方济各, 181, 183, 275

Francis of Paula, St, 波拉的圣弗兰西斯, 47, 184, 188

Francis Xavier, St, 圣弗兰西斯·夏佛尔, 184

Franciscan Order, 方济各会, 112, 202, 310; poetry, 诗, 141

Frankenthal, 弗兰肯萨, 169

Fraterhouses, 见 Brethren of the Common Life

Frederick Ⅲ, Emperor, 弗里德里克三世, 159

Fresne de Beaucourt, G. du, 弗雷斯恩·德·贝奥科特, G·杜, 29

Froissart, Jean, 弗罗亚沙, 让, 34, 43, 67, 79, 90, 98, 99, 103, 110, 186-7, 210, 232, 238, 241, 249, 261, 271, 291, 296, 301, 305

Froment, Jean, 弗罗蒙, 让, 29

Fusil, "火镰", 88

Gaguin, Robert, 加圭, 罗伯特, 62, 135, 175, 233, 330

Galois, 高卢男人, 89

Garin le Loherain, 加林·勒洛埃兰, 73

Garter, Order of the, 嘉德骑士团, 86

Gaston Phébus, Count of Foix, 加斯东·费布斯, 浮克斯伯爵, 182

Gaston Phébus, son of the Count of Foix, 加斯东·费布斯, 浮克斯伯爵之子, 291, 292

Gauvain, 伽文, 71

Gavre, Battle of, 戈佛战役, 238

Geertgen of Sint Jan, 圣杰恩的格尔特根, 290, 316

Genas, François de, 热纳, 弗朗索瓦·德, 189

Geneva, 日内瓦, 202

Genoa, 热那亚, 74, 266

George I, King of England, 乔治一世, 英国国王, 85

George, St, 圣乔治, 173, 297; Sword of, 圣乔治之剑, 73

Germain, Jean, bishop of Chalons, 让·热尔曼, 夏隆主教, 14, 88, 159, 212, 326

Gerson, Jean, 热尔松, 让, 24, 62, 118以下, 128, 141, 154, 156-78, 192, 197, 209, 210, 215, 233, 241, 265

Ghent, 根特市, 51, 102, 162, 169, 238, 249, 255, 290, 314

Gideon, 基甸, 88

Giles, St, 圣吉勒, 173, 174, 219

Giotto, 乔托, 315

Glasdale, William, 格拉斯塔, 威廉, 145

Gloucester, Humphrey, Duke of, 格罗塞斯特, 哈姆费雷, 公爵, 88, 97

Gloucester, Thomas of Woodstock, Duke of, 格罗塞斯特, 伍德斯道克的托马斯, 公爵, 97

Godefroy, Denis, 高德弗洛艾, 德尼, 160

Goes, Hugo van der, 戈埃斯, 雨果·范·德 249

Goethe, 歌德, 45-6, 147

Golden Fleece, Order of the, 金羊毛骑士团, 68-9, 86, 241, 253, 259, 262

Gonzaga, Francesco, 贡查加, 弗兰西斯科, 98

Gorcum, 戈库姆, 15, 254

Granada, 格拉纳达, 83

Grand Turk, 土耳其皇帝, 92, 97, 188

Granson, Battle of, 格兰逊之役, 71, 138

Granson, Othe de, 格兰逊, 奥得·德, 86, 98, 116, 307-8

Gregory the Great, Pope, 格里戈利大教皇, 64

Groningen, 格罗宁根, 194

Guelders, Duke of, 盖尔德斯公爵, 190

Guernier, Laurent, 圭亚尼尔, 劳伦, 236

Guesclin, Bertrand du, 盖克兰, 伯特兰·杜, 72, 91, 100, 185, 248

Guinevere, 吉内维尔, 136

Guyenne, Charles of, 圭耶恩的查理, 23

Haarlem, 哈勒姆, 262, 290

Hacht, Hannequin de, 哈歇特, 汉纳昆·德, 258

Hagenbach, Pierre de, 哈根巴哈, 彼埃尔·德, 17

Hague, The, 海牙, 16, 290

Hainault, House of, 埃诺家族, 87

Hainault, William, Count of, 威廉·埃诺伯爵, 100

Hales, Alexander of, 哈勒的亚历山大, 220, 268

Hannibal, 汉尼拔, 71

Hans, acrobat, 汉斯, 杂技演员, 26

Hauteville, Pierre d', 奥特维尔, 彼特尔·德, 117

Hector, 赫克托耳, 72

Heilo, Frederick of, 黑罗的弗里德里克, 163

Hémeries, Seigneur de, 埃梅里, 塞格诺·德, 287

Henouars, 送尸者, 49

Henry III, King of France, 亨利三世, 法国国王, 54

Henry IV, King of England, 亨利四世, 英国国王, 85, 97

Henry V, King of England, 亨利五世, 英国国王, 50, 70, 96, 97, 98-9, 101, 145

Henry VI, King of England, 亨利六世, 英国国王, 19, 49, 72

Hercules, 赫克勒斯, 70, 254

Herodotus, 希罗多德, 238

Hesdin, 赫定, 12, 97, 248, 259

Heures d'Ailly, Les belles, 优美的阿伊日课书, 290, 316

Hippolytus, St, 圣希波利图斯, 317

Holanda, Francesco de, 荷兰达, 弗兰西斯科·德, 267

Holbein, Hans, 霍尔拜因, 汉斯, 146, 147

Holy Martyrs, Fourteen, 十四个神圣的殉教者, 169, 172, 173

Hôtel Dieu, at Paris, 病院, 巴黎, 182

Hours of Turin, 图林日课书, 262

Houthem, 欧赛姆, 162, 290

Huet, Gédéon, 胡德, 戈登, 147

Hugh of Saint Victor, 圣维克多的于格, 268

Hugo, Victor, 雨果, 维克多, 244

Huguenin, Squire,胡圭宁,扈从,74

Huguenots,胡格诺,79

Hundred Years' War,百年战争,61,145

Hungary, crown of,匈牙利王冠,19

Hutten, Ulrich von,胡滕,乌尔里希·冯,31

Ignatius, St,见 Loyola

Innocent Ⅷ, Pope,英诺森八世教皇,243

Innocents, Church and Churchyard of the, in Paris,巴黎的圣童罹难教堂、墓园,12,28,147,149-50

Innocents Day,圣婴受难日,155-6

Isabella of Bavaria, Queen of France,巴伐利亚的伊莎贝拉,法国王后,62,110,247

Isabella of Bourbon, Countess of Charolais, Consort of Charles the Bold,波旁的伊莎贝拉,夏罗莱伯爵夫人,大胆查理之妻,51,53

Isabella of Castile, queen of Spain,卡西提的伊莎贝拉,西班牙王后,45

Isabella of France, Queen of England,法兰西的伊莎贝拉,英国王后,247

Isabella of Portugal, Duchess of Burgundy,葡萄牙的伊莎贝拉,勃艮第公爵夫人,288

James, William,詹姆斯,威廉,77,186,195

James Ⅰ,King of England,詹姆斯一世,英国国王,54

James, St,圣詹姆斯,168

Jannequin,约那昆,270

Jason,伊阿宋,87,259

Jean sans Peur, duke of Burgundy,让·桑斯·保尔,勃艮第公爵,12,18,20,27,44,50,51,95,117,138,230,234,237,256

Jerome, St,圣杰罗姆,266

Jerusalem,耶路撒冷,95,96;Kingdom of,王国,19

Joab,约伯,230

Joan of Arc, St,圣女贞德,74,169,238,244

John the Baptist, St,施洗者圣约翰,157,175,266,282

John the Good, King of France,好人约翰,法国国王,86,95

Joseph of Arimathea,阿利玛西的约瑟,264

Joseph, St,圣约瑟,157,170,303,305

Joshua,约书亚,72

Josquin des Prés,尧斯昆·德·普

勒,270

Jouvenel, Jean,约维奈,让,62

Judas Maccabaeus,犹大·马加比,72

'Judgement of Cambyses', by Gerard David,热拉尔·大卫绘《康拜斯的审判》,246,316

'Judgement of the Emperor Otto', by Dirk Bouts,迪克·布斯绘《奥托皇帝的审判》,246,316

Katherine, St,圣凯瑟琳,169,174

Kempis, Thomas à,肯佩的托马斯,163,179,226-7,261

Knights of the Bath,巴斯骑士,85

La Borde, L. de,拉博德,L·德,97

La Bruyère, Jean de,拉布鲁埃尔,让·德,63

La Curne de Sainte Palaye,拉居内·德·圣帕拉耶,91

La Hire, Étienne de Vignolles dit,拉海尔,艾蒂安·德·维戈勒·迪特,271

Lalaing, Jacques de,拉莱因,雅克·德,73,75,130

La Marche, Olivier de,拉马歇,奥利弗·德,15,21,34,42,67,102,141,143,183,210,228-9,237,238,254,271,272,285-6,325,327,330

'Lamb, Adoration of the', by the Brothers van Eyck,凡·艾克兄弟绘《羔羊的朝拜》,246,261,267,280,283,286,297,316

Lancaster, House of,兰开斯特家族,19

Lancaster, John of Gaunt, Duke of,兰开斯特公爵,97,247 Lancelot,兰瑟洛特,17,70,80,84,136

Lannoy, Baudouin de,朗龙,邦多尼·德,277

Lannoy, Family of,朗龙家族,263

Lannoy, Ghillebert de,朗龙,葛希勒贝特·德,181

Lannoy, Jean de,朗龙,让·德,254

La Noue, François de,拉罗内,弗朗索瓦·德,79

La Roche, Alain de,拉罗柯,阿兰·德,200以下,209

La Salle, Antoine de,拉萨尔,安托万·德,151

La Tour Landry, Chevalier de,拉图尔·兰德利骑士,89,126以下,162-3,171

La Trémoïlle, Guy de,拉特雷莫瓦,居伊·德,99,249

Laud, St, Cross of,圣劳德十字架,188

Lausanne,劳桑那,241

Laval, Jeanne de,拉伐尔,让娜·德,293

Lazarus,拉撒路,148

'Leal Souvenir', by Jan van Eyck,杨·凡·艾克签字"里尔留念",277

Le Févre, Jean,勒费弗尔,让,145, 147

Lefévre de Saint Remy, Jean,勒菲弗尔·德·圣雷米,让,69, 259

Lefranc,Martin,勒费兰克,马丁,241

Legris, Estienne,莱格利,埃斯蒂尼,119

Leipzig,莱比锡,314

Lelinghem,勒林海姆,247

Lemaire de Beiges, Jean,勒梅尔·德·贝尔热,让,65, 331

Leo X, Pope,教皇莱奥十世,73

Liège,bishop of,列日主教,22

Liévin, St,圣利维恩,162, 290

Lille,里尔,16, 60, 92, 117, 158, 251, 253, 314, 323

Limburg, Brothers of, 261 以下,294, 297,304;林堡兄弟,294, 305

Lisieux,李西奥克,119

Lithuania,立陶宛,96

Livy,李维,73, 326

Loches, Forest of,卢克斯的树林,52

London,伦敦,185

Longuyon,Jacques de, poet,隆格庸,雅克·德,诗人,72

Lorraine, Rene, Duke of,洛林公爵,勒内,156, 326

Lorris, Guillaume de,洛利,吉约姆·德,109,114 以下

Louis IX,St, King of France,圣路易九世,法国国王,72,168, 185

Louis XI, King of Fance,路易十一,法国国王, 12, 19, 43, 49-50, 52, 86, 131, 150, 156, 188 以下,191, 236, 271, 292,314

Louis XIV, King of France,路易十四,法国国王,40,49

Louvain,卢汶,255, 317; University of,卢汶大学,241,255, 262, 317

Louvre,卢浮宫,250, 263, 279, 316

Loyola, St Ignatius de,罗约拉,圣伊格纳斯·德,184

Lucca,卢卡,260

Luna, Peter of,见 Benedict XIII

Lusignan, Castle of,吕齐尼昂城堡,254; Pierre de,彼埃尔·德,87

Luther, Martin,路德,马丁, 171, 215

Luxembourg, André de,卢森堡,安德烈·德,187; Peter of,彼埃尔,145, 184, 186 以下,196

Luxemburg,卢森堡,97, 182; House of,

卢森堡家族,187

Lyon, Espaing du,赖翁,伊斯帕因·杜,293

Machaut, Guillaume de,马绍,吉约姆·德,72,121,297以下,325

'Madonna of the Chancellor Rolin', by Jan van Eyck,杨·凡·艾克绘《罗林大臣的圣母像》,263,279以下

Mahâbhârata,《摩诃婆罗多》,77,89

Mahuot,马霍特,102

Maillard, Olivier,麦拉尔,奥利弗,13,157,233

Mâle, Emile,马勒,埃米尔,146

Malouel, Jean,马洛尔,让,258

'Man with the Glass of Wine, The',"持酒杯者",276

Marchant, Guyot,马歇,吉约,146-7

Margaret of Anjou, Queen of England,安茹的玛格丽特,英国王后,19,84,325

Margaret of Austria,奥地利的玛格丽特,260

Margaret of York, Duchess of Burgundy,见York

Margaret of Scotland, Queen of France,苏格兰的玛格丽特,法国王后,218

Margaret, St,圣玛格丽特,169,174

Marignano, Battle of,马里尼昂战役,270

Marmion, Colard,马米翁,柯拉德,255;Simon,西蒙,255

Marot, Clément,马洛,克莱芒,120,283

Martial d'Auvergne,马蒂尔·德·奥弗涅,123,147,151,310-11

Martianus Capella,马提尼乌斯·坎培拉,206

Martin V, Pope,马丁五世教皇,202

'Martyrdom of St Erasmus';'Martyrdom of St Hippolytus', by Dirk Bouts,迪尔克·布斯绘《圣伊拉斯谟的殉道》,《圣希波利图斯殉道》,316-17

Maur, St,圣摩尔,174

Maximilian, King of the Romans,马克西米利安,罗马王,24,159,249

Mechlin,麦什林,71

Medea,美狄亚,259

Medici, House of,梅迪奇家族,39

Medici, Lorenzo de',梅迪奇,洛伦佐·德,188

Mehun sur Yevre,耶夫尔河上的梅恩,261

Melun, Madonna of,梅龙的圣母,160

Mélusine,墨利亚,254

Memling, Hans,梅姆林,汉斯,244

305

Menot, Michel, 蒙罗, 米歇尔, 162

Merovingians, 墨洛温人, 188

Meschinot, Jean, 米什诺, 让, 33, 62-3, 135, 138, 292, 299, 320

Metsys, Quentin, 梅特西斯, 昆丁, 267

Metz, 梅茨, 29, 186

Meun, Jean de, 见 Chopinel

Mézières, Philippe de, 梅茨勒, 菲利普·德, 24, 86, 91, 104, 183-4, 231, 240, 324

Michault, Pierre, 米肖, 彼埃尔, 86, 302

Michael, St, 圣米歇尔, 169, 297

Michelangelo, 米开朗基罗, 257, 267, 280, 315

Michelle de France, Duchess of Burgundy, 法兰西的米切尔, 勃艮第公爵夫人, 44, 51

Middelburg, in Flanders, 弗兰德斯的米德尔堡, 262; Altar of, 米德尔堡祭坛, 262

Middelburg, in Zeeland, 泽兰的米德尔堡, 262

Miélot, Jean, 米诺, 让, 317

Miliis, Ambrose de, 米利, 安布罗斯·德, 135, 323

Minims, Order of the, 小兄弟会, 189-90

Mirabeau, Marquis de, 米拉波, 马奎斯·德, 63

Molinet, Jean, 莫林奈, 让, 62, 67, 68, 159, 180, 210, 232, 239, 270, 314, 319-20, 327, 330, 331

Mons, 蒙斯, 24, 255; en Vimen, 在维曼, 101

Monstrelet, Enguerrand de, 蒙斯特莱, 67, 101, 238

Montaigu, Jean de, 蒙太古, 让·德, 12

Montereau, Murder of, 蒙特罗的谋杀, 18, 95, 159

Montferrant, 孟特菲伦, 328

Montfort, Jean de, 芒福特, 让·德, 185

Montlhéry, Battle of, 蒙莱里之战, 29, 131

Montreuil, Jean de, 蒙特洛尔, 让·德, 117, 135, 323 以下

Moors, 摩尔人, 93

Moses, 摩西, 281; Well of, at Dijon, 第戎的摩西之井, 256 以下

Moulins, Denys de, bishop of Paris, 莫林, 德尼·德, 巴黎主教, 28

Najera, Battle of, 纳约拉之役, 100

Nancy, 南锡, 326; battle of, 南锡之战, 239

Nantes, 南特, 317

Naples, Ferdinand, King of, 那不勒斯王弗丁纳德, 189

National Gallery,国家美术馆,260,277

'Nativity', by Geertgen of Sint Jan,圣杨的格尔特根绘《基督诞生》,290

Navarrete, see Najera

Neo-Platonism,新柏拉图主义,206

Neuss,Siege of,诺伊斯包围战,238

Nicholas, St,圣尼科莱,220

Nicopolis, Battle of,尼科波利斯之役,18,73,80,95-6

Nietzsche, Friedrich,尼采,237

Nilus, St,圣尼卢斯,189

Notre Dame of Paris,巴黎圣母院,150-1,187,259

Occamites,奥卡姆论者,206

Okeghem, John of,奥根海姆的约翰,261,270

Or, Madame d',奥尔夫人,26

Orange, William of,奥兰治的威廉,54,315

Oresme, Nicolas,奥勒斯麦,尼科莱,324

Orgemont, Pierre d',奥尔热蒙,彼埃尔·德,24

Orleans,奥尔良,13,145

Orleans, Charles of,奥尔良的查理,111-2,182,262,276,307,309,331

Orleans, House of,奥尔良家族,18,20,87,137

Orleans, Louis, duke of,奥尔良公爵,路易,17,72,87,97,122,135,137,159,182,186,230,231,234,237

Oudenarde,奥登阿德,255

Ovid,奥维德,313,323

Paele, George van de,佩尔,乔治·凡·德,263,297

Palaeologus, John, Emperor of Constantinople,约翰·巴列奥·罗斯,君士坦丁堡皇帝,18

Palamedes,帕拉美德,84

Pantaleon, St,圣潘塔龙,174

Paris,巴黎,11,12,18,23,24,29,43,48,49,62,72,146,147,157,181-2,190,198,212,236,237,242,259,279,314,331

Paris, Geffroi de,帕里,杰弗里·德,232

Paris, University of,巴黎大学,49,187,216,237

Parlement of Paris,巴黎议会,12,29,49,60

Pas d'Armes de l'Arbre Charlemagne,"查理大帝之树的决斗",83; de la Bergère,"牧羊人的决斗",137; de la Fontaine des Pleurs,"泪之泉",83

307

Passion, Order of the,受难骑士团,86,91,104,183

Paul, St,圣保罗,203

Pays de Vaud,沃德地区,98

Pelias,佩利亚斯,325

Penthesilea,彭式西莱娅,72

Penthièvre, Jeanne de,潘赛弗尔,让尼·德,185

Péronne,佩罗纳,29;Treaty of,和约,86

Peter, St,圣彼得,214,220;corporal of,圣彼得的圣餐布,188

Petit, Jean,彼提,让,231,233

Petrarch,彼特拉克,83,108,125,132,135,283,324

Petrograd,彼得格勒,280

Petrus Cristus,彼特拉斯·克里斯塔斯,316

Philip the Bold, duke of Burgundy,大胆菲利普,勃艮第公爵,27,48,95,99,116,168,188,249,256,296

Philip the Good, duke of Burgundy,好人菲利普,勃艮第公爵,14,17,20,22,26,27,32,44,50,51-2,86,92,95,96,97,110,146,182,186,190,212,234,238,241,247,248,253,259,272,274,286,306,314,317,332

Philip Le Beau, Archduke of Austria,菲利普·拉·博乌,奥地利大公,45,159,314

'Pieta', Avignon School《圣母怜子》,阿维尼翁画派,316;by Rogier van der Weyden;罗吉尔·凡·德·威顿绘《圣母怜子》,316;by Petrus Christus 彼特拉斯·克里斯塔斯绘《圣母怜子》,316;by Geertgen of Sint Jan,圣杨的格尔特根绘《圣母怜子》,316

Pisa, Campo Santo at,比萨的圣康波教堂,146

Pisan, Christine de,比桑,克里斯丁·德,48,74,116,128,137,273,299,317,326

Pius, St,圣皮佑斯,175

Plato,柏拉图,313

Platonism,柏拉图主义,108,205

Plessis-lès-Tours,普莱西—莱斯—图尔,188

Ploërmel,普洛埃美尔,99

'Plourants',"普鲁伦特",258

Plouvier, Jacotin,普罗瓦,雅科廷,102

Poitiers, Aliénor de,波蒂埃,阿莉诺·德,45,53,228

Poitiers, Battle of,普瓦提埃战役,72,95,104

Polignac, House of,波利格纳克家族,248

Ponchier, Étienne, bishop of Paris, 庞歇尔, 艾蒂安, 巴黎主教, 24

Porcupine, Order of the, 豪猪骑士团, 87

Porete Marguerite, 波丽特, 玛格丽特, 198

Pot, Philippe, 波特, 菲利普, 17, 92

Praguerie, 布拉格叛乱, 74

Prés, Josquin de, 普勒, 尧斯昆·德, 270

Preux, Les Neuf, see Worthies

Provins, 普罗万, 236

Prudentius, 普鲁登提乌斯, 206

Prussia, 普鲁士, 96

Pulci, Luigi, 布尔西, 卢伊济, 80

'Purification of the Virgin', by the Brothers of Limburg, 林堡兄弟绘《圣母行洁净礼》, 305

Pyramus and Thisbe, 皮拉摩斯和提丝柏, 95

Quentin, Jean, 昆丁, 让, 190

Quentin, St, 圣昆丁, 29

Quesnoy, 昆斯罗伊, 255

Quiricus, St, 圣夸利柯斯, 220

Rabelais, François, 拉伯雷, 弗朗索瓦, 121, 175, 303, 327

Rallart, Gaultier, 雷拉特, 高尔特埃, 43

Ravestein, Philippe de, 拉维斯坦, 菲利普·德, 138

Raynaud, Gaston, 雷诺, 加斯东, 134

Rebreviettes, Jennet de, 莱布莱弗特, 热内·德, 93

Reims; Notre Dame of, 兰斯圣母院, 41, 122, 190, 198

Reims, Guy de Roye, Archbishop of, 兰斯大主教居伊·德·罗耶, 197

Rembrandt, 伦勃朗, 260

René of Anjou, titular King of Sicily, 安苑的勒内, 西西里傀儡王, 19, 70, 84, 135, 137, 143, 182, 272, 290, 293, 308-9

Rhetoricians, 修辞家, 253, 297

Ribemont, 里贝蒙, 29

Richard Ⅱ, King of England, 理查德二世, 英国国王, 17, 54, 97, 104, 247

Richard, Friar, 理查, 修士, 12, 242

Richard of Saint Victor, 圣维克多的理查德, 225, 268

Rickel, 里克, 190

Robertet, Jean, 罗伯特厄, 让, 307, 327以下

Roch, St, 圣罗柯, 168, 172, 174

Roche-Derrien, La, 拉罗柯—迪壬, 186

Rochefort, Charles de, 罗歇福特, 查

理·德,135,213

Rolin, Nicolas,罗兰,尼科莱,52,254,255,263,279

Roman de la Rose,《玫瑰传奇》,88,108,113,128,138,159,211 以下,265,299,309,320,323,332-3; *Répertoire du*,索引,119; *moralisé*,"道德化",119

Rome,罗马,71,74,190

Romuald, St,圣罗慕德,168,189

Romulus,罗慕路斯,71

Ronsard, Pierre,隆萨尔,彼埃尔,120

Rose of Viterbo, St,维特波的圣罗斯,144

Rosebeke, Battle of,罗斯贝克之役,103

Rotterdam,鹿特丹,17,181

Rouen,鲁昂,236,317

Round Table,圆桌骑士,39,70,105

Roye, Jean de,鲁耶,让·德,43,236,314

Rozmital, Léon of,罗兹米塔的莱昂,48

Ruremonde,鲁日蒙德,190

Ruysbroeck, Jan,吕斯布鲁克,杨,199,224,261

Saint-Cosme near Tours,图尔附近的圣柯斯麦,88

Saint-Denis,圣德尼,12,49,124,248

Saint John, Order of,圣约翰骑士团,77,85

Saint-Lié,圣里勒,196

Saint-Omer,圣奥梅尔,83

Saint Peter's Abbey at Ghent,根特的圣彼得寺,169

Saint-Pol, Hôtel de,圣保罗殿,230

Saint-Pol, Jean de, lord of Hautbourdin,圣保罗,让·德,洪保丁领主,83

Saint-Pol, Louis de Luxembourg, count of,圣保罗伯爵,路易·德·卢森堡,43,271

'Sainte Ampoule',圣油瓶,188

Salazar, Jean de,撒拉查,让·德,271

Salisbury, William Montague, Earl of,萨里斯贝里伯爵,威廉·蒙塔古,90

Salmon, Pierre,萨尔蒙,彼埃尔,22

Salutati, Coluccio,萨卢塔蒂,科卢齐,324

Samson,参孙,280

Sancerre, Louis de,桑塞尔,路易·德,49,116

Saracens,撒拉森,105

Saturn,农神萨图恩,317

Saumur, Castle of,萨默尔城堡,294

Savonarola, Girolamo,萨沃那罗拉,吉罗拉谟,13,322

Savoy, Amé Ⅶ of,萨伏依的阿玛丢斯

索 引

第七,98

Savoy, House of,萨伏依家族,87, 190

Saxony, Duke of,萨克森公爵,97

Scipio,西皮奥,83, 325

Scorel, Jan van,斯柯莱,杨·凡,267

Sebastian, St,圣塞巴斯蒂安,174, 175

Selonnet,塞罗内,105

Semiramis,塞弥拉米斯,72

Sempy, see Croy, Philippe de

Seneca,塞涅卡,64

Senlis,塞利斯,323

Serbia,塞尔维亚,95

'Seven Sacraments, The', by Rogier van der Weyden,罗吉尔·凡·德·威顿绘《七圣礼》,255, 262

Shakespeare,莎士比亚,319

Sicily, Crown of,西西里王位,19

Sicily, Herald,西西利,纹章官,121

Siena,见 Bernardino

Sluter, Claus,斯勒特,克劳斯,244, 255, 275

Sluys,斯鲁伊斯,15, 17, 248, 305

Sorel, Agnés,索洛尔,艾娜斯,160

Sotomayor,绍托梅尔,100

Sprenger, Jacob,斯普伦格尔,雅各,201

Standonck, Jan,斯登多克,杨,190

Star, Order of the,星骑士团,86, 88,
98, 104

States of Blois, 1433; Orleans, 1439 Tours, 1484,布卢瓦公国,1433 年;奥尔良公国,1439 年;图尔公国,1484 年,62

Stavelot, Jean de,施塔弗罗,让·德,48

Stephen, St,圣斯蒂芬,160

Strasbourg,斯特拉斯堡,161

Suffolk, Michael de la Pole, earl of,苏弗尔克伯爵,米切尔·德·拉波尔,145

Suso, Henry,苏索,亨利,153 以下,200, 202, 225

Sword, Order of the,圣剑骑士团,87

Tacitus,塔西陀,91

Taine, Hippolyte,泰纳,希波利特,106

Tartars,鞑靼人,104

Templars,圣殿骑士团,77, 85

Teutonic Knights,条顿骑士团,77, 85

Tewkesbury, Battle of,图克斯伯里战役,19

Theocritus,狄奥克里塔,38

Thomas Aquinas, St,圣托马斯·阿奎那,168, 221, 243, 268, 369

Thomas, Pierre,托马,彼埃尔,183

'Three Marys at the Sepulchre',"坟前三玛丽",305

Thucydides,修昔底德,238

Tirlemont,台洛蒙,255

Tomyris,陶蜜丽斯,72

Touranine, Jean de, dauphin of France,都兰,让·德,法国皇太子,97

Tournai,图尔内,60; Jean Chevrot, bishop of,让·舍弗洛主教,52,255,262

Tours,图尔,188

Trastamara, Don Henri de,特拉斯塔姆,唐·亨利·德,100

Trazegnies, Gillon de,特拉采尼,吉龙·德,73

Tréguier,特雷居埃,186

Trent, Council of,特伦特会议,125,173

'Très riches heures de Chantilly, Les', by the Brothers of Limburg,林堡兄弟绘《尚蒂伊豪华日课书》,293

Tristram,特里斯塔姆,73,80; and Yseult,和耶秀特,299

Troilus,特洛伊罗斯,70

Troyes,特鲁瓦,50

Tuetey, A.,图埃特,A.,29

Turks,土耳其人,18,92,95,104,190,254,262

Turlupins,吐鲁宾人,145,198

Ugolino della Gherardesca,乌戈利诺,219

Upton, Nicolas,于普顿,尼科莱,88

Urbanists,乌尔班拥护者,22

Utrecht,乌德勒支,22; Tower of,塔,261; bishop of,主教,16,22

Valenciennes,瓦朗西安,10,101,110,138,255,290,305

Valentine, St,圣瓦伦丁,174

Valois, House of,瓦卢瓦家族,185,256,296

Varennes, Jean de,瓦伦纳,让·德,196,233,324

Vaucouleurs,沃克吕斯,238

Velazquez, Diego,委拉斯贵支,迭戈,26

Venetians,威尼斯人,73

Venus,维纳斯,114,214,332

Vere, Robert de,维尔,罗伯特·德,54

Victorines,225,见 Hugh, Richard

Vienne, Council of,维也纳会议,24

Vigneulles, Philippe, de,菲纽勒斯,菲利普·德,29

Villiers, George, Duke of Buckingham,维利尔,乔治,白金汉公爵,54

Villon, François,维庸,弗朗索瓦,29,139,141 以下,148,149,167,232,244,276,285,327,330,331

Vincennes, Castle of,文森纳城堡,294

Virgil,维吉尔,323

'Visitation', by the Brothers of Limburg,林堡兄弟绘《圣母往见》,305

Vitri, Philippe de, bishop of Meaux,维特里,菲利普·德,莫城主教,66,132,133,324

Vitus, St,圣维图斯,174

'Voeux du Faisan',"野鸡誓约",89,92,93

Vydt, Judocus,法特,朱多库斯,263

Watteau, Antoine,瓦托,安托万,311

Wenzel, King of the Romans,温泽尔,罗马王,17

Werve, Claus de,维尔弗,克劳斯·德,256

Westminster Abbey,威斯敏斯特教堂,248

Weyden, Rogier van der,威顿,罗吉尔·凡·德,244,247,249,263,266,278,316

Windesheim, Canons of,温德斯海姆修道院教规,176,193,201,219,226,261

Worthies, The Nine 九杰,72,324,326

Wurtemberg, Henry of,符腾堡的亨利,274

Xavier,见 St Francis

York, Edmund, Duke of,约克公爵,爱德蒙,97; Edward of,约克的爱德华,145; House of,约克家族,19; Margaret of, Duchess of Burgundy,约克的玛格丽特,勃艮第公爵夫人,138,238,251

Ypres,伊珀尔,255

Yves, St,圣耶夫,186

Zeeland,泽兰,88

Zenobio, St,圣泽诺波,188

Zwolle,泽沃勒,201

译 后 记

约翰·赫伊津哈是荷兰著名文化史家,《中世纪的衰落》是他的前期代表作。本书所据之英译本是经赫伊津哈亲自审核并首肯的译本,正如他在前言中所说,该英译本并非原著荷兰语版的简单翻译,而是根据其思路修正、提炼后的精华。该著出版后影响甚大,多次再版,成为欧洲文化史研究的经典之作。

本书翻译的分工如下:前言及第一章,江常青译;第二至八章、第十、第十一章,刘军译;第九章,温立三译;第十二章,俞国强、林国华译;第十三、十四、二十一至二十三章,舒炜译;第十五至十七章,陶琳、俞国强、舒炜译;第十八至二十章,吕滇雯译。

借此次修订之机,译者校订了全书译文。尚存疏漏之处,敬祈方家指正。

译　者

2014 年 9 月